『深一度』

领导艺术

李一 著

浙江工商大学出版社
ZHEJIANG GONGSHANG UNIVERSITY PRESS

图书在版编目(CIP)数据

“深一度”领导艺术 / 李一著. —杭州：浙江工商大学出版社，2015.11

ISBN 978-7-5178-0977-7

Ⅰ. ①深… Ⅱ. ①李… Ⅲ. ①领导艺术 Ⅳ. ①C933.2

中国版本图书馆 CIP 数据核字(2015)第 061350 号

“深一度”领导艺术

李一 著

出品人 鲍观明
责任编辑 沈 娴
封面设计 王好驰
责任印制 包建辉
责任校对 何小玲 王俏华 邹接义
出版发行 浙江工商大学出版社
(杭州市教工路 198 号 邮政编码 310012)
(E-mail：zjgsupress@163.com)
(网址：http://www.zjgsupress.com)
电话：0571-88904980,88831806(传真)
排　　版 杭州朝曦图文设计有限公司
印　　刷 浙江云广印业股份有限公司
开　　本 710mm×1000mm 1/16
印　　张 26.75
字　　数 345 千
版 印 次 2015 年 11 月第 1 版 2015 年 11 月第 1 次印刷
书　　号 ISBN 978-7-5178-0977-7
定　　价 68.00 元

浙江工商大学出版社营销部邮购电话 0571-88804970

新角度　深一度

最近10余年，笔者的研究方向是“睿智的领导者”。睿智是一个包罗万象的概念，它既指智力，又指性格；既指洞察力，也指情感作用。睿智还包含成熟、稳定和必备的权衡能力，以及深刻的理解力、谨慎小心的态度和责任心。睿智者与众不同的一点是，在思考问题方面立足于“新角度”，在解决问题方面致力于“深一度”。能看出平凡之事的非凡之理，能拿出情理之中意料之外的解决方案，把昨天认为不可为之事变成明天可为之事，是他们常常变换角度在思考的问题。大胆地假设，小心地求证，勇敢地实践，寻找开创领导工作新局面的秘密方法。与此同时，“新角度、深一度”也成为我开展领导学研究的座右铭，有时候，我也会自诩是“睿智的研究者”。2006年以后，我在《领导科学》上发表了数十篇文章，其中大部分合适的文章结集成为本书，取名为《“深一度”领导艺术》。在这本书中，我提出了关于领导学的一系列新概念，比如“平面领导”理论、“泛领导”理论、领导方法格式化理论、精神领导理论、本质领导理论、“阳光领导”理论、“中庸领导”理论、常态领导理论、“剧场政治”理论等等，这些理论都是“新角度”的产物。还有，用“止”、用“易”、“5序”和“6度”的领导方法与艺术，“反向激励”的领导方法与艺术，“惠及全体”的领导方法与艺术，等等，都是“深一度”的领导方法与艺术。囿于学养，有些观点虽然新颖但欠成熟，有些提法虽属首创但欠完善，可批、可评、可圈、可点之处甚多，疏漏、粗糙和差错之处也在所难免。这些都是可以包容和谅解的。可喜的是，“新角度、深一度”已经成为领导学研究“新锐派”的宗旨。目前看来，这个学派有望把领导学的研究引向深入。

作　者

2015 年 7 月 5 日

目　　录

上篇

“新角度”领导理念

国家治理现代化背景下的领导观

【新角度】国家治理的现代化，必然会对“领导观”提出新的要求。要求领导者站到“公民权利本位”的立场上；要求领导者树立“总体把握”的思想方法；要求用“致中和”的领导方式解决“利益相关者”之间的矛盾。如果领导工作的指导思想再不改变，我们的领导行为就不会被国家治理体系所容纳。

领导者站在什么立场上去做领导工作，用什么样的方式去实现领导，这是领导观需要回答的问题。换言之，领导观是领导者开展领导活动的指导思想，包括领导者的立场、思想方法与领导方式三个要素。以往的领导观是以领导者为本位的，领导者既是领导活动的主导，又是领导活动的主体，领导工作的出发点和归宿都聚焦于领导者。在国家治理现代化的背景下，虽然领导者仍然是领导活动的主导，但是群众、市场和社会组织已然是领导活动的主体了，在这个“利益相关者”的共同体中，领导的立场要从“划桨”转为“把舵”；破除“以我为中心”的思维定式，确立顶层思维与底线思维的思想方法；将“领导至上”的领导方式转变为“致中和”的民主方式。

一、国家治理现代化要求领导者站到“公民权利本位”的立场上

“国家治理”不是“国家统治”，“社会治理”也不是“社会管理”。我们所说的国家治理，就是党领导人民依照法律规定，通过各种途径和形式，管理国家事务，管理经济和文化事业，管理社会事务。国家治理现代化，就是指国家治理体系和治理能力的现代化。推进国家治理体系和治理能力的现代化，必然要求领导者改变立场，摒弃“领导至上”的本位思维，站到“公民权利本位”的立场上。所以，“国家治理”并不是简单的词语变化，而是领导立场的变化。领导者主持行政制度、决策制度、司法制度、预算制度、监督制度的改革，都要站在这个出发点上。

实现国家治理体系和治理能力的现代化，需要领导与群众构成共同体，领导者转变立场刻不容缓。就政府而言，必须树立公共权力观，充分认识到权力的委托属性，人民群众是权力的委托者、监督者和制约者，运用好人民赋予的权力，执行人民的意志，维护人民的利益；必须树立法治权力观，用法律规范、治理和控制国家的权力，做到依法执政、依法行政、依法治国；必须树立牢固的服务意识，尊重人民主体地位，做到执政为民，勤政为民。从人民群众的角度而言，必须树立主体意识，认识到自己是权力的委托者，积极发挥自己的主观能动性。

以往的领导立场是推动型的。领导作为一种动力去驱动工作，是一种“发动机”。而“公民权利本位”的立场，则告诉我们领导者是“方向盘”，“掌舵”而不“划桨”。这两种领导立场有几方面区别：

(1)领导者的站位不一样。领导者不再是领导活动的主体,而是领导活动的主导。领导的主体可以是公共权力机构,也可以是市场和社会组织。党的十八大以来,中共中央多次强调要“加快形成党委领导、政府负责、社会协同、公众参与、法治保障的社会管理体制”,实际上已经体现了多元主体共同领导的理念。

(2)“公民权利本位”是领导立场的逻辑起点。以往的领导以政府命令、控制和规制为主,强调权力自上而下的运行;现在强调对话、协商、长期合作。

(3)领导立场的价值取向不同。以往的领导,强调的是行政观、制度观和责任观;现在强调民主观、社会观和法治观。

在领导立场的转变上,有两个基本点必须把握:一是领导立场以契约化方式来确定。领导者把自己摆在哪里,不是由领导者说了算,而是由利益相关者博弈来决定。领导工作转命令为协商,转独占为合作,需要为权力寻求新的合法性途径。二是领导立场以法治化方式来确定。由法律与制度规定领导者的立场,转人治为法治,转管理为服务,让权力在法律与制度的框架下运行。

二、国家治理现代化要求领导者树立“总体把握”的思想方法

国家治理体系,是党领导人民管理国家的制度体系,包括经济、政治、文化、社会、生态文明和党的建设等各领域的体制、机制和法律法规安排,也就是一整套紧密相连、相互协调的国家制度。就具体内容而言,包括各领域的体制机制、法律制度安排,如行政体制、经济体制和社会体制等;就构成要素而言,包括治理主体、治理手段及治理效果三个方面。国家治理能力,是运用国家制度管理社会各方面事务,使之相互协调、共同发展的能力,包括改革发展稳定、内政外交国防、治党治国治军等各个方面。一

个良好的现代化国家治理体系，至少有以下几个特征：

(1)国家机制、市场机制、公民社会机制的互相支撑与平衡。

(2)法治与德治的有机统一，宪法与法律成为公共治理的最高权威，社会契约和价值认同成为公共治理的社会土壤。

(3)民主与效率的相互补充与协调，所有公共政策要从根本上体现人民的意志和主体地位，且有利于提高行政与经济效益。

国家治理体系的这些特征，要求领导者必须从总体上去把握各种各样的体制、机制和法律法规的安排。什么是总体把握呢？总体把握就是站在问题之外来看问题的一种思维方法。这里需要指出，总体把握，不同于全局观点或系统观点。全局观点或系统观点，都是以全局或系统作为解决问题的终极标准，局部或要素必须服从全局或系统。而总体把握则认为，无论全局或局部、系统或要素、对立面之间，都是“总体”中的一个“部分”，必须统筹考虑。可见，“总体”这种思想方法，高于全局观点或系统观点，其考虑问题的容量要比它们大得多。相比之下，全局观点或系统观点的这种层次差就不那么明显了，考虑问题比较狭隘，也就容易以全局或系统来代替总体，而忽视“部分”的作用，有可能失去领导工作的底线。“国家治理体系和治理能力的现代化”，就是一种“总体把握”的思想方法。它将“国家治理体系和治理能力的现代化”放在“总体”的高度去把握。只有在“总体”上部署了国家治理体系的现代化，提升了国家的治理能力，才能为市场经济、民主政治、先进文化、和谐社会和生态文明的建设提供制度保障，提供能力支撑，才能进一步完善中国特色社会主义制度。

“总体把握”的思想方法，讲究两种思维，就是顶层思维与底线思维。

顶层思维就是加强顶层设计，从战略上谋划国家治理体系的现代化。国家的治理体系是一个制度系统，包括政治、经济、社会、文化、生态等各个领域，必须从总体上考虑和规划各个领域的改革方案，从中央宏观层面加强对治理体制改革的领导和指导。碎片化、短期行为、政出多门，以及部门主义和地方主义，是我国现行治理体制和公共政策的致命弱点，它们严重削弱了国家的治理能力。鉴于这样一种现实情况，顶层的制度设计和宏观指导，对国家治理体系现代化建设尤其重要。要站在国家和民族根本利益的高度，超越部门和地区利益，进行全局性的统筹规划，挣脱既得利益的束缚。不能头痛医头，脚痛医脚，应当从长计议，避免短期行为。上面所说的“总体把握”是领导者站在国家层面上看问题；对于大部分基层领导来说，“总体把握”是指对某个区域或组织的把握，对所管辖事务的把握，所谓的顶层设计也仅仅局限于一种内部治理的构想。所以，不同的领导者有不同的“总体”，体量的大小也是不一样的。但是作为思想方法，顶层思维与底线思维是一个共同体。如果忽视顶层思维，仅仅以行得通的做法去救济，结果必然是旧体制打满“补丁”，最后难免造成制度层面的“碎片化”。

底线思维是一种以注重底线意识，注重后顾之忧，注重防患于未然为主要特征的思维倾向。与战略计划、绩效管理、效益最大化、激励与反馈等注重前瞻性的思维取向不同的是，底线思维注重的是对危机、风险、底线的重视和防范，治理目标上侧重于防范负面因素，堵塞管理漏洞，防止社会动荡。就我国目前的情况而言，做任何事，都必须想想底线在哪里？突破这些底线的后果会怎样？防范这些底线的主体是谁？守住这些底线的措施是什么？领导干部和管理者必须时刻把这四个问号放在心头，摆在案头，捏在手头。

那么，如何确定底线在哪里呢？并非所有要办的事情都是底线，单纯的一件事能不能成为底线，关键是看这件事如果没办好，会不会前功尽弃？会不会不可逆转？会不会无法补救？会不会全局被动？比如经济发展的速度，快了可以调控下来，慢了可以加快发展，但是，经济秩序一旦乱了，就会造成全局被动的后果。那么，维护经济秩序的稳定就是底线。

重视利益相关者的作用是固守底线的重要力量。在革命战争年代和经济困难时期，我们战胜了很多困难、风险和危机，靠的就是人民群众对党的领导的信心，靠的就是坚定的理想信念和万众一心的合力。在那个时代，人民群众就是“利益相关者”。在当代社会，信心来自信任，信任来自了解，了解来自透明。让“利益相关者”知道政府面临什么，拥有什么，必须做什么，正在做什么，并通过有效的宣传，培养认同感，建立信任，这是守住底线最可贵的力量。

三、“致中和”是国家治理现代化对创新领导方式的必然要求

领导方式是一个领导学的专业术语，由此形成的理论也是形形色色。比较通俗的是把领导方式分为专制式、民主式和放任式。领导方式没有绝对的好坏之分，关键是它跟领导的体制机制是否匹配。民主式是共同体多方协商，共同行使权力。在民主式领导风格下，领导者在采取行动方案或做出决策之前会主动听取各方意见，或者吸收利益相关者参与决策制定。所以，民主的领导方式比较接近国家治理现代化的要求。

就目前情况来看，政府既采取了“效率优先”的原则，又采取了政府驱动的模式，两相结合造就了政府的“效率第一”偏好，一定程度上违背了公权力机构以维护公平为首要职责的原则。诸如领导权力还没有得到有效的制约，公民参与的渠道还不畅通，公共利益部门化现象相当严重，官员的腐败和特权屡见不鲜，政府的公共服务还相对不足，行政成本高而效率低下，社会组织发育不健全，社会自治的程度低，主要公共权力机关之间的关系还不够协调，至今仍有一些机构只有权力而几乎不承担责任，政出多门、职责不清、职能错位等现象大量存在。一方面只要有利于经济发展，各级政府什么手段都敢用，无所顾忌；另一方面只要能够保持稳定，确保经济发展大局不被破坏，什么条件都敢答应。在这种情况下，领导主体更应该多元化，否则，利益相关者就会游离于体制之外，利益的表达就不

完整。至少,政府作为第一部门,市场作为第二部门,社会组织作为第三部门,应该共同构成治理的主体。

然而,现成的民主式领导理论,主要是建立在单个主体之上的理论,还不能适应“三个部门”一个共同体的实践。所以,不能照搬照抄,而是要在这个领导方式的基础上再创新。因为三个主体都会较多地考虑自己的“所得”,扩张自己。在这个共同体中,领导活动虽然只有三方主体,但其实有一个九方利益博弈。就第一部门,即“政府”而言,有一个客观存在的政府,还有一个“市场”评估的政府和一个“社会组织”评估的政府。同样,有一个作为第二部门的“市场”,但是,它在政府与社会组织的眼中,也是不一样的。社会组织作为第三部门,情形也是相同的。这样来看,三个部门,其实隐含有九个方面的参与,其中的六个方面是虚拟参与。这九方的价值观都有可能不吻合,并且总是相互影响、相互作用,结果使领导活动更加客观,更加理性。由此生成的领导方式,我们称之为“致中和”的领导方式。这个方式要求我们在领导活动中遵循“三个尊重”的态度,即尊重事实、尊重对方、尊重自己,要求领导者不能单方面地扩张自己的诉求。事实上,在这种机制下,三个主体都会受到约束。这就是“中和”的意思,当然“致中和”是以政府领导为主的。只有这样,才能够“致中和,天地位焉,万物育焉”。

在领导“致中和”的过程中,往往你中有我,我中有你,互相关联,互相依存,不存在越出这种关系的单位和个人。这就告诉我们,领导“致中和”,其实是各个主体之间的领导行为的协作。只有协作,才能互补互惠,才能充分实现各自的职能和需要。所以,领导“致中和”,要求“三个部门”在工作上提供适度的方便,工作才能卓有成效。如果不是这样看问题,某一“部门”倾自己全部能力一味给别人提供帮助,而使自身的工作得不到协助,那么协作也就会走向反面,异化为拆台;同样,某一“部门”由于过于热心的协作行为,而削弱了别人的职能,也会招致别人的反协作心理和行为。当然,作为第一部门的政府领导,要在这种协作中起主导作用,来带动与激发其他两个部门的工作。怎么带动与激发?就是对协作过程做适度促进与科学匹配,这其中贯彻的就是“致中和”的基本要求。

适度促进之于“致中和”,就是让政府、市场、社会各归其位,既相互制约又相互支撑。尊重市场经济发展的客观规律,让市场在资源配置中起决定性作用;促进社会主体组织化发展,分散国家治理资源,在多元、集体、互动的治理模式中,解决庞杂、专业的社会问题。促进政府职能转变,为创新公共服务管理模式提供坚实基础。科学匹配之于“致中和”,就是正确处理好政府、市场、社会关系。一个治理体系与治理能力现代化的政府,必然是一个内部权限分工合理、职责范围有限、高效运转、与市场社会良性互动的政府体系,之于“致中和”,就是建立“三个部门”之间相互对接与匹配有效的体系。

领导观是一个领导者开展领导活动的基本倾向。有什么样的领导观,就会做出什么样的领导行为。因此,在国家治理体系与治理能力现代化的背景下,领导观必须与时俱进,否则,领导行为就不会被国家治理体系所容纳,领导目标就无法实现。

法治领导方式研究

【新角度】2015 年 2 月，习近平同志在省部级主要领导干部专题研讨班上强调，全面依法治国必须抓住领导干部这个“关键少数”，要求领导干部办事依法、遇事找法、解决问题用法、化解矛盾靠法，处理问题要用法治方式。这就向领导干部提出了一个有关领导方式转型升级的课题。领导方式是指领导者影响群众的方式，从治理的角度来看，可以分为“德治方式”与“法治方式”，领导方式的转型就是要求领导者从“人治思维”转变为“法治思维”，升级就是要求领导者从“敢闯敢冒”提升为“法治护航”。这种领导方式的转型升级，就是我们要探讨的“法治领导方式”。

一、法治领导方式推崇法律至上

“权”是开展领导工作的重要杠杆。但是在领导活动中，领导和群众常常在“权”大还是“法”大的问题上把握不好。“法”比“权”大，这个问题在理论上虽然已经得到解决，但是在实践中，“法”与“权”的关系往往是错综复杂的。许多领导者喜欢“人治”的领导方式，它的便利之处是领导者说了算，说干就干，敢闯敢冒，工作效率高，特别适合于打破停滞不前和扯皮推诿的僵局。但是用“人治”方式去做领导工作，正确性难以保证。

人治领导方式的正确性来自于领导者的个人意志，而个人意志是否恰当，取决于领导者的品德与见识。当群众有利益诉求时，当这种诉求受到各种条条框框的约束时，当先前的“良法”已经成为改革的桎梏时，人心思治，人心思改，盼望领导者“出招”。恰逢领导者高屋建瓴，顺应民心，人治方式可能奏效。就像我们在改革开放之初的“敢闯敢冒敢试”，是开先河的创举，得到了群众拥护。

然而，随着经济与社会的不断发展，仍然奉行这种“人治方式”是会出问题的。一是领导者的品德与见识有很大的局限性，难免会在领导活动中出“坏招”，导致领导工作连环出错。人是有弱点的，其中一个弱点是“人人都有保持言行一致的愿望”。一旦领导者做出了某个决策，发表了某个观点，就会感受到来自内心和群众的压力，迫使领导者要按最初承诺的那样去做，去坚持己见。在这种压力下，即使在现实中已经行不通，领导者还会想方设法要去证明自己先前的决定是正确的。他要向群众传递一种信息:我是一个言出必行的领导者。这种人性弱点,会导致领导者常常用后面的错误来弥补前面的错误,使得领导者的错误一个接着一个犯。二是缺乏法治思维的领导者,往往不会依法办事。他们把领导的看法、领导的想法、领导的说法置于法律之上。群众评论领导:严格立法、普遍违法、选择性执法。正是少数领导干部不遵法,才会在领导活动中,导致“暴力强拆”、用“红头文件”否定司法判决等啼笑皆非的滑稽行为。很多事实已经证明,“人治方式”已经不合时宜。如果继续讲“人治”,整个社会的规则就会受到严重破坏,就很容易出现拍脑袋项目、劳民伤财工程,形形色色的权力交易、贪污腐败也遏制不住。

显然,经济与社会发展到一定程度,改革进入了深水区,权力与利益的调整就更加复杂化,领导者涉激流,行险滩,而又能站在潮头引导潮流,必须以“法治护航”,必须研究“法治领导方式”。有一种观点认为,立法滞后于发展,法治领导方式会导致事业发展因循守旧而停滞。这是错误的。事业发展有两种。一种是把已经在做的事业做大做好,不断增加体量,这是一种因循守成的发展方式。只要这种发展方式还有活力,就说明“法治护航”的“法”仍然是良法,而不是恶法。另一种发展是改革创新,这是发展的不竭动力。针对这种发展,又生出一种错误观点,认为改革创新就必须冲破一些藩篱,必然违规、违纪、违法,如果奉行“法治领导方式”,就会让改革创新窒息。其实,这是一种对过去的改革的认识。过去的改革,确实需要“摸着石头过河”的勇气,“边抓牌边定规则”。而在今天,改革创新必须要以“法治护航”。习近平同志对改革与法治的关系有一句深刻的话:“在整个改革过程中,都要高度重视运用法治思维和法治方式,发挥法治的引领和推动作用。”

现在的改革创新,已经不同于过去,“单打一”的破冰方式已经不合时宜了。因为现在碰到的问题事关全局,只能用法治理念去破解。经济、政治、文化、生态文明建设等改革要相互配合,协同闯关,因而必须于法有据,有法可依。领导者要善于把改革主张转换成法治主张,要通过法定程序凝聚共识，并将各方面共识以法治方式确定下来，用法治领导方式化解改革风险。这样，才能确保改革创新有序进行。

这样的话，领导者必须树立法律至上的理念，确保在领导工作中把权力置于法律的框架之内。一是牢固树立权力法授的理念。领导的权力来自群众，源自法授。必须牢记职权法定原则，法无授权即禁止，而不能在没有授权的情况下随意扩张权力。二是牢固树立规矩理念。习近平同志强调指出：“要加强对党员、干部特别是领导干部的教育，让大家都明白哪些事能做、哪些事不能做，哪些事该这样做、哪些事该那样做，自觉按原则、按规矩办事。”如果领导干部只想用规矩约束别人而不约束自己，就会凌驾于规矩之上。三是牢固树立程序理念。程序是克服人治肆意性的重要保证，现实中一些领导者认为只要目的合法正当，对采用什么手段就可以不予计较，甚至还有人把此当成工作魄力和个人魅力的表现。这是极其错误的。

二、法治领导方式讲究法治思维

法治领导方式是运用法治思维处理和解决问题的行为方式。法治思维的特点是以合法性为出发点，任何领导活动都要追问“是否合法”。法治思维是人类多种思维中的一种思维，而不是全部思维。它与其他思维各有特点，互为补充，相得益彰。各种思维因社会历史阶段和所处境地的不同，其地位和所发挥的作用也有所不同。领导者往往会用多种思维去解决问题，所以，我们讲究法治思维，但不能说只有“法治思维”是“合法思维”，其他思维都是“违法思维”。因为思维不存在是否合法问题，只有由思维支配的行为才有“合法行为”与“违法行为”的区分。

讲究法治思维，就是要在领导活动中突出公平正义这个核心。应当承认，社会上的不少矛盾和怨气是由一些领导机关和领导干部违背法治制度、程序、手段、方式，公共权力无限膨胀，公平公正得不到保障，真理正义得不到伸张所引起的。如果能以法治领导方式来服务社会，让民众的知情权、参与权、监督权得以实现，社会矛盾和怨气就会大大减少。突出公平正义这个核心，就是要用法治领导方式找出“最大公约数”。当一项决策涉及很多主体时，他们的核心利益必须予以保证。以社会保障为例，不能仅仅保障党政机关和企事业单位等比较强势的单位。社会保障作为社会公平的底线和保证国家长治久安的根本性制度，要在惠及全体人民上有所体现，即在包括养老、医疗、失业、工伤和生育保险在内的基本社会保险方面要有所体现。最低生活保障制度实现了动态管理下应保尽保，做到救助标准适时调整、救助对象有进有出、救助水平不断提高。

讲究法治思维，就是要在领导活动中坚持权利与义务对等。法律是规定权利义务的，法律关系就是权利义务关系。领导者与被领导者之间，是权利义务关系。治理国家、管理社会、行政执法、人与人交往等，都要尊重和保护权利，履行义务，承担法定职责。各级领导干部所做决策和所行措施，大多是针对群众和其他组织的，他们在法律上是权利义务主体，而不是可以随意侵犯的客体。对他们权利的尊重、维护和保护，就是法治领导方式的表现，漠视、蔑视其权利，任意剥夺侵犯其权利，不是法治思维，而是典型的人治思维。另外，领导者行使的权力是公权力，公权力的特点就是既是权利也是义务。这就要求领导者积极履行职责义务，不失职，不辱使命。

讲究法治思维，就是要在领导活动中落实责任后果。法律不仅是行为规则，还有法律后果和法律责任。法治领导方式不仅是行为之治，也是后果之治。法治思维也不仅仅是行为规则思维，不仅仅是判断思维和行为思维，更为重要的还有责任后果思维。因此，行为有后果，领导者要对其行为的后果承担相应责任，这是法治思维的应有之义。对领导者而言，必须对其权力行使和职责履行承担责任后果，违法的行为要及时纠正，侵犯的权利要得到有效救济、保护，造成的损害损失要依法给予赔偿，违法犯罪的要予以惩处。正所谓执法必严、违法必究、失职必问责。

讲究法治思维，就是要在领导活动中依法权衡各种问题。法治领导方式具有权衡利弊、瞻前顾后、兼顾各方的特征。它要求领导者看问题、做决策时，要依法处理好当前和长远、局部和全局、个别和一般的关系，尽可能把事情考虑得更周全，把方案设计得更缜密，把负面影响降到最低。法治领导方式要求依法化解领导活动中的矛盾，以法律权威性增强领导者解决问题的权威性，这样可以较少留有后遗症。如果以牺牲法律权威为代价，求得问题一时解决，会破坏人们的行为预期，引发新的问题。面对矛盾，我们要善于依照法律上的事实分清是非，用权利义务思维分清对错，在法律框架内明确权利、界定义务。对进入法定渠道的矛盾问题，要严格依据事实、法律，公开公正处理，以依法解决矛盾问题的实际成效，让群众体会公平正义、信服法律权威，从而形成办事依法、遇事找法、解决问题用法、化解矛盾靠法的良好环境。不能迁就用“闹”来解决问题的做法，因为“闹”的本质是打破常规、放大诉求，是以高昂的社会代价满足眼前和个别的利益，长此以往必将严重干扰正常的领导秩序。

讲究法治思维，推行法治领导方式，并不是对领导者个人作用的否定。实际上，徒法不足以自行，法律是要人来制定和执行的，任何社会都是人的统治。人治有可能是贤人之治，也可能是庸人之治，甚至还可能是愚人之治。人治的不确定性，需要通过法治领导方式的确定性来调整。

三、法治领导方式倡导“公开、公正、公平”的领导方法

“公开、公正、公平”是法治方式的基本要求，也是对领导工作的基本要求。党的十八届四中全会讲依法治国要公开、公正、公平；讲领导决策和领导工作也要公开、公正、公平。在领导活动中，公开、公正、公平是一种主政理念，领导者可以创造许多自选动作，这种灵活性就表现为领导方

法。不过,这种领导方法是在公开、公正、公平的“法治方式”层面上生成的。换言之,我们是借鉴公开、公正、公平的精神,并把它们解读为领导方法。那么,在领导活动中,法治领导方式是怎样理解公开、公正、公平呢?

首先,作为开展工作的一个基本原则,公开、公正、公平,应该是“法治”与领导活动的共同要求。治国理政与领导活动,其实都是服务群众的工作。任何一种服务工作,它的基本面是大部分的群众。要让大部分的群众相对满意,必须在工作中坚持公开、公正、公平。不公开,群众不知情,何来满意?不公正,群众的权益得不到保障,何来安全感?不公平,难以服众,何来凝聚力?所以,公开、公正、公平是法治工作与领导工作的共性要求。

其次,公开、公正、公平在“法治”与领导活动中是有区别的。公开、公正、公平在依法办事的系统中是相互联系的。公开是一种手段,公平、公正是目的,公开促进公平、公正的实现;公平、公正必然要求行政行为公开,“暗箱操作”是没有公平、公正可言的。公开、公正和公平都要通过程序来保障和实现,没有法定的程序,这些原则既无法实现,也没有判断标准。它们是一个相互联系、不可分割的统一整体。但是在领导活动中,三者之间具有相对的独立性。在法治中,公开是指有关的规定要公开,结果要公开。但是在领导活动中,公开是指领导工作的目标任务要公开,领导工作的举措要公开。在法治中,公平是指保障人人平等和机会均等,避免歧视对待。但是在领导活动中,公平是一个心理概念,不同的人有不同的理解。不同的组织、不同的群体有自己的公平观;不同的社会有不同的公平标准。在法治中,公正是一种价值要求,要求分配公平合理,而且还要合法。但是在领导活动中,公正往往有相对性。领导者有时候可以定义什么是公正,并作为领导行为的依据。比如可以调节分配依据,在一定范围内根据工作需要调节每一个成员所得的份额。总之,在法治中,公开、公正、公平是各自独立且联系在一起的概念。但是在领导活动中,公开、公正、公平既可以相互独立,也可以作为近义词来理解。需要根据具体情况具体使用公开、公正、公平这三个词。

再次，公开、公正、公平在领导活动中，很大部分体现在领导者的素质当中。在依法行政中，公开、公正、公平主要体现在规则与程序中，同时必须靠程序去保障。但是在领导活动中，公开、公正、公平主要体现在领导的计划职能、决策职能、组织职能、控制职能中，公开、公正、公平必须落实到具体的领导职能中去，落实到具体的事情中去。有些东西可以靠领导程序去保障，有些东西则必须靠领导者的素质去保障。怎么公开，必须按规则；怎样公正，是指公平正直，没有偏私；怎样公平，最重要的是法律面前人人平等。在法治中，这些东西都是用法律规则与程序来决定的；在领导活动中，这些东西往往要打上领导者主观性的烙印。领导者关于公开、公正、公平的观念，不是法定的，而是具体的；不是固定不变的，而是根据工作的需要不断发展变化的。领导者总是喜欢把是否公平、公正同领导工作的目标联系起来，同下属的心理联系起来，同下属对集体的感情联系起来。甚至对于在什么范围内公开，都会讲究。所以，在领导活动中，怎样实施公开、公正、公平，跟领导者的素质相关。

综上所述，法治是全社会的最大公约数，用法治领导方式一般能够处理好各种各样的问题，但有时领导者会陷入所谓“合法不合情理”“合情理不合法”的矛盾。要解决这个问题，关键是正确理解法、理、情的内涵，把握法治意义上的公理、常情。法治意义上的理是公理，不是私理；法治意义上的情是绝大多数人公认的常情，不是个别人的私情。在领导工作中，合法公正的领导行为于情于理都讲得通。当然，领导工作是复杂多样的，许多事情往往蕴含着更为深层的社会原因，法律作为问题的一般解决规则，难以涵盖现实的多样性与复杂性。如果单纯用法治领导方式去处理，有时难以解决。这就需要领导者把握好社会心态和群众情绪，既要用好法治领导方式，还要发挥“超法治领导方式”的作用，处理好方方面面的关系。

“平面领导”理论

【新角度】在学识和能力上，领导者和被领导者不仅“顺差”在缩小，有些还出现了“逆差”。在知识和学习等方面，领导者已无多少优势；在经验和能力方面，领导者的存量可能多一些。总的趋势是两者相互靠近，两者的界限变得模糊，上下级的级差也由阶梯式向平面化发展，领导者已经不是金字塔尖的人物了。

谈到领导，就自然会有上下级、正副职等概念，这些概念不仅为我们构造了领导科学，而且还常常以立场、观点和方法的形态，长期影响着我们的领导者和研究者。时代发展到今天，以这些概念原有的内涵和外延来解释和指导领导活动，不仅力不从心，而且不合时宜。领导这个词的概念是随着时代的变化而变化的，不同的时代背景，赋予这个词新的意义。在过去，由于教育、信息和实践的限制，有些人掌握了更多知识，获得了更多的能力，他们比一般人站得高，看得远，成为上级、领导；而另一些人则没有机会提升自己的素质和能力，就成为下级和群众。在这里，领导具有上级、指挥、高明、权力等意义，领导就是自上而下靠指挥链和行政链推动工作，完成任务，实现目标。显然，这里的领导者，是一个有优势的领导者，是与下属有“位置差”的领导者，是一个具有“势能”和“惯性”的领导者。谈到领导和官员，就会使人联想到“位高权重”“官大一级压死人”等，职务级别自上而下、自中央到地方的阶梯式“顺差”显得非常重要。我们把这种领导概念及其产生的结构称为“金字塔式”的“垂直领导”模型。随着经济与社会的发展，人们获得知识、信息和提高能力的机会已经非常广泛，领导者和被领导者在素质和能力方面差距愈来愈小，被领导者在能力和水平等某些方面超过领导者也是常事。在学识和能力上，领导者和被领导者不仅“顺差”在缩小，有些还出现了“逆差”。在知识和学习等方面，领导者已无多少优势；在经验和能力方面，领导者的存量可能多一些。总的趋势是两者相互靠近，两者的界限变得模糊，上下级的级差也由阶梯式向平面化发展，领导者已经不是金字塔尖的人物了。根据这种情况，我们提出了“平面领导”的概念和模型。在“平面领导”模型中，领导者只是因为工作分工和职责不同，居于“平面”的中心，而逐渐失去自上而下的“势能”和“惯性”。

“平面领导”体系的构建是复杂的，在这里只能对其特征进行初步描述。

一、软领导、自领导与互领导

“平面领导”有三个重要概念，区别于“金字塔式”的垂直领导。

1. 软领导

在领导活动中，有组织、体制、制度、控制、监督、权力等硬件，也有服务、激励、沟通、领导艺术等软件。“金字塔式”的领导模型主要是靠硬件来构造的，形成科层制的体系；平面领导则相反，它靠的是领导者的软实力，在平等的“面”上实施软领导。软领导表现为领导者的非硬性影响力。这种影响力就是领导者的品质、知识、能力和实绩等非硬性的东西对被领导者造成的影响，被领导者亦自愿地接受这种影响。在领导活动中，不同的领导者以自己不同的性格品质、工作态度、用权方式和领导艺术影响被领导者，必然会引起被领导者的不同反应。这些东西转化为被领导者的特种心理体验，久而久之，被领导者就会对领导者产生一种带有一定倾向性的心理状态，即这个领导者是否值得尊敬？是否可以依赖？是否应该服从？如果回答是肯定的，被领导者就会从心里尊敬、信赖、服从自己的上级。那么，这个领导者在被领导者中就具有了一定的威信。反之，就没有威信。软领导的概念对领导者的素质和能力提出更高、更严格的要求。所谓更高，就是要求领导者提升软领导力，要讲究用心、用情、用和、用理、统御等领导艺术去沟通、激励和服务，从而提高领导效能；所谓更严格，就是对领导者使用组织、体制、职权等硬件提出更科学的要求，再也不能简单地使用指令式或操纵式去指挥群众。

2.自领导

管理学和组织行为学都涉及一个自组织理论,说的是组织中存在着一种机制,会自动调节组织的某些机能。在领导活动中,由于处于塔尖的领导者降到平面以后,计划、控制、指挥等领导功能逐渐弱化,群众自组织、自领导的功能却逐渐生长出来。让群众自己领导自己,就是“自领导”。领导者在“自领导”当中,主要是一个如何依靠群众的问题。所谓依靠群众,就是坚持三点:第一,有事同群众商量,向群众请教。认识来源于实践,人民群众是亲自实践着的人,最了解实际情况。所以,要正确认识某种事物,处理某种问题,就得同从事其实践活动的群众商量,同他们一起讨论研究,想办法、出主意。第二,有事交给群众,由人民群众自己去做。领导和干部“越俎代庖”,包打天下是不行的,但也不能放弃领导,放任自流,撒手不管,搞无政府主义。领导和干部的责任,是制定和贯彻党的路线方针政策,动员群众、组织群众,并以身作则,身体力行,用自己的模范行动影响群众,以统一群众的思想和行动。第三,坚持群众自愿原则,依靠和相信群众的大多数。依靠群众,就得要群众自愿。硬要群众去做,那不叫依靠群众,叫强迫命令。群众,由于所处的条件不同,经历不一样,思想认识总是有差别的。因而在群众中就有一个多数和少数的问题。依靠群众就是依靠群众中的多数,多数人意见一般是对的。有时,即使多数人的意见不对,也有一个相信多数的问题,要相信多数的群众早晚是会觉悟过来的。在他们觉悟之前,暂时不愿意前进的时候,要做细致的思想工作,耐心地等待,不能率领少数先进分子单独冒进,或将少数先进分子的思想作为广大群众共同要求,强迫多数人跟着少数先进分子去做。

3.互领导

当垂直领导转变为平面领导以后,领导和下级、领导和群众就会在同一个平等面上开展互动,由此就产生了“互领导”。互领导是关于领导者与被领导者如何通过相互作用来实现领导的一种理念。简单地说,就是你领导我与我领导你存在于领导活动过程之中。这个互动过程有同时同步、错位异步或交织联动等方式。它包含以“互”为核心的三个要素，即领导者、被领导者和“互”。这里的“互”有丰富含义。“互”是领导者与被领导者的中介；“互”是领导者与被领导者及其中介的载体或平台；“互”是互动，是影响，是相互学习。“互领导”并不是把领导者与被领导者简单地对等起来，相提并论，领导者仍然是领导活动中的主要方面，只不过强调的是“互”的作用，告诉领导者要重视“互”的作用。正是这个“互”，才使互领导区别于以规律和程序为核心的领导学原理，区别于领导者为核心的领导方法与艺术，区别于以被领导者能动性为核心的B理论和“逆领导”学说，等等。

互领导立论基础在于对领导权等领导资源分配的看法，它认为领导活动中的资源并不是集中于领导者之手，而是分散在一个平面上，有机地分配在领导者、被领导者和相关人员手中。这种领导资源领导者有，人民群众也有。领导者要用这种资源为人民服务，实现好、维护好和发展好最广大人民群众的利益，人民群众自身也要用这种资源参政议政，介入政治过程。这里面就有一个“互领导”的问题。作为领导者，要用权力和资源最大限度地获得广大人民群众的认同；作为人民群众，要用权力和资源来体现自己的意愿。这就是“互”，就是互相作用。通过这种不断的、多次的互相作用来实现领导工作的目标，就叫作“互领导”。

二、肯定型与导演型领导艺术

“平面领导”有两种类型的领导艺术：一是肯定型的领导艺术；二是导演型的领导艺术。

一事当前，若以肯定的态度去对待它，以欣赏的做法去激励人，就叫作肯定型领导方式；反之，若以否定的态度去对待它，以苛求的做法去要求人，就是否定型领导方式。有的领导偏好于肯定型领导方式，有的领导偏好于否定型领导方式，没有一个领导者可以摆脱这种偏好，因为这是由一个人的个性倾向性决定的。肯定型领导方式善于调动部下的智慧和热情。为人处世，通过“肯定”别人来驾驭别人，通过“欣赏”别人来获得魅力；他的部下是主动的、自觉的。否定型领导方式为人处世追求完善，通过“否定”和“苛求”的方式不断要求部下改进；部下总是处于被动的、被觉的“茫然”状态。

从平面领导的角度看，我们推崇肯定型领导艺术。所谓领导，就是带领和引导，不断地给予部下“肯定”和“欣赏”的信号就是一种引导，让他们享受领导的“支持”和“赏识”，让他们感受到自身的价值，让他们在实现自我的过程中实现领导意图。而否定型的领导，因为不断“挑刺”和“不满”，易使部下失去信心，使领导失去魅力，领导活动当中处处充满了矛盾斗争。从实际效果看，肯定型领导方式，不仅使个体的工作热情高，而且使团队更有凝聚力；部下在领导活动中是快乐的，领导者则能轻松地实现领导。否定型领导方式，不仅使部下被动、疲惫，而且使人际关系也欠和谐，领导者和被领导者都处在一种“张力”之中，双方心情都不能放松。从我们的感受和人性特点来看，面对赞同者与反对者，我们更喜欢前者；面对合作者与竞争者，我们更喜欢前者；面对欣赏我们的人与排斥我们的人，我们更喜欢前者。一个人如果受到肯定和尊重，对工作就会充满热情，人格就会得到完善；一个人如果过多地遭到领导的否定和歧视，就会在他的心里播下对抗的种子。这些经验告诉我们，人们更加喜欢在相互关系中得到认同、肯定和欣赏。

为什么会出现这种情况呢？主要是肯定型领导艺术在于“欣赏”部下。你欣赏他，他听你话；你欣赏他，他会做得更好，让你继续欣赏他。一个鼓励的手势、一个会意的眼神、一句温暖的话语，都会令部下感恩和回报。欣赏是一种可持续的领导资源，你用得愈多，愈会欣赏部下，你的领导力就愈强。而否定型领导方式定位于“完美”，对部下的要求近乎苛刻，部下怎么做都难以达到领导的要求。采用否定型领导方式的人，一般自视甚高，其内心深处隐藏着一种“自恋”与不宽容情结，他不会去看别人的长处和优点，因而不会去肯定和欣赏别人，反而易患“表演上瘾”症，经常强迫自己做出一些行为以满足部下的期望，赢得部下的赞赏。陷于“自恋”情结的领导是首先肯定和欣赏自己，然后以批判者、评判者的视角去审视别人，缺少“平视思维”，所以，结怨甚多，这类领导在组织中的行为不是吸引人，而是排斥人，因而缺乏领导魅力，往往是一种有水平而没有追随者、缺乏群众基础的领导者。

导演型领导艺术讲的是领导者要把自己当“导演”，用这个角色来定位自己的领导艺术。首先，因为领导是站在平面上、平台上，所以他不是居高临下的指挥，不能用指挥棒去对付下级和群众。领导者是一个导演，要让所有的演员充分表现，给予践行的机会。导演要把各种角色的优点都发掘出来，善于发现优点，当优点不明显时，又要善于发现部下的闪光点，领导的艺术就在于给予这些优点、亮点得以展现的舞台，让演员充分发挥长处，实现自身价值。所以，平面领导必须懂得用长取长，让部下才尽其用，而绝不是十八般武艺都精通的文武全才。在一些领导者中，有一种观点相当流行，就是领导者要精明能干，更要有“两下子”，必要时可以给下属露一手，证明自己要比部下高明。在这种观点指导下，许多领导把精力放到强化自己的业务技能上去，以备随时接受下属的请教。这不是平面领导，而是垂直领导。他不懂得导演是通过“指点”来“肯定”和“欣赏”别人的特长为自己所用，而是把自己降低到专业技术人员层面上了。其次，他是“教练”，要教人家怎么“练”。在教的过程中，对于领导者来说，要注意“互领导”；对于被领导者来说，要让他们进行有效的“自领导”。教练应该让全体运动员都发挥作用，而不是与他们争表现。如果教练喜欢当运动员，那么，运动员只能忍气吞声地对待这位“超级明星”，下属的活动空间就会被侵占。这样的领导看上去是能力非凡而不可接近的“超人”，事实上不如能力平凡而善于“平面沟通”的领导者有魅力。这样的领导因为突出自己而失去了部下，因为要表现自己而导致个人英雄主义。结果是领导者失去了凝聚力，组织失去了合作精神。

三、“无恃”为平面领导的最高境界

从“金字塔式”的垂直领导变为平面领导之后，领导和群众趋向平等，民主、对话、沟通、互动变成常用的领导手段，领导者从位高权重变得“无恃”。“无恃”是平面领导的最显著特征，是平面领导的最高境界，也是区别其他领导学说的标志。

我们常说有恃无恐，相反，“无恃”就会有所敬畏。平面领导应该敬畏权力，敬畏组织，即敬畏领导活动中的硬件，敬而远之，而不是用“组织”和权力的名义去管制下级。组织和权力只是领导者做腹案用的，是备而不用的硬件。面对被领导者，平面领导讲出来的是情和理，充满人情味，让部下认为这是情所必然而理所必至的事。平面领导认为“组织”太生硬，缺乏包容性。“组织”必须经过程序，在这个过程中忽略了人之常情，所以往往不能兼顾到方方面面。而理是从“组织”中提炼出来的，且层次更高。理能再现组织文化，更具灵活性和可接受性，可以顾及人、事、时、地、物等所有变数。当然，领导者不能把违背组织纪律的事情设法加以合理化，这是本末倒置。可以说，平面领导敬畏组织，重视文化，却不喜欢法治。关于权力，平面领导认为权力太刚性，缺乏人情味。所以，平面领导不会用权力使下级臣服，不会明显地发号施令，不会让下级感到被动，而是用软实力和影响力来衡情论理，由情入理，一般的下级都会领情。这样，领导者与被领导者之间就有感情的互酬，组织就充满了人情味。可见，平面领导讲的“无恃”，其实凭的是领导者自身的修养，心为本体。只有具备这种修养，才能达到法在腹中、权在心中、情在意中、理在口中的“无恃”境界。

要达到上述境界并非易事，需要一个修炼的过程。在当前，领导干部在行为方式上要做“两个转变”。一是要从主从关系向伙伴关系转变。垂直的领导，领导者与被领导者之间事实上是一种主从关系，以领导者为主，被领导者从属于领导者。这是因为在垂直的领导体制和条条的领导体制中，领导者和上级拥有大量的领导资源，几乎能左右被领导者的行为和命运。而平面领导虽然承认领导者的主导地位，但是更推崇官民平等，相互间不是上下级关系，而是共同工作的伙伴。二是要从伦理领导向契约领导转变。垂直的领导遵循等级森严的领导伦理，即领导总是对的，领导的意志是绝对的，被领导者只有服从的义务而没有民主的权利。平面领导依靠法律、制度和各种契约式的规范开展工作，领导者和被领导者都在各种规范的约束下行使权利和履行义务，把领导活动当作是实施和践约的过程。

在思维方式上，平面领导要确立“兼爱”的观点。在垂直领导的体系中，领导者“爱”的是自己，容不得部下超越和冒犯；而在平面领导的体系中，领导者首先要“爱”部下。墨子认为社会和团队失序，是由于人与人之间不能相爱，因此主张“兼爱”：关爱所有的人，不能有遗漏，也不能有所排斥。兼爱部下如自己，团队为一体。这就要求领导者首先必须控制自己的嫉妒心。人人都有嫉妒心，一个领导者可以嫉妒另一个领导者，但不能嫉妒部下。一旦嫉妒部下，就会失去爱心，否定、苛求的情绪就会油然而生。在这种情况下，部下要么“跳槽”，要么不敢发挥自己的才能，领导活动的效能就会大打折扣。作为一个领导者，统率着一个团队，领导者的功劳是一种复合功劳，要比任何一个下属的功劳大，不值得因此嫉妒，反而要为下属的能干而欣慰，要支持他们干成事。

在上文中，我们从“怎样当领导”的角度提出了“平面领导”的学说，但并不否定领导学、管理学和组织理论等学科关于领导的一般原则，恰恰相反,由它们构建的框架正是“平面领导”得以展开的基础。如果没有金字塔式的“垂直领导”体系,我们甚至提不出“平面领导”这个概念。然而,“平面领导”又是一种完全不同于我们已经习惯了的垂直领导的理念,是对领导观念和实践的一种变革,事关领导科学的发展方向和理论先导的问题。当前,从中央到地方,很多领导事实上都在践行“平面领导”,他们到群众中去,以亲民、爱民之举产生了非常好的领导力和号召力,值得研究、总结和提炼。所以,对于理论工作者来说,有责任进一步揭示“平面领导”的规律和机制,厘清“垂直领导”与“平面领导”的联系与区别。要去探索怎样在“垂直领导”的框架中实现“平面领导”的有效方法与途径,而不是另搞一套,否则,就会以“平面”之民主否定“垂直”之集中,以“平面”之公平否定“垂直”之效率,最后以“平面领导”否定“垂直领导”。这是欠妥的。“平面领导”旨在改变“垂直领导”体制中不合时宜的东西,改进领导方法、领导作风和领导艺术,而不是要以“平面领导”去代替“垂直领导”。

“泛领导”理论

【新角度】“人人都可以被领导”，这在领导学中似乎是一个不言而喻的假设。但是，是不是所有的人都可以当领导呢？这就不是一个简单的问题了。一个人凭什么可以当领导？为什么可以当领导？是少数人可以当领导，还是多数人可以当领导？这是领导学所要研究的问题。“泛领导”理论认为人人都可以当领导，当领导这件事情可能发生在任何一个人的身上，也就是“当领导”的对象被泛化。“泛领导”是一个领导学的新概念，至今还没有专家学者提出这个观点，这是一个我在20余年的讲学中逐渐形成的观点。

一、“泛领导”理论与其他领导理论的区别

我曾经多次做过关于“领导权问题”的专题讲座，在这些讲座中，我都会讲到：“领导可以理解为影响”；“领导力就是影响力”；“领导权就是权力性影响力与非权力性影响力的巧妙结合”；“领导既不是硬领导，也不是软领导，而是巧领导”。根据上述讲法，我给“领导权”定义为“领导权威”，就是硬权力加上软权力，硬权力谓之权，软权力称之为威信，合起来叫作权威。我们通常所讲的领导权，其实是指领导者的权威，即权力性影响力与非权力性影响力。我进一步认为，在工作和生活中，每一个人都能影响别人，只不过有些人是“硬影响”，有些人是“软影响”，有些人是“巧影响”，有些人是“大影响”，有些人是“小影响”。既然“领导可以理解为影响”，那么，每一个有影响力的人都存在着当领导的可能性。基于这种理解，我在多次的讲座以后做了一个相同的教学互动，每次都亮出这么一个题目：每一个人都可以当领导，你是赞同还是不赞同，为什么？

在我的印象中，在教学以后的互动中，大约有80%的学员选择“赞同”。为什么有这么多人认为“人人都可以当领导”，这个问题引起了我的注意。我觉得这个结果可能与学员听了课，接受了我的暗示有关。在以后的讲学中，我把这个题目放在课前，结果还是有55%左右的学员选择了“赞同”。由此，我认为“人人都可以当领导”这个命题值得研究，有广泛的受众基础，是一个领导学的全新视角。我们把基于影响力的领导理论称为“泛领导”理论。

“泛领导”理论与其他的领导理论有较大的区别。前者认为人人都可以当领导，而其他的领导理论认为只有少数人可以当领导。其他的领导理论虽然很多，但是可以归纳为四大理论。特质理论认为，只有少数具备领导特质的人才能当领导，能否当领导由自身决定；领导行为理论认为，只有能够做出让群众认同的行为的人才能当领导，能否当领导由群众决定；内隐领导理论认为，领导和群众心中有“一杆秤”，他们会按自己的认知来选择领导者；情景领导理论认为，只有与时俱进的人才能当领导，能否当领导由所处环境决定。

特质理论是20世纪最流行的领导产生理论，也是最早对领导活动及行为进行系统研究的尝试。研究的方法是从优秀的人物身上寻找共同的特质，由此来解释他们为什么能够成为领导。什么是领导力的决定因素？领导者区别于普通人的特质到底是什么？其中关于伟人特质的研究就认为领袖具有一系列完全不同的个性特质，这些特质不是后天培养的而是与生俱来的。比如，优秀领导者总是能够发现别人不能发现的问题，能够洞察别人无法感知的现象。

特质理论在20世纪中期就受到质疑。事实是，一个在我们看起来具备领导特质的人，不一定都能成为领导者。相反，一些领导特质不明显的人却能够在某种情境下取得成功。所以许多人开始从研究领导者的内在特质转移到了外在行为上，其中有些专家又从领导行为的研究转向情景的匹配方面。这就产生了领导行为理论，随后也就产生了领导情景理论。

领导行为理论认为，一个人的领导行为有效，就会得到群众的认可而成为领导者。这个理论萌芽于19世纪40年代，许多管理心理学家在调查研究中发现了领导者在领导过程中的领导行为与他们的领导效率之间有密切的关系，基于此，为了寻求最佳的领导行为，许多机构对此进行过大量的研究。有关领导行为分类的各种研究里，虽然给予领导方式各种不同的名称，如民主式、独裁式、放任式，领袖中心、成员中心，倡导行为、关怀行为等，但是总的来说，这些不同的名称所代表的是类似的概念，也就是把领导行为分成强调团体与强调个体两个向度。而这也就是行为论和特质论之间的不同之处。

内隐领导理论是关于人们内心领导概念结构的探究。人们内心关于领导概念的看法，既含有领导者是什么，又含有领导者应该是什么样的；既表明了人们对领导者的要求，又表明了人们对领导者的期望。不同文化背景的人，对领导者看法是不同的，特别是不同国别的人，“内隐”差异是比较大的。研究者发现当前中国人内心领导概念的内容由个人品德、目标有效性、人际能力和才能多面性四个因素构成。可见，内隐领导理论既考虑了领导特质，又考虑了领导行为，目前，我们的领导干部选拔，在很大程度上是基于这种理论。显然，这种理论认为，领导者应该是由上级和下级来共同选择，只有少数人才能符合选拔条件。

情境领导理论认为，没有最好的领导形态，只有最适当的领导形态，讲的是与时俱进和因地制宜。情境领导在当时被誉为重大理论创新，有别于特质理论和行为理论。情境领导的三大技巧是诊断、弹性与约定领导形态。诊断是评估部属在各个发展阶段的需求；弹性是能轻松自在地使用不同的领导形态；约定领导形态是与部属建立伙伴关系，与部属协议他所需要的领导形态。情境领导能改善领导与部属间的沟通，增强默契的培养，并使领导能够了解部属的发展需求，给予必要的协助。情境领导要综合运用命令行为与支持行为，这是情景领导最重要的两项领导行为，运用得宜谓之弹性。

可见，上述四种领导理论的基础是不一样的。领导特质理论基于领导者的个人素质；领导行为理论基于领导者行为的有效性；内隐领导理论基于人们心中的领导概念结构；情景领导理论基于领导活动所处的具体环境。而我们提出的“泛领导”理论则是基于领导者的影响力。当然，这五种理论是有联系的。不仅在发展阶段上有联系，而且在内容上也不是完全排斥的，互相之间还存在着包容性。

那么，“泛领导”理论为什么在学员中有一定的市场呢？喜欢领导学的人，愿意听领导学课程的人，一般是对领导工作有些兴趣的人，比较容易认同“人人都可能当领导”的观点，言下之意是“我也能当领导”。所以，在这群人中，他们喜欢高估自己的作用，高看自己，而“泛领导”理论也符合他们的“口味”，能够对他们起一定的激励作用。

为什么要到现时代才有可能产生这种“泛领导”理论呢？我觉得，主要是经济与社会的快速发展，科技与信息技术的快速发展，使人的自信心、素质与能力得到了迅速的提升。在很久以前，领导者与普通民众的素质差距是非常大的，即使给普通民众当领导的机会，他们也会感到难当重任，畏葸不前。而现在，领导者与群众的等级差异已经不明显，当领导也不是居高临下，“平面领导”的时代已经到来。当大家的素质、能力和水平都处在同一个平面上的时候，自然会产生“人人都可能当领导”的想法。

二、关于“泛领导”理论的辩证思考

为了深入研究“泛领导”理论，我在多次的讲学中，把学员分为正方与反方（支持“泛领导”的学员为正方，不支持的为反方），双方展开辩论。辩论的核心是影响力的概念能不能“泛化”。其避开“少数人还是多数人能够当领导”的问题，因为一旦陷入这个问题，就会在上述四种理论中“兜圈子”。在多次的辩论中，我们得出了这样的意见：

第一点，在实践中，领导岗位是有限的，所以事实上，只有少数人在当领导，但是反方和正方对此的看法是完全不同的。反方以为，可以当领导的人虽然比当上领导的人还要多，但是仍然只有少数人可以当领导。但其同时认为，由于经济与社会的快速发展，管理人员的队伍迅速膨胀，管理已经多样化，已经泛化。所以，反方倒是愿意接受“大多数人可以做管理人员”的观点。正方意见则相反，虽然当上领导的人不多，但是有很多人可以当领导，甚至人人都可以当领导。我认为，在领导学中，用谁当领导，是一个基于影响力的问题。影响力人人都有，只不过大小不一样。所以，从理论来看，的确是人人可以当领导。当然，在事实上，影响力如果达不到一定的程度，是不可能成为领导者的。显然，从“人人可以当领导”的结论中，我们不能推出“人人都可以当管理人员”的论断。管理人员仅仅靠影响力还不够，还要靠管理能力和水平。这应该是管理学中“人力资源配置”研究的问题。

第二点，影响力较大的人可以领导影响力较小的人。正方认为，在一个组织中，可以对所有员工的影响力进行排序。从理论上看，一个组织中，只存在着一个影响力最低的人。假设这个组织有 N 个员工，就有 N－1 个员工可以当领导。可以说，这是彻底的“泛领导”观点：领导就是影响，反过来，影响也是领导。这后面半句是我们在先前的论述中所没有提到的。反方以为，不能够这样来理解“影响力较大的人可以领导影响力较小的人”这句话。一个组织是有层次结构的，所以，人的影响力是分层次的，具有高层次影响力的人才能够领导低层次影响力的人。又由于人们喜欢高估自己，影响力稍逊的人显然不愿意服从影响力稍大的人。换言之，处在同一层次的影响力，是很难发生互相影响的。反方的结论是：组织是分层次的，影响力是分级别的，级别不是无限可分的；级别在组织中表现为职级，就是高层领导、中层领导和基层领导；影响力低的人，只能待在基层，其内部产生不了职级，所以，他们很难成为领导者。可见，正方与反方的分歧在于：正方把影响力看作是汽车的自动挡，是一种无级变速；反方则把影响力看作是汽车的手动挡，是一种分级的变速。

第三点，“影响人”或“被影响”是不是可以作为一种人性假设？在哲学上，我们曾经对人性有善恶的假设；在管理学上，我们曾经对人性有“X 与 Y”的假设。那么，在领导学上，我们是不是可以假设“影响”也是一种人性呢？正方和反方都接受这样一个观点：一个人比较喜欢影响他人，但是有选择地接受别人的影响。对于这个观点，我们是不是可以进行这样的解读：人们喜欢当领导，能不能当成领导却不一定；进一步的解读是“人人都可能当成领导”。也就是说，如果把“影响”作为一种人性的假设，那么，基于个人影响力的“泛领导”理论就能够成立。所以，我们在这里提出了“影响”是不是一种人性的问题，我们需要说明“影响”是一种普遍存在的人性。正方认为“影响”是普遍的行为，最常见的有下级模仿上级，相互之间的谈心和劝说，给对方以建设性意见。反方认为督促和强制也是一种影响。事实上，从这里我们可以看出，正方更愿意把影响看作是一种非权力性的领导。反方则把影响看作既是权力性的又是非权力性的领导。由此可见，“影响”作为一种人性的假设有一定的领导学基础。

第四点，正方和反方都接受“人人都有影响力”的观点，但是正方是全面接受，反方是部分认同。就影响面而言，反方认为如果一个人没有足够大的影响力，就不会产生面上的影响，也就不可能被推上领导岗位。所以，从“人人都有影响力”的观点，不能推论出“人人都可以成为领导者”的“泛领导”理论，这一点跟上面讲到的影响力的“层次”是一致的。就影响力的构成而言，正方最看重的是道德品质，反方最看重的是才能。反方认为，没有无能的人，能力强的人倒是可以指导能力弱的人。所以，反方更愿意从这个角度去理解“人人都有影响力”的观点。到这里，我们就明白了“泛领导”理论所讲的影响力，应该是一种非权力性影响力。这样，正方和反方都比较容易接受。这个结果，与我构建“泛领导”的初衷是有出入的。我原本理解的影响力是包括权力性的和非权力性的，在上面，我们曾经把这种影响力称为“领导权威”。现在看来，这个观点需要修改。换言之，“泛领导”是一种基于个人的非权力性影响力的理论。

第五点，关于非权力性影响力的探讨。在现在的领导学中，已经有很多论著把影响力划分为权力性的和非权力性的，而且对它们的内容都做了大体相似的描述。一般认为，非权力性影响力由品德影响力和专长影响力组成。那么，在“泛领导”理论中，我们怎么看呢？至于品德影响力和专长影响力，我们上面已经看到正方和反方分别予以认同了，双方都认同的影响力还包括心理影响力、口碑、人情味、魅力和智慧。这七种影响力，极大地丰富了领导学关于影响力的内容。

三、“泛领导”理论的主要观点

“泛领导”理论主张“人人都可以当领导”的观点，超越了以往的任何领导理论。虽然以往的有些领导理论也承认“领导就是影响”，但是这些理论始终以为影响力是少数人的“专利”，所以，从这些理论中无法推出“泛领导”的观点。

“泛领导”理论主张“人人都可以当领导”的观点，还体现了明显的政治立场。什么人能够当领导？普通人能不能当领导？这不仅仅是学术问题，而且还是政治问题。在政治学中，一直有“精英政治”之说，推崇少数精英为领导者，实行对大多数人的统治。“泛领导”理论主张的是“平民政治”，人民当家做主，人人可以当领导。从领导学来看，“泛领导”与我党的群众路线是一脉相承的。“泛领导”坚持相信群众和依靠群众，相信群众的大多数，相信群众自己能够解决自己的问题。表现在政治制度上，我国的民族区域自治和基层群众自治所采取的就是“泛领导”的主张。“泛领导”理论对于组织人事工作也有指导作用。在组织人事工作中有一种现象：在少数人中选人，由少数人决定用人。“泛领导”主张在多数人中选人，要求打破这种“少数决定论”。

“泛领导”不仅仅是一种领导理论，而且也是一种激励理论。俗话说，不想当将军的士兵不是好士兵，同理，不想当领导的下属是没有上进心的下属。我们主张“人人可以当领导”，有利于激发和调动每一个下属的积极性，让他们以领导者为榜样，以进取的心态去工作。对于领导者来说，要争取进步，必须调整努力方向：要着力于提升自己的影响力，扩大自己的影响面；要摒弃跑官、要官和唯上不唯实的思维方式；要牢记自己的职务来自影响力，在上级面前照样有影响力，别拿自己不当领导。

领导方法格式化理论

【新角度】领导方法格式化旨在构建一种范式，让所有的领导方法有规律地"对号入座"，让使用者能够从"格式"中把握形形色色的领导方法；另一方面，通过"格式化"，我们能够发现许许多多新的领导方法。基于此，我们提出了领导方法格式化的构想。

一、领导方法格式化的构想是领导方法研究的一种创新

一般来说,领导方法作为一种工具,最起码的要求为:一是能够马上找到,二是得心应手。要在杂乱无章的“领导方法堆”中找到适用的领导方法,对领导者来说有些勉强。但是,如果我们能够预先把所有的领导方法都进行“格式化”,就有可能快速地找到需要的领导方法,让领导方法的工具性得以优化。类似的情况在一些学科中已经发生过,比如化学元素周期表,就提前告诉人们自然界可能存在着哪些化学元素,尽管这些元素在当时还没有被发现。换言之,我们也有可能把没有发现的领导方法预先找出来,解决领导活动中“方法供给”滞后的问题。

国外有关对领导方法进行格式化的研究论著很少,他们也不喜欢做这种较为系统的研究,他们喜欢从案例当中去研究领导方法,这一类书很多。类似于“格式化”的研究,代表性著作有《新管理方格》。管理方格理论是研究企业的领导方式及其有效性的理论,是由美国得克萨斯大学的行为科学家罗伯特·布莱克和简·莫顿在 1964 年出版的《管理方格》一书中提出的。这种理论倡导用方格图表示和研究领导方式。他们认为,在对生产关心的领导方式和对人关心的领导方式之间,可以有使二者在不同程度上互相结合的多种领导方式。为此,他们设计了一张纵轴和横轴各九等分的方格图,纵轴和横轴分别表示企业领导者对人和对生产的关心程度。第一格表示关心程度最小,第九格表示关心程度最大。全图总共八十一个小方格,也就是八十一种领导方法。《管理方

格》一书对美国经理阶层及管理学界有较大影响，该书于 1978 年修订再版，改名为《新管理方格》。

但是，即使是这样，这本书对领导方法的“格式化”研究仍然是两维的，不仅领导方法的数量很少，而且在“格式化”的描述方面也非常随意，不足以归类为“格式化”。

国内关于领导方法与艺术的著述非常多，重复研究多，杂乱无章、各种各样的领导方法堆积成书，虽然对领导方法有所分类，但是几乎没有进行格式化，形形色色的领导方法给人的印象非常混乱，根本无法实现领导方法的检索。

“方法供给”在领导活动中是一个至关重要的因素。兵来将挡，水来土掩，领导者要不断拿出得心应手的领导方法，来指导、领导实践。然而，领导方法服务于经济与社会的发展，是随着经济与社会的发展而不断创新的，可见，领导方法的创新必定要滞后于实践。用经济学上的术语来说，这是指一种领导方法的边际效应。新方法的采用往往会在最初的实施过程中取得较大的成果，但是这种效果会随着时间的推移呈下降趋势。例如采用奖酬激励的领导方法来激发下属人员的积极性。最初实施这种奖酬的时候，人们会产生一定的积极性，工作的热情和业绩也自然会提高。但是当这成为一种常规时，就逐渐失去了对人们的激励作用。并且，在奖酬数量不断增加的情况下，人们所提升的热情和取得的工作业绩与奖酬的提升呈反比。这就是说，领导方法往往存在时间上的“保鲜期”，要解决这个问题，保证领导方法常用常新，只有对领导方法实行了格式化以后，领导者才有可能按照“格式”迅速地调动各种各样的领导方法。

二、领导方法格式化的基本理论

既然领导方法格式化的构想是领导方法研究的一种创新，那么，这种创新首先是理论创新。在此之前，我们关于领导方法的研究有两个路径：一是对领导方法进行归类研究，即类型研究，比如决策类的领导方法；二是对个别领导方法进行深化研究，即典型研究，比如调查研究的工作方法。这两种研究是基于传统与习惯的，理论含量比较低；而领导方法格式化研究是基于理论创新的研究，它是依据五行理论的一种创新。

首先，我们给出“领导方法组合论”的观点。这个观点认为任何领导方法都是由若干种元素组成的，存在着解构与重构的可能。因为构成领导方法的任何元素都不是最小的，而我们需要用比较大的元素作为“维”来组合领导方法，所以我们把那种相对“小”的元素称为领导方法的“因素”。我们将根据经验分别给出领导方法的五个“维”：A 为理论思维的维度；B 为工作原则的维度；C 为工作程序的维度；D 为领导艺术的维度；E 为领导技术的维度。各种各样的领导方法都可以在五个大维度的框架下组合出来。

根据五行学说，在领导方法格式化中，我们把木、火、土、金、水对应于五个维度，五个维度之间存在着生、克、乘、侮的关系。五行的相生相克关系可以解释事物之间的相互联系，而五行的相乘相侮则可以用来表示事物之间平衡被打破后的相互影响。五个维度的相生即相互资生和相互助长。五行相生的次序是：木生火，火生土，土生金，金生水，水生木。相克即相互克制和相互约束。五行的相克次序为：木克土，土克水，水克火，火克金，金克木。

由此产生以下四个基本观点：

一是领导方法群的观点。这个观点认为，以上述每一个维度为中心，可以构建出具有特色的领导方法群，而形形色色的领导方法都可以归到相应的“群”里面去。领导方法群具有封闭性，即群内任意两个元素或两个以上元素的结合都是该群的一个领导方法，而不会成为其他群的领导方法。

二是每一个领导方法都是“活的”，认为领导方法是一种机制。以前我们一直认为特定的领导方法是“死”的，是一种“规制”，该方法内部不存在自我调节的功能，但是可以灵活运用其他的方法去解决问题。领导方法经过格式化以后，我们会发现所有的领导方法都由五个维度构成，即理论思维的维度、工作原则的维度、工作程序的维度、领导艺术的维度、领导技术的维度，而且这五个维度之间是存在着自组织功能的，可以交互作用。也就是说，格式化以后的领导方法是“活的”，我们可以把一种领导方法“活用”，用活用足。

三是解构并提取领导方法五个维度的二十五个元素。仅仅用五个维度去组合领导方法，不符合格式化的初衷。我们要根据五个维度设计领导方法的一般元素，建立领导方法格式化的框架。这些元素是：

A 维度，即反映理论思维的元素：(1)全心全意为人民服务；(2)实事求是，一切从实际出发；(3)波浪式前进，螺旋式上升；(4)满足群众经济与文化需求；(5)发展是第一要务。

B 维度，即反映工作原则的元素：(1)人民群众的利益高于一切原则；(2)突出重点原则；(3)合作共赢原则；(4)和谐发展原则；(5)改革创新原则。

C 维度，即反映工作程序的元素：(1)民主集中的程序；(2)重要性优先；(3)自上而下与自下而上相结合；(4)先易后难的工作程序；(5)从个别到一般再到个别的工作程序。

D 维度，即反映领导艺术的元素：(1)人事相宜的领导艺术；(2)随机应变的领导艺术；(3)因势利导的领导艺术；(4)刚柔相济的领导艺术；(5)适度的领导艺术。

E 维度，即反映领导技术的元素：(1)运筹的领导技术；(2)应酬的领

导技术;(3)“关键”的领导技术;(4)心理领导技术;(5)调查研究的领导技术。至于领导方法中“元素”之下的“因素”暂时忽视。

三、如何利用“格式化”生成新的领导方法

我们用编号与命名相结合的方法来表述被格式化的领导方法。比如第02231号领导方法,根据上述的第三个基本观点,02231分别表示五个维度及每个维度中的元素:0表示这个领导方法的A维度中不存在“反映理论思维的元素”;2表示这个领导方法的B维度中存在着“反映工作原则的元素”,而且这个元素就是$B(2)$,即突出重点原则;还有一个2,表示这个领导方法的C维度中存在着“反映工作程序的元素”,而且这个元素就是$C(2)$,即重要性优先;3表示这个领导方法的D维度中存在着“反映领导艺术的元素”,而且这个元素就是$D(3)$,即因势利导的领导艺术;1表示这个领导方法的E维度中存在着“反映领导技术的元素”,而且这个元素就是$E(1)$,即运筹的领导技术。根据上述四个元素,即突出重点原则、重要性优先、因势利导的领导艺术和运筹的领导技术,我们可以给第02231号领导方法起个名字,可以把它叫作“轻重缓急的领导方法”。

现在,我们可以根据五行理论描述第02231号领导方法之“轻重缓急的领导方法”。这个领导方法共有五个维度四个元素,忽略了A维度的选项。我们根据上述四个元素的排列组合和可能产生的辩证关系,进行五行辩证关系的考察。在五行的五个维度中,相生相克是密不可分的,没有生,事物就无法发生和生长;而没有克,事物无所约束,就无法维持正常的协调关系。只有保持相生相克的动态平衡,才能使事物正常地发生与发展。

根据这个指导思想,所谓轻重缓急的领导方法,就是突出重点原

则、重要性优先、因势利导的领导艺术和运筹的领导技术这四个元素的交互作用，是指领导者处理事务要科学把握轻与重的关系，缓与急的关系。在描述这个领导方法时，特别要注意避免这四个元素相生相克太过或不及，否则，会破坏正常的生克关系，而出现相乘或相侮的情况。相乘，即五行中的某一行对被克的一行克制太过。相侮，即五行中的某一行本身太过，使克它的一行无法制约它，反而被它所克制，所以又被称为反克或反侮。

突出重点原则与重要性优先这两个元素，决定了事物轻与重之间的关系，也就是通常所说的重点与非重点的关系。解决重点问题要有利于非重点问题的解决。就是说，解决主要矛盾、重点问题时，要考虑到对次要矛盾、非重点问题有什么影响，会产生什么后果。因为主要矛盾、重点问题的解决同次要矛盾、非重点问题的解决并不完全一致。一般来说，主要矛盾、重点问题的解决，为次要矛盾、非重点问题的解决创造有利的前提和条件。但有时候，也可能产生不良影响，引起相反的效果，使应该随着主要矛盾、重点问题的解决而解决的问题，进一步激化，甚至上升为主要矛盾。

因势利导的领导艺术和运筹的领导技术两个元素，决定了事物的缓与急。不仅是指事态所产生的一种态势，而且也指我们处理该事态的一种态度和速度。缓与急是一对矛盾，矛盾的主要方面是应急。当然，处理不当，缓也会变成急。在一定意义上讲，急是缓的不良积累，因缓而生；缓是急的延伸，是应急的暂时结果，正确理解和处理缓与急的关系，要把着重点放在“急”字上。先求急变缓，成功应急；再求满意善后，纳入常规。紧急事件一旦发生，往往会包含一种“势”，领导者就要因势利导，分析势的“利”和“弊”，不仅要趋利避害，还要分析利中之弊和弊中之利，以及研究如何使不利的形势产生转化。

从上面我们可以看到，一个格式化的领导方法生成，流水号码的产生是非常容易的，但是，要把它变成可以操作的领导方法，还需要做大量研究。因为流水号码的产生，只是产生了该种领导方法的若干个“关键词”。要把这些“关键词”变成一种实用领导艺术，需要在五行理论指导下研究它们之间的相互关系和相互作用，然后给出行之有效的操作方法。这是比较难的，也是领导方法格式化的韵味所在。

“形而上”的精神领导理论

【新角度】“形而上”的精神领导理论，是探讨怎样以“形而上”的精神因素来实现以虚带实的领导。“精神至上”是这个理论的本质特征，无形、无恃和无痕是这个理论的方法论特征，高灵商和率先垂范是这个理论的领导素质特征。高层次的领导者更青睐这种“形而上”的精神领导方法与艺术，他们通过唤醒理想、内化精神和激发超我动力，调动被领导者的精神力量，化精神为物质，化平凡为神奇，使领导工作既有“形而上”的智慧又有“形而下”的作为。

一、引言

把精神领导从领导学的一般理论中抽象出来，作为一种学说来深化，是加强领导学理论研究的一个方向。因为精神是一个内涵非常丰富的概念，所以精神领导理论也是一个多方面、多层次的结构和体系，这里以“形而上”之精神层面作为对象来展开研究。

“形而上”的精神领导理论有两个关键词，精神领导是指领导者怎样利用信念、观念、文化等精神因素来实现以虚带实的领导，“形而上”是指这些精神因素比较抽象，虚化的程度比较高。这个理论解决的不是领导活动中的一个个具体问题，而是针对这些问题中隐含的理念因素，通过“炒作”理念，抽象其中的精神因素，从“形而上”的层次去解决问题。“形而上”的形，可以理解为形式、表象、现实等一般性事物及其规律性，“而上”就是“之上”的意思，“形而上”就是那种一般性事物和一般规律之上的存在，即精神层面的东西。《易经》里说：“形而上者谓之道。”“道”就是文化、理念、观念、规律、机制等不具备实体意义的意识形态和精神力量。“道”的大部分含义来自道家，因为道家就是以道为中心来认识世界、解释世界的。道家文化在《周易》中表现为玄机重重而有如天书，在《老子》中表现为闪烁其词而歧义丛生，其中的许多理念被后人嫁接为各种各样的领导理论与艺术，我们讲的“形而上”精神领导理论可以说是其中的一个学说。因为“形而上”的精神虚化已臻极致，追求“精神至上”，所以，就我国而言，精神领导的鼻祖首推老子。

“形而上”把我们所讲的精神领导定位于最高形态。老子认为,“形而上者谓之道,形而下者谓之器”(《易经·系辞》)。我认为道与器之间还有一种过渡的中介,形上与形下之间还有一个“形中”,这个“形中”也是属于精神范围,比如制度、品德和作风等上层建筑的东西,依据这些东西开展领导活动也是精神领导,但这种领导对物质仍然有较大的依赖性;而“形而上”的精神领导是把比较纯粹的精神转化为领导工作中的物质力量,也就是哲学里讲的精神变物质。所以,“形而上”的精神往往以概念、观念和理念等意识形态的形式表现出来,讲究精神至上,即精神领导的最高形态。“形而上”的精神领导理论与其他精神领导观点的区别在于:前者注重的是精神引领和精神积淀,以虚带实,化虚为实,旨在把精神变为组织的价值观;后者注重的是精神武装和精神再现,虚实结合,虚功实做,直接把精神落实在行动上。

“形而上”的精神领导理论讲究以虚带实和化虚为实。领导者要善于利用或开发理念。“利用”是指直接把某种理念化为精神领导因素,如“无为”“仁政”等理念,非常容易转换为“形而上”的领导理论;“开发”是指一些经过抽象的理念需要通过“还原”才能作为精神领导的因素来应用,比如理想、信仰、文化等理念,它们虽然属于“形而上”的东西,但与领导工作的接触点并不是很多,需要通过学习、消化、具体化和内化这样一个开发过程,缺少这个过程,这些理念只是一种口号式宣传,不会化为我们讲的“形而上”的精神领导艺术。

二、激活精神是“形而上”精神领导的引擎

“精神至上”是“形而上”的本质特征,精神至上的第一要义是激活精神动力。

1. 唤醒理想能快速激活被领导者的精神力量

理想是一种“形而上”的存在,每一个人都有理想,唤醒理想就是一种

“形而上”领导的精神。理想与人的内心需要是联系在一起的,真正唤醒人们的理想来自人们的内心需要。一旦人们的内心被唤醒,哪怕心灰意冷、与世隔绝者也会焕发惊人的热情。在社会生活和政治生活中还存在着一些隔绝者,在一个单位中也有一些事不关己,高高挂起的人,任何领导行为都很难打动他们。他们认为,领导者关注的是自身的利益和政绩,所有的领导行为只能促使他们生成更多的逆反心理,唯一能打动他们的力量必须是能深深地触及他们心灵深处的自我,但是,很少有领导者去探究怎样做到这一点,或者愿意考虑为此付出努力。杰出的领袖有办法把这些消极的人变成积极的追随者。像列宁和毛泽东这样的领袖,的的确确把成千上万的男男女女从政治隔绝状态中拉出来,引导他们进入一种新型的政治参与中去。领袖善于用精神领导理论激起被领导者的“想要”与“需要”,并形成他们的动机。而做到这一切的办法,就是毛泽东同志说的,从群众关心的土地、劳力、柴、米、油、盐等问题中提取出“形而上”的精神因素,借此唤起民众、唤醒理想。

2.内化精神才能实现精神领导

精神领导靠的是领导者的影响力,依从是对影响力反应的最低等级,依从反应的动机是为了获取奖赏或免受惩罚。依从的基础是权力。认同是对影响力反应的中间等级,认同反应的动机是希望,即被领导者有成为同领导者一样的人的愿望。认同与依从有根本的区别,认同的基础不是权力而是吸引。如果一个人发现某个领导者在某些方面对自己很有吸引力,那么他就会由于喜欢某个领导者而接受其影响,并采取同领导者一样的态度和行为。内化是对影响力反应的最高等级,内化就是被领导者将领导者的某种准则和信念纳入自己的准则体系中,就是内化领导者所奉行的那种精神。内化的动机是想使自己正确而不犯错误的愿望。内化是对精神领导最持久的反应。因为,一个人使自己正确、不犯错误的动机,可以说是一种强大的自我支持力。内化既不像依从那样以奖励和惩罚的权力为基础，也不像认同那样取决于领导者对被领导者的吸引。内化的基础是可信。如果被领导者认为某个领导者是可以信赖的，那么，这个领导者所树立的准则和抱有的信念，就被认为是正确的，从而把领导者的准则和信念纳入自己的准则体系中，把它变成自己准则体系的一部分。一旦如此，它就会成为推动被领导者接受领导者的影响力，并按照领导者的要求去工作的内在的强大动力。所以，作为一个领导者，要使自己对被领导者的影响发挥持久的作用，就必须保持自己树立的准则和抱有的信念的真理性和正确的方向，努力使自己成为被领导者最可信赖的人。这就是精神内化。

3. 激发超我动力是精神变物质的中介

“形而上”的精神领导要着眼于建立“超我”动力机制，使组织获得“形而上”意义上的动力。当一个人归属于组织之后，他就产生了两个“我”，一个是“自我”，另一个是“组织之我”，也就是“超我”。“自我”要从组织里获得尽可能多的个人利益，而“超我”则是成员为组织利益奉献自我，只有组织获利了，其成员才能共享。作为领导者，要使每一个成员确立“超我”意识，发挥出“超我”动力。这里面要处理好这两个“我”的关系，如果领导者只强调成员要“超我”，而不考虑员工的自我利益，员工会因自我利益缺乏而失去活力，从而使整个组织失去活力；如果领导者仅仅以经济杠杆来调动员工的积极性，那么就会强化员工的个人利益观念，“自我”得到扩张，“超我”受到挤对，这时，员工面对建立在“超我”基础上的组织利益漠不关心，组织就会失去凝聚力和人力资源，因为总存在着一些高薪的单位，用扩张“自我”的办法，用利益来猎取各种人才。正确的做法是，领导者要用“形而上”的价值观去整合员工的“自我”和“超我”，使“自我”与“超我”产生合力，让员工在实现“自我”的同时，做出“超我”的贡献。

三、“形而上”精神领导理论对领导者的要求

“形而上”精神领导理论对领导者提出了更高、更严格的素质要求。“高”就是高灵商，严格就是率先垂范。

1. 高灵商是“形而上”精神领导得以有效运用的条件

从上面的阐述中，我们意识到并不是所有的领导者都能够娴熟地运用“形而上”领导理论，只有那些善于利用或开发理念的领导者才能行之有效。换言之，“形而上”的领导艺术需要领导者某种素质的支持。我们称这种素质为灵商。灵商是指一个领导者考察问题的深度或高度，是存在人的心灵深处且不易被开发的一种悟性。如果把直觉叫作第六感觉，那么，灵商就是第七感觉。灵商是领导者观察历史的明眼、认识现实的慧眼、创新思维的泉眼和探索未来的千里眼。

在现实生活中，尽管所有人的运气都会有好有坏、时好时坏，但灵商高的人，无论遇到好事还是坏事，事事总会朝他所期望的方向发展，事情的最终结果总是证明，他所做的恰好是正确的事情。灵商高的人往往能超越自己的经济社会背景、经历、学历、能力，获取非凡的成功。所以，在很多时候，领导者之间的差别不在于智商、情商的高低，而在于灵商的不同。在领导活动中，智商是用来解决问题的，体现为能力；情商是处理各种关系的，体现为亲和力。它们更多的是属于“形而下”范畴的，是领导者无形的资本，而灵商是领导者提升自我的能力，隐含并动态地融合了人的财富商数、胆识商数、韧性商数、快乐商数、创造力商数、魅力商数、逆境商数等。可以说，灵商也是领导者的无形资本。领导者对灵商作用不可忽视。

领导者灵商水平表现在以下三个方面：

(1)自我意识的控制力。自我意识的控制力大小决定了一个人的思

想感情和行为习惯的行为控制点是自身内部还是自身之外的。高灵商的领导者控制力较强或很强,能够主动驾驭自己的生活。而外部控制特征明显的人,大部分都是被领导者,灵商相对低,他们认为自己的思想感情状态、生活工作成效乃至一生的命运是由环境、机遇和他人所控制和摆布的,由外部因素那些难以预料的力量主宰着自己的一切。

(2)潜意识的浮现力。人的思想分成两部分,一是意识,二为潜意识。潜意识通过人所不知的某种程序和方法,可以说是通过人的灵商,自动将一个人的欲望转变为等价的物质。与潜意识有关的创造性是惊人的,而且是不可思议的。“伟大的内在”当中有一种无法解释的神秘力量,我们能够感受到它的存在,高灵商的人拥有对潜意识的浮现力,使其呼之即出,并能自如地运用到领导工作中去,帮助自己成就骄人的功绩。

(3)创造与把握机会的能力。研究表明,对一个人的成功发生决定性影响的机会是不多的。少的只有一两次,多的也仅四五次。所以领导者对机会的到来必须要有敏锐的嗅觉和判断能力。当别人对机会的到来还麻木不仁时,你能捷足先登,抢占先机,就抓住了机会。机会虽然是一种客观的事物,但它却是被参与认识世界、改造世界的实践的人创造出来的,只要有足够的勇气和灵商,机会就可以被“创造”出来。善于等待机会、抓住机会是一种智慧,创造机会更是一种大智慧,而高灵商正是创造机会的最大资本。

2. 以示范促模仿是实现“形而上”精神领导的重要途径

“形而上”的精神领导就是要把某种理念转变为被领导者的自觉行动,示范是一条重要途径。示范之所以对被领导者会产生重大的影响,改变被领导者的心理和行为,是由于模仿心理在起作用。示范的心理依据是模仿。模仿是一种群众性的社会心理现象,是人的一种心理倾向。被领导者会自觉或不自觉地模拟领导者的态度和行为,并对这种态度和行为特点进行复制。这种模仿的心理倾向在集体行为中更为显著。作为一个领导者应该充分注意到人的这种心理倾向,利用它来改变被领导者的态度和行为。

在领导活动中,领导者要很好地利用示范引起模仿的心理效应,首先应该发挥自身的示范作用。

(1)领导者必须具备“善下”的精神境界。善下,是卓越领导者的通性,凡是被属下拥戴的领导者,无一例外都具有这样的品德。善下,就是以谦逊有礼的态度和甘当小学生的姿态对待部下,将他们看作是和自己一样有尊严的人,而不是将下级和下属看作下人。善下,源于老子的“上善若水”。老子认为,有作为、有道德的领导者,他们像水流一样,将自己处于低位而成江海。《道德经》云:“江海所以能为百谷王者,以其善下之。”的确,领导者身居高位,只有善下,才能达成“形而上”的境界,才能以人格魅力感动下属,率先垂范。

(2)领导者应该使自己身上的优秀品质突出地表现出来,发挥自己优秀品质的示范作用,以引起被领导者对自己品质的模仿。对人的品质的模仿不同于对人的行为的模仿,被模仿的品质必须特别突出,才容易引起模仿。因此,作为一个领导者应该随时矫正自己的不良品质,而且要使自己好的品质尽量突出地表现出来,以便强化自己的优秀品质的影响作用,引起被领导者的模仿。领导者身上的缺点和不足,往往要比他身上的优点更容易被人觉察。所以,领导者要发挥自己身上的优秀品质的示范作用,就必须不断地克服自己身上的缺点和不足,突出地表现自己的优秀品质。

(3)领导者应该时刻保持正常的情绪状态,以自己正常的情绪影响被领导者,以引起被领导者的模仿。根据心理学对人的模仿反应的研究,人的情绪具有极大的渲染作用,往往更容易引起模仿。领导者正常的情绪状态能够给被领导者以好的影响,领导者不正常的情绪状态会给被领导者带来不好的影响。所以,领导者时刻保持正常的情绪状态是非常重要的。

四、“无”是“形而上”精神领导理论的方法论特征

“形而上”的精神领导理论具备无形、无恃和无痕三个方法论特征。

1. 无形

即化解问题于无形。“形而上”的精神领导理论不是着眼于解决问题,而是在“解决”与“不解决”之间,找到一个“共解”,这就是化解。领导者遭遇问题,马上想办法加以解决。对于简单的事情,这无疑是一种积极的态度;但对于复杂的事情,还需要考虑连锁反应。一个问题解决了,会引发更多的问题,弄得领导者顾此失彼,矛盾的数量随着解决的效率而增加。因此,面对问题,精神领导不是付诸行动,而是思考:不解决行吗?如果不解决比解决好,就让问题摆着,成为下级思考的议题,吸引被领导者的注意力。如果问题一定要解决,也不是直接去解决。领导者先把问题抓出来,丢给下级去动脑筋。问题由上级提出来,下级才会重视;交由下级去想办法,他们才不至于对解决问题抱理想化态度。这个过程也许解决了问题,那最好;解决不了,也就达到了化解的功效。大家多花一些心思在预防性考虑和化解性对策上面,就自然可以少花一些时间在那里头痛医头、脚痛医脚。问题自然越来越少,由大变小,由小变了。这就是解决问题于无形的精神领导艺术。

2. 无恃

我们常说有恃无恐,即有所倚仗,就无所顾忌。而无所倚仗,自然就会有所敬畏。“无恃”者领导下属,是用情与理,让部下认为领导布置的任务是情所必然而理所必至的事。“无恃”领导认为法滞后,且缺乏包容性,因为立法必须经过程序,在这个过程中,新的变数又产生了,所以往往不能与时俱进,兼顾不到方方面面。而理是法之内涵,能再现立法精神,更具灵活性和可接受性,可以顾及人、事、时、地、物等所有变数。当然,领

导者不能把不合法的事情设法加以合理化,这是本末倒置。可以说,精神领导敬畏法律,却不喜欢法治。关于权力,“无恃”领导认为权力太刚性,缺乏人情味,不可倚仗。所以,“无恃”领导不会用权力使下级臣服,不会明显地发号施令,不会让下级感到被动与束缚,而是用软实力和影响力来衡情论理,由情入理,一般下级都会领情。这样,领导者与被领导者之间就有感情的互酬,组织就充满了人情味。可见,精神领导讲的“无恃”,其实凭的是领导者自身的修养,心为本体,从而达到法在腹中、权在心中、情在意中、理在口中的境界。

3. 无痕

精神领导者在从政处事中要顺应客观,但并非完全听天由命、任人摆布,而是要在顺应客观的同时,主动地、有策略地和自觉地去驾驭现实环境中所遇到的矛盾,采取合理的方针和策略。《庄子》记载,有一次,阳子居问老子:“假如有一个人,同时具有果敢敏捷的行动与深入透彻的洞察力,并且勤于学道,这样就可以称为理想的领导者了吧?”老子摇摇头,回答说:“这样的人只不过像个小官吏罢了!只有有限的才能却反被才能所累,结果使自己身心俱乏。如同虎豹因为身上美丽的斑纹才招致猎人的捕杀;猴子因为身体活泼,猎狗因为擅长猎物,所以才被人抓去,用绳子给捆起来,有了优点反而招致灾祸,这样的人能够是理想的领导者吗?”阳子居又问:“那么,请问理想的领导者是怎样的呢?”老子回答:“一个理想的领导者功德普及天下,但在一般人眼中一切功德都和他没有关系;其教化惠及万物,但是人们却丝毫感觉不出其教化。当他治理天下时不会留下任何施政和用权的痕迹,但是对万物都具有潜移默化的影响力。”这就是老子推崇的理想领导,领导工作是通过精神领导在“无痕”中完成的。

五、高层领导善于运用“形而上”的精神领导理论

高层领导与基层领导不同，前者着眼于战略、宏观和上下联动，更加需要用精神来统一行动。所以，“形而上”的精神领导理论，更加适合于高层领导。

1. 毛泽东的“政治意识”是一种“形而上”的精神领导

带着政治意识，从政治高度看问题，是古今中外一切政治家所共有的特色。毛泽东作为党的领袖、军队的统帅、国家的缔造者，无论在建党、建军、建国方面，还是在抓军事斗争、经济建设等方面，都善于带着政治意识敏锐地洞察、精辟地分析和果断地处理问题，无不收到显著的功效。有了政治意识，就能迅速地把问题提到政治高度，这个高度也就是“形而上”的高度。

在军队建设初期，红四军的共产党内，暴露了诸如“单纯军事观点”“极端民主化”“非组织观点”“绝对平均主义”“个人主义”“流寇思想”“盲动主义残余”等非无产阶级思想。毛泽东在红四军第九次党的代表大会上，深刻地分析了这些非无产阶级思想的根源和危害，指出纠正非无产阶级思想的政治意义。《古田会议决议》站在政治高度，一览众山小，以形而上的形式解决了这个问题，这个决议也成为我军政治工作几十年来的纲领性文件。

当我们的党在学风、作风方面出现一些不良倾向时，毛泽东都是及时从政治着眼分析问题的危害，发动像“延安整风”这样的深刻的政治运动，要求大家顾全大局，站在形而上的高度去看问题：“每一个党员，每一种局部工作，每一项言论或行动，都必须以全党利益为出发点，绝对不许可违反这个原则。”（《整顿党的作风》）

就是对待文学艺术问题，也是从政治的高度，来分析评估。如在

1942年发表的《在延安文艺座谈会上的讲话》中指出:“文艺批评有两个标准,一个是政治标准,一个是艺术标准。……但是任何阶级社会中的任何阶级,总是以政治标准放在第一位,以艺术标准放在第二位的。”这种首先从政治着眼评估艺术的原则和方法,是我们几十年来一直在遵循的。这一原则始终处于形而上的地位,有力地保证了文学艺术始终要贯彻为无产阶级政治服务的根本宗旨。也就是现在所说的为人民服务、为社会主义服务的“二为”方针。

实践证明,教会人民用政治分析的“形而上”精神领导来洞察事物,就不致被眼前的一些繁杂琐事挡住视线,就容易把握问题的本质,进而有利于更好地在政治上统一全党、全军和全国人民的思想,保证人民始终在根本问题上有着相同的方向,形成强大的凝聚力、向心力。其作用正如毛泽东自己所说:“一个政党要引导革命到胜利,必须依靠自己政治路线的正确和组织上的巩固。”(《矛盾论》)从本质意义上看,广泛运用政治上的“形而上”精神领导艺术,是保证共产党的纲领和各项行动准则,在党内取得一致意见和在人民中间得到极广泛的同情和支持的黏合剂。这是毛泽东创造性地运用了“形而上”的精神领导理论。

2.科学发展观是一种“形而上”的精神领导

我国的改革开放发展到今天,取得了巨大的成就,同时也出现了一系列新问题和新矛盾,这些问题和矛盾不仅数量多,而且也较难解决。不发展,最大的问题是贫穷;发展起来以后,问题多,而且这些发展过程的问题与矛盾关联度大,还不能就事论事地去解决。面对这些全国性、大面积的问题和矛盾,党中央从两方面来解决:一方面是采取“形而下”的具体问题具体解决;另一方面是用“形而上”的精神领导去解决。这就是学习实践科学发展观,开发和利用传统文化中的“和”理念,转变领导干部的思维方式。

(1)开发和利用传统文化中的“和”理念,为构建和谐社会服务。中国哲学三大支柱儒、道、释，都不约而同地表达了对“和”的祈求与向往。儒家的出发点是个群关系、人我关系，追求的是人与人之间的和谐。孔子强调的是现世的和谐、社会的和谐，他提出，“礼之用，和为贵，先王之道斯为美”，并将“和而不同”作为理想人格的标准。道家的出发点是主客关系、物我关系，追求的是人与自然的和谐。道家的创始人老子提出了“万物负阴而抱阳，冲气以为和”的著名命题，强调顺应自然，遵循自然规律，与自然和谐相处，以达到“天地与我并生，而万物与我为一”的境界。禅宗的出发点是理欲关系、身心关系，追求的是人自身内部的和谐。禅家融本体论与心性论于一体，重“治心”“安心”，倡导内外无著、任运自在、反观心源、自性解脱，从而突出了人性、人格、人的价值、人的自我觉悟，突出了人的内在世界的和谐与平衡。近几年来，这种“和”理念通过各种媒体和讲学，已经深入人心，提升了民众的理念，实现了“形而上”的精神领导。

(2)内化科学发展观，从“形而上”高度去转变领导干部的思维方式。这十几年是我国社会经济发展最快的时期，也是人民群众得实惠最多的时期，但我们的主要精力集中在经济建设上，民生问题与社会问题的解决没有同步跟进。有的领导不讲科学发展，只讲效率而忽视了公平，导致民生问题与社会问题仍然很多，甚至以牺牲一个群体的利益去满足另一个群体的利益，形成了诸多社会不稳定因素，使社会运行不顺畅。解决这些问题要用“形而上”的精神领导理论来“洗脑”，把科学发展观内化为领导干部的意识形态。虽然我们面对的问题是实践，但必须用意识形态的办法去解决具体问题，根据具体问题确立发展理念，转变领导干部的思维方式，正确处理发展起来以后的社会问题，以人为本，全面、协调、可持续发展，实现“形而上”到“形而下”的贯通，让改革和发展的成果惠及全体人民。

六、结语

显然，“形而上”精神领导理论彰显的是精神而不是权力。正如尼克松在他所著的《领导者》一书中所指出的，“在很大程度上，领袖办事必然是靠符号、形象，以及成为历史动力的、能启发觉悟的思想”；他同时指出，“一个没有管理对象的经理就不成其为经理。一个领袖即使失去了权力，也能对其追随者发号施令”。靠什么？就靠精神来领导。这一点有别于“形而下”领导。“形而下者谓之器”，“器”乃有形之物并有具体的操作方法，比如权力、地位和工作套路等。但是我们必须明确，“形而上”和“形而下”都是领导理论，各有各的适用范围和对象；“形而上”也不是一种孤立的存在，它与“形而下”是互为表里的。作为领导者要找到一条“形而上”与“形而下”之间的贯通之道。有些人认为“形而上”是领袖艺术而高看一眼，“形而下”是普通艺术而忽视历练，这是不对的。缺乏“形而下”的实践，就难以提炼“形而上”的理念，也就谈不上用好“形而上”的精神领导理论了。还有些人认为，“形而上”蕴含玄机，是高层次的领导理论，作为一个基层、小单位的领导，只要贯彻执行抓落实就行了，这也是不对的。如果一个领导者只着眼于“形而下”的具体工作，而不去做“形而上”的思考，不仅领导者个人水平得不到提升，还会导致这个单位失去凝聚力和创造力。可以说，领导者水平的高低，不是见之于权力运作水平，而是见之于“形而上”的精神领导艺术。只有具备了这种领导艺术，才能把领导工作中的理念、规律和技巧贯通起来，以虚带实、化虚为实，使领导工作既有“形而上”的智慧又有“形而下”的作为。

固本修元的“本质领导”理论

【新角度】在相对稳定的外部环境下，组织与环境会逐渐形成默契，领导者也可以用已经习惯的套路在组织中开展工作；但是在发展加速和环境多变的情况下，这种领导习惯是否合适就需要重新考量。如果领导者秉承“现象领导”的理念，习惯于“头痛医头、脚痛医脚”，把处理现象当作第一要务，那么就不足以应对发展中的问题。由此，我们提出“本质领导”理论，认为组织应该由内而外“固本修元”，才能与时俱进地抵抗风险。固本，就是在组织中固人员、机制和精神之本；修元，就是领导者要修愿景、“内化”和“无为”之元。本质领导着眼于组织的长期发展，着眼于基业长青，因而它有区别于其他领导理论的方法论特征，讲究软领导、自领导和互领导，倡导肯定型和导演型的方法与艺术。

一、引言

关于领导的理论与流派总是应运而生。近两三年来，由于外部环境多变，很多领导者常常处于应对危机的局面，那种着眼于“头痛医头、脚痛医脚”，旨在消除紧急现象的领导理论便受到青睐。我们称此为“现象领导”。情景理论等多种管理理论都是支持现象领导的。这类领导理论解决的仅仅是现象，很多被解决了的问题依然被不断地复制出来，领导效能甚小，成效甚短。这种情况不得不使我们去思考这种领导理论的有效性。我们虽然无法改变外部环境的多变性，但是我们能够改进领导理论，进而改变领导方法和艺术。基于这种考虑，我们提出了“本质领导”理论，也就是着眼于领导本质，从组织的本质上去构建领导理论，应对领导危机。

从哲学上讲，本质领导应该与非本质领导相对。在这里，本质是相对于非本质而言的，虽然“非本质”不等于“现象”，但为了直观起见，有时我们会把非本质称为“现象”。也就是说，我们在论述“本质领导”时，会以“现象领导”作为对立面。现象领导的论点即使散见在各种文献中，也不会妨碍我们进行对比研究。如果领导的理念和行为是建立在外部环境之上的，我们就把它当作现象领导。比如，现象领导会通过强调外部环境的严峻性，来给内部员工增加压力，从而增强组织的凝聚力。而本质领导却不是这样。本质领导会通过增强组织内部各种要素的本质来实现领导。比如，同样面临严峻的外部环境，本质领导强调的是练好内功，增强组织的抗风险能力。在推崇本质领导的组织中，有一个共同的特征，就是组织中的所有要素都是有效率的，人员与体制机制总是处在与时俱进的协调状态。而在实行现象领导的组织中，组织的要素不会是全效的，它突出的是领导者个人的主导作用。换言之，本质领导是假设构成领导活动的所有要素都有自我完善的功能，既不会因为某一个要素失灵对组织产生损害，也不会因为环境改变而侵蚀组织的要素，组织始终能处在一种与时俱进的状态中。一句话，本质领导理论注重由内而外去实现领导。

二、本质领导在发展的年代更值得推崇

本质领导和现象领导是两种应用较为普遍的领导理论。在国家层面上，我们可以看到很多例子。比如，发生抗日战争时，这种外敌入侵，促使国共两党合作，促使民众团结对外，这是一种借外部现象实现领导的方式，是现象领导；又比如，我党处在地下状态时，党的组织力和凝聚力最强，否则就会被反动势力所消灭，这也是一种现象领导；再比如，像朝鲜这样国内民生薄弱的国家，往往民怨较多，它们就会用外国威胁论去凝聚百姓。当前，在经济界，许多企业领导也会借金融危机和经济危机的压力来管理员工，弄得员工的正当诉求不敢表达，意见也不敢提。即使在家政层面上，我们也可以看到现象领导的痕迹。有研究结论说，青年男女谈恋爱，父母若持反对意见，则容易成功，因为这种父母加压反而使他们共同对外，感情反而得到巩固。

本质领导在发展年代更值得青睐。我国在改革开放后，邓小平同志提出了“贫穷不是社会主义”，对社会主义的本质特征做了重新界定，否定了“宁要社会主义的草，不要资本主义的苗”等属于现象领导的观点。他倡导的就是本质领导。他用韬光养晦的领导方法与艺术，强调从本质上

把自己的事情做好，把国家做强，才能不挨打，才能提高抗风险能力。江泽民同志提出“三个代表”重要思想，就是增强党的本质，提高党的先进性，也是一种本质领导。胡锦涛同志倡导的科学发展观，强调权为民所用，利为民所谋，情为民所系，着眼于建设富强、民主、文明、和谐的社会主义现代化国家，并在其中提出建设社会主义的核心价值体系。可以说，科学发展观不仅反映了当代世界发展的本质，也是对我国在发展本质上的反思，是一种较为系统的本质领导。不仅如此，科学发展观倡导科学领导，认为本质不是一成不变的，对本质的理解要与时俱进。此时此刻的领导本质，并不能体现将来的领导本质。强调要从本质的流动性上提高统筹国内、国际两个大局的能力，不断提高把握机遇、应对风险挑战的能力，始终在本质上掌握领导科学发展的主动权。可见，科学发展观之本质领导，是指领导者需要事事处处和时时刻刻把握领导工作的本质，牢记第一要义是发展，核心是以人为本，基本要求是全面协调可持续，根本方法是统筹兼顾，而不能用已经过时的本质来领导当前的工作。在这里，本质领导之本质，是一种动态的本质。

本质领导和现象领导，在党政机关和企事业单位中普遍得到运用，但好多领导者都是在不自觉状态下运用这两种领导理论的。虽然这两种领导都能实现领导目标，完成领导任务，但对组织的后续发展的影响是不一样的。本质领导通过激励员工的内在来完成任务；现象领导突出员工的工具价值，任务一旦完成，员工在领导者心目中的价值就会下降。如果领导者长期满足于现象领导，组织就会僵化，变革就难以发生，组织的发展就难以为继。因此，即使在组织中倡导本质领导也要花心思、花精力，见效慢一些，领导者还应该选择本质领导，着眼于可持续发展。

三、本质领导应注重哪些本质

领导本质可以从两个方面来确定:一是从领导工作中选择普遍涉及的要素,从中提取本质要素;二是从哲学角度把被选要素的本质提取出来。根据经验,我们认为人员素质、制度安排和组织文化是所有领导活动都离不开的要素,把这三个要素中的现象部分剥离掉,有可能成为领导的本质。我们从人员素质中提取其核心部分为本质,即事业心、责任心和进取心,其他素质诸如知识面、个性和健康等因素,我们作为非本质的东西剥离掉;在制度安排这个要素中,我们视其中的机制因素为本质,那些诸如体制、制度和纪律等因素,我们作为非本质的东西予以剥离;在组织文化这个要素中,我们认为其中的精神因素是本质,而那些文化现象、品牌形象及可视的文化载体则为现象。本质之“本”既有要素内核的意思,也有为本、根本的意思,下面逐一说明。

1. 核心素质

本质领导认为员工的核心素质主要体现为事业心、责任心和进取心。具有这“三心”的员工,不仅能主动地完成本职工作,还能为组织发展做出各种能动的贡献。在这里,领导者不再是包打天下的英雄人物,部下也不再是唯命是从的被动执行者。他们在组织中各有定义,在组织中的各个层次、各个部门和各个岗位都能处理各种现象。如果把本质领导和现象领导看成一个共同体,那么,当领导者实现了本质领导之后,余下的属于现象领导的事务可以由被领导者去完成。所以,本质领导不用去关注现象,只要培养好员工的核心素质,许多外围的现象问题就会被员工化解掉。

2. 组织的机制

本质领导认为组织硬件和软件要相适应,但软件更重要一些。组织的体制、制度和纪律是需要的，但这些东西体现的是形式和框架，只要不去触犯它们，它们是不会有反作用的，它们是以相对静止的方式来警示员工，告诉人们：“我是火炉，你们不要靠近我。”而机制则不一样，它没有“火炉效应”，但它具有自动调节功能。一旦组织运行出现病灶，它就会动员组织的各种要素来解决问题。一般而言，组织的机制包括员工的诉求机制、激励机制和组织优化机制等。它们有时以物质形态在组织中表现出来，有时却以潜在的意识形态存在于组织之中。所以，在领导活动中，我们可能看到机制的存在，也可能感到机制在发生无形的作用。原因在于这些机制来自于并且回归于员工的需要、渴望和价值观，舍此而去的种种机制，是不会产生自动调节之功能的。

3.组织的精神

这种精神是组织的形式文化、制度文化和行为习惯的积淀，它以组织内核的形态存在着。即使组织遭到外部环境的破坏而损害，但只要这种精神在，组织仍能转危为机。我党在地下状态时，组织遭破坏是常事，但共产主义的信仰已经深入成员之中，所以，党组织总能一次次走出危险，走向胜利。在金融危机中，大量企业倒闭，倒闭的原因各不相同，但是能在这个危机中挺过来的企业，都离不开企业精神的支撑作用。在这个时候，员工的一点点忠诚，可以抵得上一大堆智慧和资本。这就是精神力量化为物质力量的巨大作用。

四、本质领导所奉行的理念

本质领导讲究由内而外实现领导，它认为领导工作缘起于内部，终止于外部的约束条件。这与现象领导是完全相反的，因此所奉行的理念也是完全不同的。本质领导的一切理念源自于组织的内部，都是从组织内部抽象出来的。之所以成其为“元”，是因为它既是领导活动之元因素，也是组织的精气神，是组织的元气，因而是可以修炼的。组织的愿景始终引领着领导活动，而启动这种活动的是非权力影响，本质领导要把这种影响内化为员工的自觉行动，以“无为”代替作为。显然，本质领导面对现象问题不是强有力的解决者，只有现象领导才能“有恃无恐”。本质领导只有从本质上解决怎样实现领导的问题，才不至于在现象问题上束手无策。所以，本质领导要奉行愿景至上、内化至上和无为至上的理念，并把这些理念转化为领导的软实力，从而实现领导。

1. 愿景至上的理念

愿景是一个组织未来发展的图景，是一个组织长期的努力方向。一个科学的愿景不仅能够使组织抓住各种发展机遇，还能使组织的各种资源在愿景的旗帜下凝聚起来。当然，愿景是不会自动生成的，而是在领导者的引领下提炼和完善的。本质领导认为愿景反映本质，因而要求领导者必须具备提出和实现愿景的组织能力。一个领导者能否提出共同愿景并以此引领组织发展，将决定一个组织的前途。愿景是一个组织的长线本质，没有愿景或者多元愿景都会导致组织失去本质，因而愿景决定命运，所以愿景至上。

2. 内化至上的理念

本质领导认为，既然领导是由内而外的，那么领导活动就是由核心向外围扩展的，由领导者带领和引导，群众受其影响而自愿去完成组织的任务，而不是像现象领导那样，利用组织和权力去驱动员工。内化至上的理念，并不是要否定领导权的作用，而是在权力与影响力的选择上，认为影响也是一种力量，领导者应该首选影响力，把功夫放在内化上。员工对影响的反应可以分为三个等级。

依从是对影响力反应的最低等级，依从反应的动机是为了获取奖赏或免受惩罚，可见依从是对现象领导的一种反应。认同是对影响力反应的中间等级，认同反应的动机是希望，即被领导者有成为同领导者一样的人的愿望。认同并不需要来自领导者的连续不断的奖励或者惩罚,认同的基础不是权力而是吸引。所以,认同是处于现象领导与本质领导之间的一种状态。内化是对影响力反应的最高等级,内化就是被领导者将领导者的某种准则和信念纳入自己的准则体系中。内化的动机是想使自己正确而不犯错误的愿望。所以,内化符合本质领导的要求。一个人使自己正确、不犯错误的动机,可以说是一种强大的自我支持力。内化的基础是可信。如果被领导者认为某个领导者是可以信赖的,那么,这个领导者所树立的准则和抱有的信念,就被认为是正确的,被领导者就会把它纳入自己的准则体系中,把它变成自己准则体系的一部分。一旦如此,它就会成为推动被领导者接受领导者的影响力,并按照领导者的要求去工作的内在的强大动力。所以,要实现本质领导,领导者就必须保持自己树立的准则和抱有的信念的真理性和正确的方向,努力使自己成为被领导者最可信赖的人,做一个最有威信的人。

3.无为至上的理念

提起“无为”,大家就会想起老子,因为老子主张“道常无为而无不为”。我们有些领导常常“为领导而领导”,明知没有实际意义,却要妄自作为,结果是增加了领导成本,增加了人际关系的复杂性。这便是老子所极力反对的“有为”。他说:“国家的禁令越多,人民越贫困;政府的规定越多,社会越混乱。”在领导工作中,领导者越有为,被领导者就无法用心做事;领导者干预越多,被领导者就会无所适从。老子对无为的效果,有十分具体的说明,即领导者无为,部属就会自我化育;领导者好静,大家就会自然上轨道;领导者无事,大家才有时间把工作做好;领导者无欲,大家便朴素过日子。可见,无为并不是什么都不做,而是以好静、无事、无欲为内涵,不任意妄为,不强加于人,以“无为”来实现“无不为”。本质领导讲无为至上,便是敬畏组织、敬畏权力,敬而远之。换言之,本质领导不会用组织和权力的名义去管制下级,这些东西只是领导者做腹案用的。面对被领导者，他们讲出来的是情和理，充满人情味，让部下认为这是情所必然、理所必至的事。本质领导认为“组织”是领导工作中的程序，而理是从组织中提炼出来的组织文化，由情入理，一般的下级都会领情。所以，本质领导虽然敬畏组织，却不喜欢法治，但他能做到法在腹中、权在心中、情在意中、理在口中。

五、结语

本质领导是在现有的理论基础上，作为一种新的领导理论提出来的，虽然有“固本修元”为特质，但对理论体系的构建尚需进一步的思考，所以，在上面的探讨中，我们会发现本质领导在某些方面疑似已经得到界定的民主式领导、放任式领导和以人为中心的领导，但仅此而已，切不可把本质领导与它们进行对举。我们是从“由内而外”还是“由外而内”为分界线，来提出本质领导的理论的，强调的是“固本修元”。为了突出本质领导的特质，我们在论述时，是以现象领导作为其对立面进行展开的，虽然现象领导在本文中仅仅是一个概念，但它的特质与本质领导刚刚相反，便于对比。即便如此，我们也不是以本质领导来否定现象领导，现象领导也不是本质领导的下游产品。本质领导和现象领导是相辅相成的，它们所解决的问题各有侧重，因而也各有局限性。本质领导着眼于组织的长远发展，着眼于基业长青，因而必然着眼于组织的本质建设和可持续发展。这种理论适用于发展中的组织，而不适用任务型组织。任务型组织旨在完成当下任务，解除现象的困惑，不需要花时间和精神去培养组织的本质，显然是现象领导更能奏效，更加节约领导成本。这也是许多临时机构和各类工作组、指挥部青睐现象领导的原因。我们虽然在理论上区别了本质领导和现象领导，但在实践中两者往往纠缠在一起，分不清楚。很多领导者在工作中往往强调标本兼治，就是一种典型的混淆。治标与治本隶属于不同的领导理论。在本质领导中,治标是治本的延伸;而在现象领导中,治标是出发点和目的,从中派生不出治本的因素。对于现象领导来说,标本兼治是个案;对于本质领导来说,标本兼治是常态。所以,如果领导者对这两种理论缺乏自觉,习惯于现象领导,以现象领导去代替本质领导,就会在领导活动中搞短期行为和形象工程,致使组织失去对抗环境变化的能力,这是值得忧虑的。当前和今后几年,多种危机仍然存在,组织生存环境的变数很大,现象领导的理念将遭受更大的挑战,所以,本质领导理论的指导意义将不言而喻。作为理论工作者,有责任进一步揭示本质领导的规律和机制,厘清本质领导和现象领导的区别与联系,使本质领导找到有效实现领导的途径和方法。适当的时候,也可以出版有关本质领导概论的书来综述研究成果,形成理论体系。

“阳光领导”理论

【新角度】在领导活动中采取某些“阳光”的做法被人们称为“阳光领导”。它的指向是外部民众而非领导机关自身。“阳光领导”具有内容阳光、方式阳光和方法阳光等内在规定。它基于社会的快速发展应运而生，又植根于党建理论和认识论等原理之中。这些来自实践的经验和经典的理论告诉我们，党的群众路线是“阳光领导”的根本方法，领导者用好社会权力是“阳光领导”的关键艺术。

随着经济与社会的发展，民主与法治的完善，“阳光”一词的使用频率越来越高，“阳光”作为前缀的用词越来越多，上网百度一下，关于“阳光政府”的搜索结果就达 688 万多个，“阳光执法”的搜索结果达 399 万多个，“阳光办事”的搜索结果达 513 万多个，这些都与“阳光领导”有关系。可见，“阳光领导”是一个社会热点，受到民众的普遍青睐，这也对党和政府倡导“阳光领导”提出了更高、更严格的要求。所谓更高的要求就是推广“阳光领导”的做法，所谓更严格的要求就是规范“阳光领导”的做法。

一、“阳光领导”之含义辨析

“阳光领导”的指向虽然是人民群众，但是我们不能把所有具有公开意思的领导活动全部称为“阳光领导”。把“阳光领导”理解为一个筐，所有见光的事情都往里面装，是对“阳光领导”的误解。

这种误解表现在两方面。一是政治与领导这两个概念不分，把政治上的“阳光”跟领导工作中的“阳光”等同起来，往往把跟时事政治有关的事情牵扯到“阳光领导”上来。政治的许多方面的确跟领导活动有关。领导，从一定意义上讲，就是贯彻政治的意图，是政治的延伸。但是领导并不等同于政治，领导活动除了政治要求以外，还有自己的目标、任务和诉求，有自己的规定性，它不能像政治那样“阳光”，而且“被阳光”的方式方法也是有区别的。二是所有的领导活动都是可以采取“阳光”方式的，无限制地扩大“阳光领导”的适用范围。领导工作是分层次的，“阳光”应该是逐渐普照的，“被阳光”的范围是逐步扩大的；另外，有些工作是不需要公开的，有些工作是不宜公开的，这些工作如果采取“阳光领导”的方式，会带来不必要的麻烦。《论语·为政》中说：“知之为知之，不知为不知，是知也。”该知道的人就让他知道，不该知道的人就不应该让他知道，这才是明智之举。

可见，“阳光领导”首先是一种领导方式，其次才是领导方法和艺术。如果领导工作涉及方方面面或者事关大部分人的利益，就可以考虑采用“阳光领导”这种方式。如何实现这种方式，则需要恰当的领导方法和艺术。“阳光领导”之于组织,侧重的是领导方式;“阳光领导”之于领导者个人,侧重的是领导方法和艺术。那么,怎么样言简意赅地定义“阳光领导”呢?阳光领导就是让权力在阳光下运行,用“阳光”的方式,通过领导与群众的互动来实现领导。不是所有的领导活动都能够采用“阳光领导”这种方式,它的适用范围可以概括为“六个大”,即大部分、大方向、大决策、大事件、大影响和大承诺。大部分是指事关大部分人利益的问题需要阳光领导;大方向是指事关长远的大政方针问题需要阳光领导;大决策是指重大的决策问题需要阳光领导;大事件是指发生了群众普遍关注的大问题需要阳光领导;大影响是指影响很大的事情需要阳光领导;大承诺是指向社会和公众做出公开承诺的事情需要阳光领导。

现在,社会上很多冠以“阳光”的东西,或者貌似“阳光领导”的东西,其实不是阳光领导。比如,在政治方面,党内民主不是阳光领导,人大的民主选举不是阳光领导,政协的民主监督不是阳光领导,政府的政务公开不是阳光领导。这些,只是有关方面为了进一步保障法律赋予人民群众的知情权、参与权、表达权和监督权等政治权利所做出的种种政治行为,至多只能算是“阳光政治”,而不能说是阳光领导。

二、“阳光领导”的理论基础

任何一种严谨的领导方法和艺术,都应该具备一定的理论和实践基础。我觉得,至少有两个理论支持“阳光领导”的观点:一是党的建设理论;二是马克思主义认识论。

党的建设中关于党的宗旨理论,明确地把自己的宗旨概括为全心全意为人民服务。这是正确认识和把握人类历史发展规律的结果,也是区别于其他任何政党的显著标志之一。《共产党宣言》指出,过去的一切运动,都是少数人参加、为少数人谋利益的运动,无产阶级运动是多数人参加、为绝大多数人谋利益的运动。这实际上是第一次把无产阶级政党的宗旨写进了党纲，是党的宗旨的理论基础。长期以来，我们党始终强调为人民服务的宗旨并赋予其时代内涵。并在长期革命和建设的实践中，形成了一切为了群众、一切依靠群众，从群众中来、到群众中去的群众路线和优良传统。在新时期、新阶段，“以人为本”的科学发展观全面体现了党的宗旨的时代要求，发展为了人民，发展依靠人民，发展成果由人民共享。这就需要我们在领导的理论与方式上要有一个创新，“阳光领导”的观点完全符合这个要求，坚持“阳光领导”就能够把人民群众的根本利益实现好、维护好和发展好。因为“阳光领导”着眼于充分调动人民群众的积极性、主动性和创造性，着眼于满足人民群众的需要和促进人的全面发展，着眼于人民群众有序的政治参与的进程。

马克思主义认识论保证了“阳光领导”的正确性。马克思主义认识论强调“实践第一”的观点，这是我们获得正确认识，做好一切工作的第一步。在人类活动中，实践是第一位的、决定性的，认识则是从实践中产生出来并为实践服务的；实践是认识的基础，认识来源于实践。人们在推动科学发展的实践中接触社会与事物的现象，看到社会与事物的联系，在获得正反两方面经验的基础上，进行科学的、抽象的思维，从而获得对客观社会与事物规律性的认识。认识的深度取决于实践的深度，实践的深度则取决于调查研究的深度。所以，“阳光领导”非常青睐调查研究。我们要坚持真理，修正错误，就得老老实实地深入实际，调查研究，抛弃那些已经为实践证明是错误的东西，坚持那些已经为实践证明是正确的东西，并不断地在实践中丰富它，完善它，发展它，真正做到在坚持真理、修正错误的道路上有所发现，有所创造，有所进步。从一定意义上讲，调查研究的过程，就是实现“阳光领导”的过程。

三、“阳光领导”的方式

“阳光领导”的方式，按其“被阳光”的程度，可以有以下一些具体的划分：

1. 听证方式

这是以听证会为载体的“阳光领导”。在听证会上，领导者提出需要解决的问题，让参与者充分发表意见、提出建议，帮助领导者发现决策中存在的纰漏，并加以修正与完善。从整个社会角度讲，听证于民是为了决策于民。社会一般公众或具体利害关系人通过听证程序参与领导决策，直接与领导者对话，协商解决利益冲突。这种公开化的方式有助于实现社会公正，促进社会和谐。从经济学角度讲，有助于领导者提高行使权力的效率。虽然有人认为听证可能影响到效率，但从最终结果看，听证反而从程序上保障了决策的可接受性，进而提高了领导工作的效率。从政治学角度讲，听证方式符合授权理论，群众对领导机构的直接或间接授权，是领导者用权合法性的唯一来源，这就从根本上决定了领导者行使公权力必须要广泛听证。

2. 参与方式

这是一种让下属或群众参与决策的领导方式。领导者在决策过程中，认真倾听下属的意见并主动征求他们的看法。参与方式的“阳光领导”有两个要点：一是主要政策由参与的群众集体讨论、共同决定，领导者采取鼓励与协助的态度，让大家积极发表见解，为领导决策献计献策；二是在确定完成工作和任务的计划、方法、技术和途径上，参与的群众也有相当的选择机会。通过群众的参与和深度的讨论，群众对工作和任务有更全面、更深刻的认识，并就此提出更为切实可行的计划和方案。参与方式按照下属及群众的参与程度又可分为咨询性的、共识性的和民主性的。

3.协商方式

这不仅仅是一种“阳光领导”的方式，也是兼具民主决策、民主管理和民主监督功能的一种民主形式。目前协商方式的“阳光领导”主要是各种协商会议，如民主沟通会、决策议事会、重要建议论证会和群众代表监督管理会等。作为一种领导方式，它的主要特点是规范化程度比较高，与实际工作结合紧密，为群众参与事务管理提供的空间比较广阔，运行成本比较低，操作比较简便，与现有各种制度及党的传统融合程度较高。协商方式的“阳光领导”有以下几个主要优点。一是优化了领导决策程序，提高了决策质量。领导干部虽然生活和工作在基层，但并不等于对群众的愿望或要求就了解得清楚。事情一旦经过协商，就能有效防止或消除领导者决策的随意性。二是提高了领导者的执行力。协商方式为群众在领导活动中表达、维护自身的利益提供了平台，因而有助于领导机关和人民群众之间建立起伙伴关系，从而促进了领导决策的顺利执行。

4.承诺方式

这是一种公开程度比较高的“阳光领导”的方式。承诺是领导者公开为民服务的具体打算，并采取适当方式向群众公布，做出承诺。“出于其口，成于其手”(宋·苏轼《思治论》)，这是古人关于公开承诺的辩证认识论。领导者不但要公开承诺，而且要必成其手。承诺方式有两个要点。一要先承诺有条件办到的事情。对已经具备条件且能办到的事情，要在最短的期限内完成，既能温暖群众的心窝，又能提升领导干部的公信力。避免把群众在短期内希望办成的事情办成长期盼望的事情，把本来是高效率的事情办成低效率的事情。二要把积极创造条件能办成的事情列入承诺范围。对于通过创造条件能办成的事情，领导者要善于抓住机遇，积极创造条件，切忌等现成，或者领导与领导、部门与部门之间推诿扯皮。“能行之者未必能言，能言之者未必能行”(汉·司马迁《史记·孙子吴起列传》)，领导者向群众公开承诺很重要，但更为重要的是要忠实履行诺言，能为群众办成事。

四、群众路线是“阳光领导”的根本方法

群众路线的领导方法，就是一切为了群众，一切依靠群众，从群众中来，到群众中去。实现“阳光领导”，就必须让领导活动见之于群众，就要坚持群众路线。只有坚持了群众路线，才能确保领导活动的“阳光”属性。

我们在领导群众进行一切实际工作时，要取得正确的领导意见，必须从群众中来、到群众中去，实行领导和群众相结合，一般号召和个别指导相结合。这就是说，把群众的意见集中起来，化为系统的意见，又到群众中坚持下去，在群众的行动中考验这些意见是否正确。如果说“一切为了群众”讲的是目的，就是为什么要这样做，那么“一切依靠群众”讲的就是手段的问题，就是如何去做、采取什么方式的问题。这是因为：第一，一切为了群众，全心全意为人民服务，是党的根本宗旨，是领导工作的根本出发点和归宿；第二，一切为了群众，就必须对人民负责，善于为人民服务，因此领导机关和领导者的一切工作，必须以最广大人民的根本利益为最高标准；第三，一切依靠群众，首先要相信群众能够自己解放自己，要尊重和支持人民群众的革命首创精神，既要反对命令主义，又要反对尾巴主义；第四，一切依靠群众，就应该虚心向人民群众学习，应该善于从群众的议论中发现问题，提出解决问题的方针和政策；第五，一切依靠群众，必须在一切工作中发动群众、组织群众，要在新形势下努力创造发动与组织群众的新方式和新方法，作为“阳光领导”的新载体。

阳光是终而复始的，每一天的阳光是不一样的，所以，“阳光领导”是一种动态的领导。一个领导者，只有时时刻刻把群众的利益记在心中，“阳光”才能不被“乌云”所蒙蔽，才能保证每一天的阳光都是清新的。所

以，用群众路线的领导方法来实现“阳光领导”，必须坚持两条：

一要积极研究并把握新形势下群众工作的特点和规律，切实提高有效开展“阳光领导”的本领。要认真研究经济社会生活的新变化和群众工作的新特点，积极探索和掌握适应新形势要求的做群众工作的新途径、新方法、新机制，善于运用说服教育、示范引导和提供服务等方法凝聚和激励群众。要帮助广大群众正确认识改革中出现的暂时困难，引导群众自觉地与党和政府同心同德。

二要把解决群众关心的热点和难点问题作为我们群众工作的重点。要认真体察群众愿望，关心群众疾苦，把人民群众的安危冷暖时刻挂在心上。“阳光领导”要从人民群众热切盼望的具体事情做起，尽心尽力帮助解决群众生产生活中的实际困难，把群众工作做深、做细、做实。要把群众关心的热点和难点问题作为“阳光领导”的重点，针对不同时期群众反映最普遍的问题办实事，让人民群众得到实实在在的利益。

五、用好社会权力是“阳光领导”的关键艺术

这里所说的社会权力，是特指在领导者的职权之外，在社区或群众中拥有的权力。这种权力是领导者担任了一定的职务后，群众赋予的，但本身并不是领导者职责范围之内的权力，较之领导者的职位权，领导者的社会权力不是法定的，而是派生的。这种权力有这样两个特点：一是外部中介性。社会权力是领导者与组织之外的公众发生联系的主要通道之一。因为群众团体是社会各界群众按照特定的目的、任务和形式自愿结合成的群体，能广泛地联合和团结广大群众，这就为领导者与组织外其他社会成员的联系和沟通提供了方便的场所。二是非强制性。领导者虽然担任了群众团体的代表人或“领袖”，但没有法律或行政上赋予的强制权，领导者不能依照某种指令随便组织群众，也不能随意强制谁参与谁不可参与，

而应尊重群众。群众组织的一切领导活动都必须适合大多数群众的觉悟,建立在群众自觉自愿的基础上。

领导者行使社会权力的方式、方法和艺术不同于行使职位权所用的那一套东西,它有自己的特殊性。

1. 要注意倾听批评和建议

领导者行使了社会权力之后,是否起到了维护群众利益的作用,往往不能由领导者自身来回答。有时领导者自认为是符合群众利益的事,群众却不这样看。为了保证做到维护群众的根本利益,领导者应该经常了解群众的批评和建议,按照群众的批评和建议合理地改进工作,正确地行使社会权力。领导者行使社会权力,还有一个相信多数群众的问题,多数人的意见必有其合理性。有时,即使多数群众的批评和意见是不对的,也要相信多数群众迟早是会觉醒的。因此要耐心细致地进行思想工作,做好等待的准备,而不强制行使社会权力,强迫群众去做他们不愿做的事。

2. 建立社会协商对话通道

这是指领导者利用协商对话的方式来沟通信息和协调社会关系,从而使自己的社会权力能行之有效。协商对话,能使领导者随时听到群众的呼声,让群众的批评建议有地方提,委屈和愿望有地方说,困难和需要能及时得到解决。这样,群众就会和领导者同呼吸、共命运;同时也让群众知道领导工作中的困难,取得群众的谅解,消除群众的不满情绪,而且有利于群策群力,使领导者行使社会权力时阻力减少,及时到位。

3. 内外工作要相结合

领导者的职位权力与社会权力分别适用于不同场合,不能混淆在一起。否则,把职位权力等同于社会权力,会使组织失去其有效的系统严密性和凝聚力;一般的群众团体和社区群众也会因职位权力的作用,而失去其应有的自主性。当然,强调职位权力与社会权力的差别,并不否定领导者将正常的内部工作与外部的其他社会工作有机地结合起来。相反,明确这种差别,既有利于领导者做好内部本职工作,又有利于正确行使社会权力。在行使社会权力的过程中,通过与社会、群众的多层次接触,及时了解本组织的外部形象,从而更有效地开展组织内部的领导活动,用好职位权力。可见,能否将社会权力与职位权力有机地结合起来使用,是领导者能否实现“阳光领导”的关键。

六、结语

“阳光领导”的做法已经在社会中得到广泛的运用,但是并没有得到及时与科学的总结。事实上,领导者都是根据自己的理解和领导工作的需要,在理论上见仁见智,在操作中各显神通,一个严重的问题是把“信息公开”当作“阳光领导”,进而把“阳光领导”的内容泛化,有的领导甚至在党政机关内部也不恰当地推广“阳光领导”,出现了领导工作的“时髦病”,损害了正常的领导秩序。所以,我们认为,有必要把“阳光领导”作为一种领导学的理论与方法加以研究,在“阳光领导”的原理原则、方式方法、科学程序、适用的层次和范围等方面给出一个框架,并开展深入的探讨和提升。

“中庸领导”理论

【新角度】“中庸”是儒家的处世规范，《中庸》说实现这种规范靠教化和自我实现。研究《中庸》的人，几乎是沿着上述儒家伦理道德观的解析及其自我实现的路径去考察的，也有一些人是从管理方法和领导艺术的角度去挖掘《中庸》为人处世的经典，但是鲜有人从领导科学的学派角度去探究。源于本土的领导科学理论往往嫁接到诸子百家上去，但是研究者最终不是滑到了以日本为代表的东方理论之中，就是滑到了以欧美为代表的西方体系之中，真正能够自立于世界学术之林的领导科学学派，其实还是“中庸领导”。而我们现在的情况是，仅仅把它当作一种领导艺术来研究，而没有把它当作独树一帜的领导科学学派来研究。基于此，我们提出了“中庸领导”的理论。

如果把“中庸领导”作为领导科学来解读，我们必须从《中庸》中抽象出领导科学的基本元素。《中庸》不足五千字，共三十三章。我们根据它的内容分别给每一章起个名字：(1)纲领、(2)知人、(3)正心、(4)正心、(5)修身、(6)审问、(7)明道、(8)、正心、(9)正心、(10)明道、(11)正心、(12)、知物、(13)笃行、(14)修身、(15)齐家、(16)齐家、(17)知天、(18)齐家、(19)齐家、(20)治国、(21)知性、(22)诚意、(23)诚意、(24)治国、(25)诚意、(26)博学、(27)修身、(28)明道、(29)明辨、(30)知法、(31)修身、(32)诚意、(33)正心。

按照上述的命名，这三十三章，可以分为纲领、知人、正心、修身、审问、明道、知物、笃行、齐家、知天、治国、知性、诚意、博学、明辨、知法十六个内容。

第一章作为纲领，是“中庸领导”的逻辑起点或理论假设，亦是“中庸领导”的总论。这一章是说，人的自然禀赋叫作“性”，顺着本性行事叫作“道”，按照“道”的原则修养叫作“教”。“道”是不可以片刻离开的，如果可以离开，那就不是“道”了。所以，品德高尚的人在没有人看见的地方也是谨慎的，在没有人听见的地方也是有所戒惧的。越是隐蔽的地方越是明显，越是细微的地方越是显著。所以，品德高尚的人在一人独处的时候也是谨慎的。喜怒哀乐没有表现出来的时候，叫作“中”；表现出来以后符合节度，叫作“和”。“中”，是人人都有的本性；“和”，是大家遵循的原则，达到“中和”的境界，天地便各在其位了，万物便生长繁育了。“非中和”往往是领导工作的起点，但是“致中和”肯定是领导工作的归宿。

另外十五个内容，可以分别纳入领导科学的八个模块，即领导原理

(明道、知天、知性),领导素质(正心、修身、博学),领导思维(知人、明道、知物),领导职责(齐家、治国),领导方法(知人、知物、知性),领导决策(审问、明道、明辨),领导力(知性、明辨、知法),领导艺术(诚意、笃行)。下面,我们沿着这个思路谈谈对“中庸领导”的一些认识。

从领导原理来看,“中庸领导”要求领导者“中于道”,因为“道”是“中庸领导”立论的基础。孔子说:“不得中道而与之,必也狂狷乎!”(《孟子·尽心下》)《礼记·中庸》中说圣人“从容中道”,这些“中道”都是中于道或合于道的意思。那么,“中道”是指“中”什么“道”呢? 这个“道”就是“礼”。“中庸领导”应该首先指的是适宜“礼”的行为。在《礼记·仲尼燕居》中,“子曰:‘敬而不中礼,谓之野,恭而不中礼,谓之给,勇而不中礼,谓之逆。’”当然,“中庸”的“中”还有中间、中等的意思,如“执两用中”的“中”。儒家反对走极端,在对立的两极之间寻求比较适中的解决方案,既不要“过”也不要“不及”,既不要太“进”也不要太“退”,既要“尊贤”又要“容众”,既要“致广大”又要“极精微”,可以“乐”但不能“淫”,可以“哀”但不能“伤”,可以“怨”但不能“怒”,这些都是在两个极端之间寻求适中的方法。这样一种适中之所以被采用,不是因为它处于两极的中间,而是因为它合于内心之“中”和外在之“道”的标准。虽然处于两极之间的选择通常是比较正确的,但绝不能说凡是处于两极之间的选择都是正确的,正确与否不是由其中间性决定的,而且由是否“中道”来决定的。

从领导思维来看,“中庸领导”要求领导者以人的内在要求,以人性、本心为出发点和根本价值依据,在自然社会的环境中寻求“中道”,也就是使人的内心想法,在既有环境下得到最适宜的、最恰当的、无过与不及的表达与实现。单纯从“中庸”的概念上看,“中庸”在孔子之前就已存在,儒家的“中庸”说正是从前人有关“中”的思想发展演变而来的。“中”在先秦古籍中常见的字义有三:一指中间,中等,两者之间;二指适宜,合适,合乎一定的标准;三指内心世界即人的内在精神。如今很多人之所以会把“中庸”理解为折中主义或调和主义，就是仅仅把“中庸”的“中”字简单地理解为“中”的第一种含义，故而造成对“中庸”的曲解。只有把这三方面的意思贯通了，才能把握“中庸”的完整含义。《中庸》原文之中，对中庸的定义如下：“喜怒哀乐之未发谓之中，发而皆中节谓之和。中也者，天下之大本也；和也者，天下之达道也。”意思就是人的内心没有发生喜怒哀乐等情绪时，称之为中。发生喜怒哀乐等情绪时，始终用中的状态来节制情绪，就是和。中的状态即内心不受任何情绪的影响，保持平静、安宁、祥和的状态，是天下万事万物的本来面目。而始终保持和的状态，不受情绪的影响和左右，则是天下最高明的道理。

从领导素质来看，“中庸领导”要求领导者须“五达道”与“三达德”，才能达至“中庸”的境界。所谓“五达道”即“君臣也，父子也，夫妇也，昆弟也，朋友之交也”（《礼记·中庸》）。处理这五方面关系的准则是：“君惠臣忠”“父慈子孝”“夫义妇顺”“兄友弟恭”“朋友有信”。“五达道”的实行，要靠智、仁、勇之“三达德”。而要做好“三达德”，达到中庸的境界，就要靠“诚”。要求领导者自觉地进行自我修养、自我监督、自我教育、自我完善，把自己培养成为具有理想人格，达到至善、至仁、至诚、至道、至德、至圣、合外内之道的理想人物，共创“致中和，天地位焉，万物育焉”的“太平和合”境界。

从领导职能来看，“中庸领导”有九种职责，即所谓九经，就是领导者用来治理天下国家以达到太平和合的九项具体工作。这九项工作是修养自身，尊重贤人，爱护亲族，敬重大臣，体恤众臣，爱护百姓，劝勉各种工匠，优待远方来的客人，安抚诸侯。修养自身，就能够达到美好的人格；尊重人，就不至于迷惑；爱护亲族，叔伯兄弟之间就不会有怨恨；敬重大臣，治理政事就不至于糊涂；体恤众臣，士就会尽力予以报答；爱护百姓，老百姓就会受到勉励；劝勉各种工匠，财货就能充足；优待远方来的客人，四方就会归顺；安抚诸侯，天下就会敬服。要做好这九项工作，就必须用至诚、至仁、至善的爱心去充分体现中庸的美好人格。做好这九项工作，事实上也就处理、调节好了九种人际关系。调节这九种人际关系是使天下国家达到太平和合理想的重要保证。

从领导方法来看，“中庸领导”要求领导者至诚尽性，由内而外，发挥人性的作用，实行“软领导”。“唯天下至诚，为能尽其性。能尽其性，则能尽人之性；能尽人之性，则能尽物之性；能尽物之性，则可以赞天地之化育；可以赞天地之化育，则可以与天地参矣。”（《礼记·中庸》）只有坚持至诚，由内而外，才能充分发挥自己善良的天性。能够充分发挥自己善良的天性，就能感化他人，发挥他人的善良天性；能够发挥一切人的善良天性，就能充分发挥万物的善良天性；能够充分发挥万物的善良天性，就可以参与天地化育万物，领导工作便达到了至仁至善的境界，同时也会收到至仁至善的领导效果。

从领导决策来看，“中庸领导”要求领导者做到“尚中”，就是既不要走极端，不要过头，也不要不及。做什么事情都要有个度，做决策，处理问题，更需要“尚中”。一是时中，就是审时度势，与时偕行。“与时偕行”（《周易·乾·文言》），“动静不失其时”（《周易·艮·彖传》），就是“时中”。“时中”要求人们关注时间的变化所带来的各种变化，对变化有清醒的了解和认识，并据此设计自己的应对策略，此所谓“变通者，趣时者也”。能趋时变通，即是“识时务”，而识时务者为俊杰。“时中”的理念要求领导工作以变应变，以变制变，随需应变，变中求生，变中求胜，而不能采取“鸵鸟政策”，对外界的变化不闻不问。二是中正，就是恪守规范，正心正身。孔子说：“恭而无礼则劳，慎而无礼则葸，勇而无礼则乱，直而无礼则绞。”（《论语·泰伯篇》）就是说，过分恭敬，而不约之以礼，就未免劳倦；过分谨慎，而不约之以礼，就难免流于胆怯懦弱；过分敢作敢为，而不约之以礼，就难免盲动闯祸；过分直率，而不约之以礼，就难免尖酸刻薄。恭敬、谨慎、勇敢、直率，本来都属于人的好品德，但孔子认为，如果发挥不当，或不用礼来约束，其结果往往适得其反。同时，孔子很强调“正”，“其身正，不令而行；其身不正，虽令不从”(《论语·子路篇》)。“正”，就是名正言顺，以身作则，不越位，不缺位，不错位，对于我们的领导工作有着积极的借鉴意义。三是中和，就是求同存异，和而不同。孔子说：“政宽则民慢，慢则纠之以猛。猛则民残，残则施之以宽。宽以济猛，猛以济宽，政是以和。”(《春秋左传·子产论为政宽猛》)这是他评论郑国著名政治家子产“临终遗言”时所说的一段话。子产临死前，曾告诉他的接班人，为政的关键，在于针对不同的对象，或宽或猛，宽猛适中。孔子称这种宽猛相济所达到的适中状态为“和”。

从领导力来看，“中庸领导”要求领导者做到中庸不平庸，追求三位一体之“庸”，即“情、理、法”“责、权、利”“言、行、品”三位一体，避免过激或对抗行为。中庸之“庸”，就是融会贯通，领导者要把领导活动中的各种各样的因素有机地集合起来。“庸”不是平庸、无作为，而是指一种通过权衡和把握事物利害，从而选择最恰当的方式。如果说“中”是思想上的规范，那么“庸”就是方法上的科学、行动上的提升。儒家以为，领导者“动之以情”，然后“晓之以理”，情理相容，才能得人心，合民意。儒家并不排斥“法”，但指的是人情上说得过去的“法”，这种“法”，人们才比较容易接受。作为领导，除了要处理“情、理、法”的关系，还要处理“责、权、利”的关系。首先说“权”，权是权力，是权变，只有手上掌握权力的人才更易于权变，善于变通。权变是为了避害就利，这就不能不涉及“利”。关于用权力来为谁谋利的问题，孔子认为，按照利益来行事，会多招怨恨。利益关系是最难处理的，以致儒家“羞于言利”。孔子重义轻礼，并不是对老百姓而言，而是对君子而言的，就是指领导者。为官者最大的考验就是利益的考验，所以一定要“义胜利”，而不应“利胜义”。摆正了利益关系，才能真正担负起领导责任，否则是很难的，因为利会改变一个人的心态，改变一个人的行为。这就是为什么孔子感叹“人才难得”了。有知识、有才能的人很多，而能掌握“中庸”的人很少，不是权力欲过盛，就是过于追求个人的利益。什么是“责”？权力本身就是责任。领导的行为还涉及三个字：言、行、品。这三点其实是在“情、理、法”和“责、权、利”中体现出来的。孔子虽然肯定“讷于言而敏于行”（《论语·里仁篇》），但他自己却是个善于说话和论辩的人，无非强调说得巧妙和精到，做到“言而有信”，这正是好口才的最高境界：以最少的语言取得最大的实效。慎言，不等于不言。作为领导，好口才是非常重要的，尤其是在文化多元的今天，你如果不善于利用自己的口才推行施政或管理理念，是很难让人信服的，你也就无法站住脚。但说得好不等于干得好，领导的“行”比“言”更重要。“行”的内容是很多的，就是要求不乱来，要“三思而后行”。领导的行为事关团队的切身利益，把大家带到什么地方，是能力的检验，也是修养的检验，所以，一个具有个人魅力的领导，他是注重自己的“品”的；品行，品与行相互影响，相互作用。

从领导艺术来看，“中庸领导”要求领导者做事为人不可采取某一不变的固定姿态，不可拘泥于某一固定形式。君子之所以为中庸者，以其有君子之德，而又能随时处中也。小人之所以反中庸者，以其有小人之心，而又无所忌惮也。《中庸》要人们贯彻忠恕之道，“忠恕违道不远，施诸己而不愿，亦勿施于人”。这是孔子“己所不欲，勿施于人”思想在领导艺术上的发挥，要求在处理人际关系或人事关系方面合于“中庸之道”。

总之，“中庸领导”是一门博大精深的领导科学，是一门常学常新的领导科学，是一门与时俱进的领导科学。这里仅仅是初探，值得深入研究。

常态领导理论

【新角度】先贤老子曾经把“道”分为“常道”和“非常道”。前者是指那种在冥冥之中一直主宰宇宙运行的某些隐性规律，后者是指已经被人们发现并利用着的一些规律，也是老子说的“道可道，非常道”的那种道。如果我们把“道”理解为领导活动之道，那么，按照老子的思路，我们也可以把领导的形态区分为“常态领导”和“非常态领导”。显然，“常态领导”是那种与时俱进的领导；“非常态领导”则是适合某个时段的领导。近年来，在领导干部中出现的“精神懈怠”问题，说明了我们在改革开放以来一直奉行的“非常态领导”，已经不能适应新的形势和任务的需要了。

近年来,党和政府对经济与社会的管理逐步规范起来,各级领导的工作弹性逐步减少,领导者的自由度逐步降低,导致领导者工作热情逐渐降温,出现了大面积精神懈怠。可以说,精神懈怠是当前领导干部中一个较为普遍的问题。在庆祝中国共产党成立90周年大会上,胡锦涛同志将其列为我党所面临的“四大危险”之首,这足以说明精神懈怠问题的严重性,也说明了我们一直奉行的“非常态领导”受到了严重的挑战。

事实上,在我党的历史上,领导工作是“任务导向”型的,任务一个接着一个。与此相适应,我们也长期奉行“非常态领导”,就是根据形势和任务的需要,采取快速有效的方法实现领导目标;一旦目标实现以后,往往会放松一下,调整下一步的方针政策。这个时候就会出现“精神懈怠”现象。所以,“精神懈怠”从来就不是一个新问题。当革命处于低潮时,党内就出现过“红旗到底能打多久”的悲观论调;新中国成立以来,我们多次遭遇迷惘,党内也出现了精神懈怠的现象。20世纪,我们耳熟能详的一句话是:任务是艰巨的,前途是光明的,我们要从一个胜利走向另一个胜利。显然“两个胜利”之间往往容易发生“精神懈怠”。从我党的历史来看,精神状态的变化是有规律性的:第一,精神饱满与精神懈怠两种现象是交替出现的,呈现波浪式前进的轨迹;第二,每一种状态的持续时间取决于高层领导是否及时干预,通常会出台有针对性的方针政策来调整精神状态;第三,领导者的精神状态是分层的,在大部分情况下,高层领导的精神状态是良好的,“精神懈怠”现象一般发生在中下层的领导干部当中,而干部队伍的精神状态是由高层领导左右的。

当前发生的“精神懈怠”问题,不是一朝一夕的事情,而是有一个厚积渐发的过程。在这个过程中，我们形成了有中国特色的“非常态领导”。众所周知，改革开放以来，高层领导积极倡导放权让利，抓大放小，用活政策，开拓创新。在这样的“领导文化”中，各级领导干部放开手脚，大刀阔斧，敢闯敢冒，得心应手。这样干了几十年，冲破束缚和改革创新逐渐变成领导者的思维方式，并且积淀成了领导习惯。可是，近几年来，我国的经济与社会发展逐渐转型升级，法制化、规范化和程序化得到了加强，对领导工作提出了更高、更严格的要求：更高的要求是，领导者必须尊重民主民权；更严格的要求是，领导工作要把科学发展放在第一位。换言之，领导工作也要同时同步转型升级。然而，我们的许多领导干部已经习惯了固有的思维方式，面对新情况、新问题，缺乏应有的思想准备和领导艺术，突然感到自己的束缚多了，权力少了，自己的想法实现不了，干什么都不顺手了，原来一直得心应手的“非常态领导”手法难以实施了，满足不了“出政绩”的需要。从需要层次理论来看，他们觉得已经很难走上“自我实现”的平台。所以，他们退而求其次，不去追求“高级需要”了，表现在行为上，就是不求上进，精神懈怠。

根据现在领导干部的精神状态，我提出了“紧箍咒”理论，许多人认同这个观点。“紧箍咒”是小说《西游记》中唐僧用来制服孙悟空的咒语，能使孙悟空头上的金箍紧缩，头痛欲裂。这里用来比喻束缚领导干部的东西。怎么看“精神懈怠”现象，是一个见仁见智的问题，那么，领导干部自身是怎么看的呢？他们认为现在受到五大因素的束缚，是五道“紧箍咒”。一是依法行政，领导者缺乏自由裁量权；二是网络问政，从政风险很大；三是绩效工资，削弱了领导者的调控能力；四是多方监督，自己的能力难以发挥；五是科学发展，领导者难以出政绩。他们认为现在从政的“紧箍咒”是越来越多了，“高压线”也越来越多了，干成事的难度也越来越大了，即使是“孙悟空”也难以发挥能耐了，“精神懈怠”也就是最自然不过的结果了。这些领导者没有认识到，我们的政府是一个有限政府，不是无所不能的，如果失去了约束，没有了“紧箍咒”，突破了有限性，就会各行其是，局部的政绩可能会损害全局的科学发展，曾经一度盛行的“GDP 崇拜”就反映了这种情况。

综上所述，造成领导干部大面积“精神懈怠”的重要原因，不仅仅是一个精神状态问题，而且也是一个领导形态问题，是我们一直奉行的“非常态领导”已经不能适应当前形势和任务的需要了。只要我们继续青睐“非常态领导”，“精神懈怠”的问题就不可能得到彻底解决。在历史上，我们常常用“非常态领导”的方法来永葆革命青春，而且常常大获成功。杰出的领袖有办法把这些“精神懈怠”的人变成积极的追随者。现在，我们要让一般的领导干部走出“精神懈怠”的怪圈，仅仅靠动员、鼓动和影响这些“精神领导”的方法还是不够的。因为，这些方法虽然在一定程度上能够触动领导干部，但是，领导干部同样用这种方法却不能再像以往那样有效地触动群众了。发展了的形势对领导形态提出了新的要求。所以，我们必须构建一种全新的“常态领导”形态，这种领导形态的根本要求是“与时俱进”。领导者的观念要与时俱进，领导方法与艺术也要与时俱进。“常态领导”无常态，“常态领导”没有固定不变的条条框框，“常态领导”常解常新，常态常新。

虽然常态无常，但是“常态领导”在任何常态下都存在着一个本质。不管领导者所处的历史阶段是否一样，每一个历史阶段领导者都会受到某种本质的支配。我国在改革开放后，邓小平同志提出了“贫穷不是社会主义”，对社会主义的本质特征做了重新界定，强调要从本质上把自己的事情做好，把国家做强，才能不挨打，才能提高抗风险能力。胡锦涛同志倡导的科学发展观，强调权为民所用，利为民所谋，情为民所系，着眼于建设富强、民主、文明、和谐的社会主义现代化国家，并在其中提出建设社会主义的核心价值体系。可以说，科学发展观不仅反映了当代世界发展的本质，也是对我国在发展本质上的反思。不仅如此，科学发展观倡导科学领导,认为本质不是一成不变的,对本质的理解要与时俱进。此时此刻的领导本质,并不能体现将来的领导本质。强调要从本质的流动性上提高统筹国内、国际两个大局的能力,不断提高把握机遇、应对风险挑战的能力,始终在本质上掌握领导科学发展的主动权,而不能用已经过时的本质来领导当前的工作。在这里,“常态领导”之本质,是一种动态的本质。当然,“非常态领导”也有一个实现领导本质的问题。不过,“非常态领导”的本质比较简单,管的时间比较短暂。比如,20 世纪六七十年代“以阶级斗争为纲”,这个本质管了十年;我们曾经非常热衷的“各类经济开发区”的建设,它的本质就是起到快速的经济示范作用。现在,各级地方领导都想上“大项目”,“非常态领导”的方法非常奏效,这些方法正是很多领导干部得心应手的方法。

要实现“常态领导”的本质,既可以用“非常态领导”的方法,也可以用“常态领导”的方法。虽然,“非常态领导”的方法有声有色,风生水起,短平快,但是会异化出反本质的东西,会造成领导干部的“精神懈怠”,在很多情况下不利于实现领导本质。“常态领导”的方法围绕领导本质,按部就班,虽然在效率方面逊色于“非常态领导”,但是比较稳妥。可以说,“非常态领导”在困难重重时可以各个击破;但是在法治社会中,人们还是青睐“常态领导”的规律性和可预期性,不喜欢那种“精神饱满”或“精神懈怠”的领导者,而喜欢“常态领导”的一贯性和平常心。在这里,常态也可以指领导者持之以恒的工作态度。

构建“常态领导”的形态,不是一蹴而就的。但是,我们可以围绕领导本质,列举“常态领导”的一些特点,从领导方法和艺术上帮助领导者走出“精神懈怠”的误区,避免“精神懈怠”的困扰,自觉地从“非常态领导”向“常态领导”转变。

1.“常态领导”用“高度”避免“非常态领导”的冲动

“常态领导”看问题有高度。一般而言,看问题的高度越高,离领导本质就越近，就越能避免“非常态领导”。总体观点，是一种站在问题之外的高度来看问题的思维方式，即无论全局或局部、系统或要素、对立面之间，都是“总体”中的一个“部分”，必须统筹考虑，为总体服务。这里讲的便是一个统筹兼顾的问题。不能因“全局”而忽视“部分”，因短期利益而忽视长远发展等。有高度，视野自然也广。若只盯某一部分办事，就容易做出非常态的领导行为。

2.“常态领导”善于利用远程领导的方法避免“非常态领导”的冲动

领导有直接与间接之分，有远近之分。远程领导就是借力高层，贯彻来自高层的领导意图。我国的改革开放发展到今天，取得了巨大的成就，同时也出现了一系列新问题和新矛盾，这些问题和矛盾不仅数量多，而且也较难解决。不发展，最大的问题是贫穷；发展起来以后，问题多，而且这些发展过程的问题与矛盾关联度大，还不能就事论事地去解决。面对这些全国性、大面积的问题和矛盾，党中央从两方面来解决：一方面是采取“近距离领导”解决具体问题；另一方面是用远程领导来统一思想。“常态领导”要求领导者把这两者有机地结合起来，把科学发展观内化为领导干部的意识形态。虽然我们面对的问题是实践，但必须用意识形态的办法去解决具体问题，用理念来“洗脑”，否则，“非常态领导”的冲动之举，必然会导致精神饱满与精神懈怠两种现象的交替出现。

3.“常态领导”愿意用“紧箍咒”来避免“非常态领导”的冲动

“紧箍咒”对于“大干快上”等“非常态领导”形态的抑制，远远比领导的自觉性更可靠。对于“常态领导”而言，“紧箍咒”就是规则，就是行动指南。领导活动必须在“紧箍咒”的框架下展开。这一点，与“非常态领导”是截然相反的。“紧箍咒”是多元的，包括法律法规、规章制度和各种各样的监督；有些“紧箍咒”是有形的，有些则是无形的，比如“群众意愿”，就是无形的，但却是一种最高的“紧箍咒”，这是检验我们是否奉行“常态领导”的最高标准。显然，“常态领导”愿意把群众意愿当作“紧箍咒”，敬畏群众，依靠群众。所谓敬畏群众，就是要绝对尊重“群众意愿”试图了解“群众意愿”，并努力寻找“群众意愿”的根源，帮群众解决问题。要群众自愿，硬要群众去做，不叫依靠群众，叫强迫执行。群众，由于所处的条件不同，经历不一样，思想认识总是有差别的。所谓依靠群众，就是要眼睛向下看，脚步往下走；就是要依靠群众中的大多数，相信只有依靠群众的智慧与力量，才能真正把事情做好。群众才是蕴含了无限智慧和强大力量的土壤，所以必须扎根其中。

科学发展是当今时代的领导本质，实现这种领导本质需要与之相适应的领导形态和机制。换言之，我们现在已经走上了经济与社会发展的规范化之路，必须摒弃业已习惯并且过时了的“非常态领导”，与时俱进地构建“常态领导”的形态和机制。企图抱残守缺，继续沿用“非常态领导”的套路，头痛医头，脚痛医脚，不可能从理念、体制和制度上避开“精神懈怠”的窘境。显然，在当前，弱化、避免和消除领导干部中出现的“精神懈怠”现象，方法是多种多样的，也是见仁见智的。但是，从长远来看，要预防精神饱满与精神懈怠两种现象的交替出现，仅仅靠高层领导的干预是不足取的，必须要构建“常态领导”的机制，促进各级领导干部从“非常态领导”向“常态领导”转型升级，从根本上避免领导干部在精神状态上的大起大落。只有这样，我们才能彻底地解决领导干部“精神懈怠”的问题，经济与社会发展才能平稳有序地推进。

原生态领导风格理论

【新角度】领导者通常会遭遇两个环境：一个是在少年儿童时代的环境，我们称之为原生环境；另一个是新生环境，是指领导者现在所处的工作环境。领导者是在新生环境中开展工作的，但是他年轻时所经历的原生环境及其经验，对领导性格、领导作风、领导艺术等领导活动会产生很大的影响。研究发现，某些领导行为虽然适合原生环境，但明显不适合新生环境。可是有些领导者还会顽固地使用源于其早期生活的经验。这些做法，当年可能非常有效，所以在他们身上打上了烙印，被他们承袭下来。当年，这些孩子不一定是“领导”，但是他们成年以后当了领导，有很多行为特点可以从当年的经历中找到依据。我们把这些“依据”的集合，称之为原生态领导风格。

一、领导者的原生环境

领导者的原生环境，主要包括领导者的原生家庭、原生集体和原生区域三个方面。原生环境中形成的一些东西是领导者成年以后很难改变的。按照弗洛伊德的观点，领导者之所以受焦虑、愧疚、抑郁和低自尊的困扰，主要原因来自童年时期与父母的关系。比如，幼年的自尊养成和对权威的顺从是通过慈母严父发展起来的，在成年期很难再改变。如果童年与人玩耍非常自我，长大以后也不会懂得分享，而且一生都会面临人际矛盾。领导者现在发生的任何行为，都可以从他幼年或儿童时期的原生环境中找到根源。

1. 关于领导者的原生家庭

人的一生中有两个家：一个是从小长大的家，有爸爸妈妈和兄弟姐妹；另一个是长大以后的家，就是成家立业的家。人们生活的第一个家叫作原生家庭，后一个家叫作新生家庭。原生家庭是指自己出生和成长的家庭。当领导者处在原生家庭时，家庭的气氛、传统习惯、子女在家庭中的角色、家人互动的关系等，都影响领导者日后的领导行为。所以，现在的领导者要认识自己原生家庭的影响，才能把原生家庭中好的因素比如孝敬父母等继承下来，才不致将原生家庭一些负面的元素带到领导工作中来。从家庭的管理风格来看，原生家庭存在着民主、独裁、放任三种情况。原生家庭的这三种情况，很可能发展为相应的“人治倾向”或“法治倾向”的领导作风。

2. 关于领导者的原生集体

本来，在这里是要讲一讲“原生教育”的，觉得有点大而无当，所以就讲一讲领导者在“原生集体”或班级集体中的情况。学生在学校里除了学习文化知识以外，还会在处理个人与集体的关系方面形成观点，这会影响到他成人以后的工作方式。学校教育青少年要热爱集体、关心集体，培养集体意识和服务集体的能力，服从集体的决定，遵守纪律，努力完成集体交给的任务，珍惜集体的荣誉，为集体争光，在集体中团结、谦让、互助合作、关心他人、积极参加集体活动、学习做集体的小主人。教育他们从小懂得班级、学校等都是集体，自己作为集体的一员，应关心、爱护、保护集体的利益，多为集体做好事，树立集体荣誉感和责任感，学会过民主生活，有事和大家商量。教育他们个人服从集体、少数服从多数、局部服从整体。引导他们从关心班级小集体，逐步扩大到关心学校、社会和国家。显然，领导者的原生集体如果健康，那么领导者在现在的领导活动中就能够处理好方方面面的关系。从领导者原生集体的意识来看，领导者的行为可能发展为“依靠组织”或“依靠个人”两种倾向。

3. 关于领导者的原生区域

领导者虽然讲四海为家，但是，他从小学习与生活的地方，就是我们讲的原生区域，对他日后的领导行为是有影响的。俗话说，一方水土养一方人，原生区域的文化熏陶，就会影响到领导者的语言、思维和行为。地理环境和自然条件不同，导致历史文化背景差异，从而形成了明显与地理位置有关的文化特征，这种文化就是区域文化。比如，吴越文化以太湖为中心，包括今天的江苏、浙江、上海地区，影响到安徽东部和江西的东北部。在明清时期，随着商业贸易迅速发展起来，城市极为繁荣，以“吴侬软语”为特征的吴语，是汉语七大方言之一，构成独特的语言文化系统，强化了这里的区域文化特征。文化风格细腻、恬淡、婉转、雅致、清新，与北方各区域文化形成鲜明的对比。所以，原生区域在南方和北方的领导者，其领导风格是有差异的，民风强悍的原生区域会青睐“快刀斩乱麻”，民风婉约的原生区域喜欢以柔克刚。换言之，原生区域文化可能有“强悍倾向”，也可能有“婉约倾向”。在我国的有些地方，相邻两个县的民风差异也很大，所以，县域也可以孕育出具有自身特色的原生态领导风格。

二、八种原生态领导风格

原生环境的三个方面，每一个都会对领导者的风格产生复杂的影响。这种影响，我们称之为原生态影响。为了研究方便，我们把其中三对相向的影响因素提取出来，进行结构化组合。现在我们来看看这六个因素的倾向性：原生家庭带给领导者的影响是在工作中的“人治倾向”或“法治倾向”，原生集体带给领导者的影响是“依靠组织”或“依靠个人”，原生区域带给领导者的影响是“强悍倾向”或“婉转倾向”。

领导风格，在领导者自己眼中是“行为习惯”，在下属眼中是对领导行为的“认同”，在旁观者眼中是指领导者的“名声”。领导风格可以包括性格、兴趣、爱好、气质、价值观等因素，在有些情况下，也可以理解为领导性格。按照上述原生环境发展出来的六个指标，我们可以将领导的原生态风格分成八类，有助于领导者更加科学地了解自己的过去，扬弃原生态的领导风格。

在以下八种类型的描述中，我们紧扣原生态中的“人际关系”来观察三大方面六个指标，而忽略原生态领导风格中其他形形色色的东西。

1. 控制型的原生态领导风格

这种领导风格的领导者表现出明显的人治倾向、依靠组织、强悍倾向。控制型的领导风格综合了领导者自我控制和人际竞争的特点。这种领导者在年轻时就显得独断专行、自以为是，但这并不是病态，而是许多人成年以后，成为有效领导者的特质。

2. 支持型的原生态领导风格

这种领导风格的领导者表现出明显的人治倾向、依靠组织、婉约倾向。支持型的领导风格综合了与他人分享情感的意愿和共同达成决定的愿望,他们年轻时就对人际关系保持忠诚,是“关心”的专家,喜欢询问其他人的感受。下属安家于团队,团队安家于组织,这种观念来自于他们的原生环境。

3. 理解型的原生态领导风格

这种领导风格的领导者表现出明显的人治倾向、依靠个人、强悍倾向。理解型的领导风格结合了人际合作和自我控制的倾向。这种人年轻时就认为自己的管理风格和人际关系切合实际。

4. 包容型的原生态领导风格

这种领导风格的领导者表现出明显的人治倾向、依靠个人、婉转倾向。包容型的领导风格结合了人际竞争和自我表现的倾向。这种人年轻时就喜欢向他人诉说自己的感受,并喜欢通过这样来让别人感受自己的影响力。

5. 自恃型的原生态领导风格

这种领导风格的领导者表现出明显的法治倾向、依靠组织、强悍倾向。极端自恃的领导者通常会冷酷地运用各种制度和手段。他们在年轻的时候往往对同学的需要不予理睬。他们也很可能因此而遭受失败。

6. 功利型的原生态领导风格

这种领导风格的领导者表现出明显的法治倾向、依靠组织、婉转倾向。功利型的领导者在年轻时就兴趣广泛,在当领导以后,行为习惯差,常常目前的工作尚未完成就急于进入下一阶段,也因此而经常遭受挫折和失败。具有这种风格的领导者可能认为某项工作的顺利完成是因为自己独特的构想所致。但是,过度强调这一点会阻碍其他人提供意见,反而成为领导者严重的缺点。

7.专断型的原生态领导风格

这种领导风格的领导者表现出明显的法治倾向、依靠个人、强悍倾向。专断型的领导者在年轻时就力排众议，所以在领导工作中，会一意孤行。他会一个人承受压力而格外努力，下级在这种强势的推动下，不会追随但是会从众，对领导者敬而远之。

8.投机型的原生态领导风格

这种领导风格的领导者表现出明显的法治倾向、依靠个人、婉转倾向。投机型的领导者适合于做形形色色的思想工作，化解其中的冲突，有利于工作。但在年轻时，这种人优柔寡断，所以在领导工作中，必须当机立断时，仍然考虑不同的意见，反而影响下属对领导的向心力。他们在做决策时，目标上模糊、立场上摇摆、信息上不充分，以及意图上投机，而使得决策理性有限。他们升迁后会留下“决策垃圾”，继续发挥不好的影响。

三、原生态领导风格需要扬弃

领导者的原生态领导风格，其实是一种领导文化，是指领导者年轻时积淀的一些东西，包括观念、态度、理想、道德、价值观和行为模式等。这些东西是一种原生的领导价值观，以“扬弃”的方式在新生环境中继续作用于领导者。所谓“扬弃”的方式，是指以内化、规定和调适等方式影响领导行为，重塑领导风格。所以，如何正确认识这种文化，扬弃这种文化，事关领导风格，需要领导者认真思考与践行。

内化是指领导者的原生态文化已经深入其心，成为领导活动的精神动因和内在依据，对领导者的个体行为提供理性支持，提供判断和选择行为方式的内在依据，并决定个体活动的动机和热情。

规定是指领导者的原生态文化具有相对的独立性，对现在正在开展的领导活动具有规范作用。由于原生态的领导文化是价值观念、行为模式和态度信念的积淀，它会对领导者产生一种非强制性的约束。

调适是指领导者的原生态文化能够在领导者行为失范的时候产生影响，帮助领导者控制失范或减弱失范带来的不良影响，可以在领导活动中调节个体行为；可以在领导活动中催发个体行为；可以在领导活动中帮助个体克服挫折。

领导者的原生环境，会给领导者烙下原生态的胎记。原生环境的历史背景、主要任务和生活状况，导致每一时期的领导生态各具特色。革命时期的领导风格强调激情，建设时期的领导风格注重理性。虽然原生环境曾经影响了领导者，但是已经成为历史，现在的领导者不需要对过去原生环境中发生的好事或者坏事负责任。不过，从今天开始，领导者应该知道自己所做的每一个领导行为，都是下一辈领导者的原生环境，现在的领导者正在创造着“未来领导”的某种原生态的领导风格。所以，领导者在原生家庭里，不要培养自私自利的孩子；在原生学校中，要培养集体主义观念；在一个地方，要让孩子多多参加公益活动。在这样的原生环境中成长的孩子才能有好的原生态领导风格，才能够成为比较可靠的接班人。

另一方面，领导者在原生环境中未能够实现的梦想，会希望在现在的领导环境中去努力。比如，领导者的原生家庭可能缺乏安全感，那么，他现在就会非常在意安全感，想在现在的组织中建构保障体系，让自己和下属有安全感。比如，年轻时在原生学校中，没有受到老师和同学的重视，在情感上得不到满足，那么他会带着这些未了的情感包袱，希望在领导活动中得到解决。比如，领导者对于年轻时的挫折、无奈和诉求，不敢勇于面对，而现在有可能将埋怨归咎于原生区域与原生社会或归咎于原生家庭，从而悲观失望；也有可能相反，原生环境成为励志的背景，让人愈挫愈勇。这些做法，都可以理解为领导者对原生态领导风格的种种扬弃。

原生态的领导风格虽然体现在每一个领导者身上，但是它的历史厚重感之于每一个人是不一样的。如果一个领导者原生态的烙印很深，意味着他花在扬弃原生态领导风格的时间上越多。故而原生态领导风格既是财富,也是负担。如果领导者要花大量时间去扬弃原生态领导风格,就必然会减少重塑领导风格的精力。所以,原生态的东西越厚重,领导风格就越难改变。

诚然,要改变原生态的领导风格是很难的。领导者有可能改变自己的行为,但是比较难改变自己的想法;想法不改变,就不可能百分百地改变自己的行为;领导行为不彻底改变,就很难改变别人对你的看法。如前所述,这个看法就是领导风格。可能的情况是,领导者改变了自己 100%的行为,才能改变别人 10%的看法。所以,领导者要扬弃自己的原生态领导风格,持续地改变自己,改变对自己的看法,从而慢慢地改变别人的看法,不断地在新生环境下重塑具有特色的领导风格。

“剧场政治”理论

【新角度】“剧场政治”是指有些戏剧化韵味的领导活动。“剧场政治”既然在“剧场”中开展领导活动，就应该遵循剧场的某些规则。作为演员的领导者，必须善于操作剧场中各种各样的因素，懂得剧情遵循、角色遵循与“说”功遵循，从而实现“剧场政治”的目的。

随着经济、社会与现代传媒的快速发展，领导干部往往需要站在前台与公众面对面，直接应对公众各种各样的诉求。这种“直接应对”迫使领导干部亮相，颇有“戏剧化”的韵味。我们把这种现象称为“剧场政治”。在这种政治生态下，领导者有时像一个演员而非领导干部，需要做出立场性、政策性和表态性的回应。由此，领导者会努力寻求让他们的表演看起来更真实而非矫揉造作。“剧场政治”既然是剧场，就存在着脚本、舞台、观众、道具和扮演角色的演员。作为演员的领导者，必须善于操作剧场中各种各样的因素，成功地实施表演的程序，并且有序地控制情景，从而实现“剧场政治”的目的。所以，领导者在运用“剧场政治”这个载体时，必须明白剧场一些基本遵循。这里就“剧场政治”的剧情遵循、角色遵循与“说”功遵循做一个漫谈。

一、“剧场政治”的剧情遵循

“剧场政治”的形式林林总总。面对公众的有新闻发布会、听证会、说明会；面对上级的有汇报会、验收会、审查会；面对同级的有交流会、研讨会、谈判会；面对下级的有通报会、部署会、检查会；面对内部员工的有恳谈会、质询会、动员会；面对问题及其相对人的有协商会、调解会、现场办公会；等等。

“剧场政治”既然理解为一种“剧”的领导形式，我们就能够对它进行分类，就能够找到相应的戏剧形式。按照我们现在接触的“剧场政治”的方方面面，也就是上面提到的林林总总的“会”，我看有三种戏剧可以分别代表三种类型的“剧场政治”。京剧、黄梅戏和“二人转”能够反映不同风格的“剧场政治”。京剧可以代表比较严肃规范的“剧场政治”，比如，新闻发布会；黄梅戏可以代表比较轻松活泼的“剧场政治”，比如，各种各样的听证会和聚会；“二人转”可以代表需要机智应对的“剧场政治”，比如，各种各样的调解会和对话会。所以，当领导者运用“剧场政治”这个领导方法时，首先要选对剧种。

如果领导干部遭遇比较正式的“剧场政治”时，应该按京剧的“板式”去策划。京剧的板式是指唱腔的板眼结构形式。通俗地讲就是唱腔节奏。通常有四类即一眼板、三眼板、无眼板、散板。在各种声腔中，原板是变化的基础。除原板外，还有慢板、快板、导板、摇板、二六、流水板、快三眼。这些东西告诉我们一个道理，领导干部要按规定的节奏、程序和组织的口径开展领导活动，而不能自由发挥。就像各种类型的发言人那样，要按事先策划好的基调讲话。京剧中有一个角色叫“净”，俗称花脸，大多是扮演性格、品质或相貌上有些特质的男性人物，化装用脸谱，音色洪亮，风格粗犷。领导者在正式的“剧场政治”当中，基本上应该遵循这个角色。

如果领导干部在比较轻松的“剧场政治”环境下，比如在开展文艺活动和茶会当中，应该按黄梅戏套路去应对，不能太刻板，而是要像黄梅戏的唱腔那样，善于变化，展示领导者的多才多艺，融入群众之中，以丰富的表现力感染公众。黄梅戏的唱腔属板式变化体，有花腔、彩腔、主调三大腔系。花腔以演小戏为主，曲调健康朴实，优美欢快，具有浓厚的生活气息和民歌小调色彩；彩腔曲调欢畅，曾在花腔小戏中广泛使用；主调是黄梅戏传统正本大戏常用的唱腔，曲调严肃庄重，优美大方。领导干部在各种聚会的场合，可以给自己设计一个赚人眼球的角色，表现精彩的演技，或标新立异，或行为夸张，博得“观众”的掌声和认可。就像黄梅戏的正旦、正生、小旦、小生、花旦、小丑、老旦、老生、花脸、刀马旦等角色可以串演一样，领导者要善于兼扮他行，进行角色变换。

如果领导干部是在解决纠纷的“剧场政治”环境下，可以按“二人转”的套路去应对。东北特色“二人转”是北方民间的一种说唱艺术，边说边唱，具有脱口秀的意味。矛盾或纠纷情况非常复杂，需要考量领导干部的智慧。“二人转”的单出头、拉场戏，其实就是应对复杂矛盾的领导艺术。“二人转”的表演手段大致可分为三种：一种是二人化装成一丑一旦的对唱形式，边说边唱，边唱边舞，这是名副其实的“二人转”；一种是一人且唱且舞，称为“单出头”；一种是演员以各种角色出现在舞台上唱戏，这种形式称“拉场戏”。“二人转”的唱词非常灵活，可以临场发挥，这一点也是解决复杂问题的基本遵循。“二人转”说口包括说白和数板，多用韵白；单出头语言风趣幽默，滑稽可笑，诙谐幽默，富有生活气息。“二人转”的唱腔，素有“九腔十八调七十二嗨嗨”之称，共三百多个，可见变化之多，值得领导干部去体悟。

二、“剧场政治”的角色遵循

“剧场政治”既然是“剧场”，就离不开角色扮演。角色，指个体在特定的社会关系中的身份及由此而规定的行为规范和行为模式的总和。具体地说，就是个人在特定的社会环境中相应的社会身份和社会地位，并按照一定的社会期望，运用一定权力来履行相应社会职责的行为。在“剧场政治”中，领导者扮演的角色是不同的，不同的“剧场”对领导者的要求也是不同的。在不同的“剧场”中，人们的角色是有差别的，由此会造成人们的需要、动机、思想、情感和行为方式上的差异。领导者要善于理解人、同情人和换位思考，要根据“剧场”的实际情况扮演好自己的角色。民间有句俗语叫“人生如戏，全靠演技”，说明在“剧场政治”生态下，人们扮演的不同角色对表演方式和技巧的要求。

领导者每时每刻都在自我形象和理想社会角色之间徘徊，家里、办公室里，对上级、对下级，对内、对外……总是在个人形象、职业角色等之间来回转换，有时候甚至会忘记本我，完全被束缚在客我的要求中。所以，领导者在“剧场政治”中，必须适应剧情的要求，扮演好相应的角色。只要领导者意识到有别人在看，他就有了一个自我与角色、内在本质和外在形象的矛盾，实际上这就进入了扮演。

京剧型的“剧场政治”，要求领导者扮演好发言人的角色。所谓京剧型的“剧场政治”，是指领导者面对公共事件的角色扮演。在公共事件下，领导者应是政府权威信息的代言人和发言人，领导者的话语是消除谣言、还原真相的主要依据，也是政府与媒体间信息沟通的纽带。我们的许多领导者因为长期缺乏对职业角色的准确认知，对自身形象与职业角色的矛盾差距浑然不觉，导致在许多公共事件中，由于不具备基本的角色扮演常识和技巧而不知道应该怎样应对，有些不合时宜的话语成为老百姓茶余饭后的笑柄，引起媒体和民众的反感甚至愤怒。领导者作为公共事件的发言人，要确保实现公民的知情权，应及时准确地发布和传达信息，进行正面引导，发挥好媒体引导社会舆论的作用，而不能一味向媒体封锁消息。一个领导者，在需要其发言的时候，绝不能以官话、空话、套话搪塞和应付，或者干脆一推了之，而是要及时充分地发布老百姓想要知道的信息。否则，就是角色不到位。现在有的领导干部在关键的新闻信息传达发布上避而不谈或顾左右而言他，而公众是永远不会满意这种模糊的回应的。而且，新闻发布绝不是简单的语言艺术，领导者扮演的新闻发言人角色，应该是相关职能部门向公众传递本部门对事件的知晓及应对措施的代言人，这是领导者作为一个职业角色应该牢记的定位。

黄梅戏型的“剧场政治”，要求领导者扮演好活动家的角色。所谓黄梅戏型的“剧场政治”，是指领导者面对各种各样社会活动时的角色扮演，并且在社会活动当中具有一定的影响力。比如：在社会上热心公益事业，热心公众事务，关注民生民情，既具有能广泛斡旋解决社会矛盾的能力，又是各种社会文化运动的推动者及领导人物。如果把社会当作一个大剧场，那么，任何一个单位，作为现代社会的制度安排，在社会系统中应该有自己独特的作用。这就是说，任何一个单位，都有社会功能。所以，作为一个领导者，应该是社会活动家。领导者通过“剧场政治”的形式，善于借助和开发社会资源，弘扬良好的社会风气，领导者要塑造一种敢于和能够承担责任的社会活动家的形象，取得更加广泛的社会认同。

“二人转”型的“剧场政治”，要求领导者扮演好调解人的角色。所谓“二人转”型的“剧场政治”，是指领导者面对各种各样矛盾和纠纷时的角色扮演，善于扮演白脸的曹操、黑脸的包拯还有红脸的关公，通过“面具”在不同场合的戴上和摘下，通过“变脸”来实现各种角色之间的转换。调解是由领导者作为第三方来排解疏导的说服教育活动。调解活动本质上是语言的调解，领导者扮演的是公正的第三方形象，话语权很大。会话是口头语言表达的常见形式之一，发话者和受话者共同构成会话的主体，多方轮流发话，传达信息、表达思想。很明显，调解会话模式存在着一个发话者和多个受话者，领导者面对多方关系的把握制约着信息的传播。所以，调解过程中语言的实际使用往往决定调解的成功和失败。此其一。其二，领导者必须善于引导各方面以积极的态度参与到调解中来。使得调解既解决纠纷又能够实现友好往来的“双赢”，把公正与和谐有机地结合起来。

三、“剧场政治”的“说”功遵循

当前，在“剧场政治”中，许多领导者的角色扮演还是不够到位，扮演者的自我形象和理想角色形象存在着一定差距。我们的领导者，基本上缺乏媒体经验，长期高高在上，扮演着领导者的权威角色，即便是曾经参加过相关的培训学习，还是缺少实战经验。在戏剧表演领域，导演可以用角色分析和反复排练来帮助演员缩短自身和角色的距离。而在“剧场政治”中，发言人角色、活动家角色和调解人角色的定位规定了领导者的活动范围和方式，其中包括对人对己的道德、情感、态度和价值观等心理成分。这些内心因素远比外部形象更重要且更难塑造。导致一些领导者陷入错误的角色扮演。一是“取悦人”，即别人希望我怎么说我就怎么说；二是“自娱自乐”，即我想怎么说就怎么说。这正是领导者自我形象和社会角色设定之间的矛盾所在。怎样解决这个问题？

在过去的数十年间，我们是以培训的办法来解决这个问题。在我国各地的领导干部进修学习的课堂上，由服装、化妆、口头表达、肢体语言、媒介应对等相关的专家，给各级领导讲述在“剧场政治”中应该注意的事项和技巧，但是效果却不明显。那是因为培训大多只强调了由外到内的模仿，穿什么衣服，说什么话，做什么表情，办几场模拟电视采访现场。这些课堂忽视了由内到外的角色培养，这是一个长期且艰巨的过程。这个过程是需要修炼内功的。在戏剧中，演员需要唱、念、做、打等基本功。同理，在“剧场政治”的生态下，领导者也需要各种各样的基本功，这里主要谈谈领导者的“说”功。

在京剧型的“剧场政治”中，领导者面对需要知情的公众，“说”功的要旨在于遵循原则、注重互动、突出情感，牢牢记住自己是一个负责任的发言人。有些领导者，对新闻发布和媒体采访套路不熟，尤其是应对媒体尖锐提问的方法不多，甚至不知该怎么回答，这就难免尴尬。领导者扮演发言人，要把一项政策、一个事件阐述得清楚明白，把一个问题回答得确切圆满。还有，有些领导者言不由衷、一语双关。口气似缓而急，口吻是毒非善，口德虚华实卑，缺乏应变能力。京剧中的变脸艺术，告诉领导者要根据具体情况，及时应变，而不能以不变应万变，不能把话说得太绝，要留有余地。

在黄梅戏型的“剧场政治”中，领导者面对的公众与京剧型面对的公众是不一样的。领导者的“说”功是要把语言当作领导艺术来运用。语言是人类敞开心扉的交流形式；是人类搭架心灵桥梁的快捷方式。如何淋漓尽致地运用语言，在领导艺术中，是一种内涵很深的学问。领导者应该善于用“说”功来完成自己的角色。面对公众，发言老成稳重，不轻易得罪人。就算有时驳斥他人，也会给自己留条后路，在表达时收放自如，不忘高雅，语出有因、语出有史。换言之，引经据典，善于用学问服人。此外，在黄梅戏型的“剧场政治”中，“做功”是指领导者应该多才多艺，善于调动公众的热情，善于影响人、感染人和鼓舞人。

在“二人转”型的“剧场政治”中，领导者扮演的是调解人的角色，“说”功主要表现为领导者的语言既要坦诚又要谨慎。首先，领导者与当事人之间相互尊重的前提是以诚相待。在调解中,领导者要用真实感人的语言与当事人进行交谈,态度要积极、稳重,意见要中肯,观点要明朗,使当事人听了后,感觉是透心暖人的,从而达到感情上的融合,潜移默化地缩短与当事人的心理距离,赢得当事人的信任,达到调解的最佳效果。其次,领导者说话要谨慎。对于疑虑重重者,先与他们拉家常,推心置腹地谈心,然后再引入正题。对于情绪冲动、急躁易怒者,不能以怒制怒,先和风细雨地与之倾心交谈,正确疏导,等他们心平气和后再切入正题。但也不应事事都向当事人坦诚相告,更应谨口慎言,不利于解决问题的话不要说。

“剧场政治”并不是一个新话题,但却是一个常讲常新的话题。说它不是一个新话题,是因为我们常常使用这种形式的领导活动;说它是一个常讲常新的话题,是指类似“剧场”这种载体的领导活动不仅越来越多,而且花样不断翻新。我们要与时俱进,对它的形式和内容做深入研究。对于“剧场政治”的实现形式,我认为通过比对剧场运作的一些基本遵循来思考,不失为一条路径。

领导权的扩张理论

【新角度】权力扩张是指权力从权力中心一直向可以用权的方位或事件延伸，这种延伸直至碰到突不破的边界，或其自身无力递延时，才停止运行。

权力扩张是一种高度聚合权力资源的权力运行机制，因而这种扩张是多方位的、立体的：在平行的层面上像涟漪一圈一圈地向外扩大范围；在下行的方向上呈喇叭形向下辐射；在上行时会以借权的方式扩大自己的权力影响力。一般来说，离权力中心越远，其扩张力越弱。领导权也会以集体的形式扩张。比如因事设立的各级各类领导小组非常多，就是权力集体扩张的一种产物。当然，这些领导小组也可能含有约束权力扩张的潜在机制。但它从产生的时候起，就聚合相关权力资源为特事特办服务。

权力扩张是权力的一种属性，不管是谁掌了权，都会或多或少地扩张自己的权力。权力为什么具有这种属性呢？这要从掌权人身上去找答案。掌权人在这里指有领导权的人，通常是担任某种职务的领导者。领导者要实现领导职能，仅仅靠组织赋予的权力是不够的。特别是在改革和社会转型的过程中，各种体制机制是在有矛盾、有摩擦的状态下运行的，存在着多头领导、双重领导、交叉管理、管理空白等现象：有的事争着去做，有的事推着去做，有的事没人去做。想做事的人，由于权力没有到位，很难按正常的权力轨道完成自己的职能，希望通过权力扩张，来整合更多的公共资源，实现领导职能。此其一。其二，作为领导者，一般来说自我实现的愿望较强，控制欲、支配欲要高于常人，特别是有些领导干部在不正确的政绩观的影响下，置科学的发展观于不顾，急功近利，一心想着快出成绩、多造影响、引起上级重视、得到提拔重用，工作动机不纯，以至于不惜扩张权力，搞劳民伤财的“形象工程”，有令不行，有禁不止。其三，有些领导干部对“守土有责”缺乏正确的认识。干工作不是从大局出发，而是从自己和小团体、本部门、本单位的利益出发，为争得本位利益和个人利益，把公共权力扩张到职权边界以外，手伸得太长。凡此种种，掌权人身上不正确的动机，都有可能导致权力扩张的后果。所以，领导权的扩张属性是由两点决定的：一是由体制机制的矛盾性决定的，这可以认为是权力扩张的自然属性；二是由领导者个人因素决定的，这可以认为是权力扩张的人性属性。

领导权扩张的途径有组织结构系统和非正式组织系统两个渠道。领导学认为，领导权包含领导职位权和领导统御权。职位权是组织赋予的权力,沿着指挥链向下级传递和扩张,或沿着本层次向外围传递和扩张。这就是组织结构为权力扩张提供的渠道。职位权包括决策权、协调权、控制权、奖惩权等法定权力,权力的边界大部分是法定的,也有部分边界是人定的。不管是法定还是人定,边界还是比较清晰的。不仅当事的领导者比较清楚,他的直接上级也是比较清楚的。所以,职位权的扩张有无违反规定,有无越界,就不是扩张者一个人的事了,其直接领导对此负有监督和指导的责任。领导统御权指领导者的影响权和专长权。影响权是由领导者个人品德带来的,影响他人思想和行为的人格魅力。专长权是领导者的知识和专长所产生的令人信服的力量,其实也就是知识的力量。可见,领导统御权是基于职位、源于个体的,大体上也就相当于我们通常所讲的个人威信。它与领导职位权有很大区别:一是它的载体是个人而不是组织;二是它具有相对滞后性,离职的领导虽然没有职位权,但其统御权仍然存在;三是统御权的边界是不确定的;四是统御权乃属个人支配的资源,使用起来不需要程序、民主等约束。这些区别使得统御权除了正式的组织结构系统以外,还可以通过非正式渠道扩张到组织末梢和组织以外。我们在领导活动中常常看到一些能量很大的领导者,可以远距离或远离组织去解决很难的问题。有些公事按正常程序别人办不成,他却能走私人关系办成;其他领导者协调不了的事,他能通过非组织途径“摆平”。这主要靠统御权。职位权的自然属性决定了它不可能扩张到边界以外。

领导权有扩张的属性,这种属性与社会运行状况有很大关系。如果一个社会是正常运行和良性循环的,体制顺,机制好,领导者能在科学的框架下实现职能,能使好人干成事,能遏制坏人干坏事,那么,领导权的适当扩张反而有助于减少阻力,推动领导活动的顺利开展,而且这种领导权的扩张也会适度而止。一个社会如果不坚持科学的发展观,就会出现带病运行和恶性循环。正常的权力结构干不成事,就会促使领导者去扩张权力,从而在错误的发展观基础上生成损民的政绩观,甚至把政绩看成是自己仕途高升的“政治稻草”,工作干得愈多,损害人民群众的利益就愈多。总之,领导权在改革和社会转型期容易使领导者把个人意志加进去,容易诱发权力扩张;而在社会结构稳定的情况下,诱致权力扩张的因素比较少,其扩张属性容易受到边界的正常约束。

根据上述分析,领导权有扩张的属性。但总的看来,这种扩张利小弊大。所谓利,也就是领导者在扩张权力时,必然会产生更多的成绩;所谓弊就是由扩张导致的失序和混乱。如果我们能够利用权力扩张来办好事,那么,我们就不能保证别人用权力扩张来办坏事。所以,权力扩张应该越小越好,小到这种扩张不足以影响组织或个人的命运,让每一级组织和领导者都能依法把握自己的命运。因此,如果要扩张权力或扩张成为必然的时候,我们要对这种属性有一个自觉的认识,让这种属性正确地为我们所利用,特别要注意区分正确、适度的扩张和有害的扩张。在革命和改革的时代,这种扩张的边界有不确定性,而且领导者的扩张动机也比较复杂,极易诱致权力与利益的冲突,因此,需要十分谨慎地用好权、用活权。这仅仅靠领导者个人的自律是不够的,因为不受外力约束的权力是极易出问题的,或腐败,或独裁,权力由扩张而膨胀,因此需要建立权力扩张的制约机制。

领导权的扩张属性和制约机制与权力集中度有关。权力集中度是一个什么概念呢?主要是一个结构性集中与权重分配问题。如果领导权是决策、执行、监督,或者是党、政、财“三位一体”,或者是投资、建设、管理、使用“四位一体”等“一体式”的结构,且集中于诸如“一把手”等个别人身上,那么,领导权就容易扩张,而不容易制约。只有把领导权进行结构性分解,由不同的人掌握分解后的领导权,形成权力运作的“拼盘机制”,权力扩张才能从权力本身产生一种自约束机制。权重太大的领导权也容易扩张，比如某些领导小组、整改办、指挥部，以及自由裁量权比较大的决策和执法部门，由于其权力体量大，又存在着整合权力的潜在机制，上面千条线，在它这里打个“结”，权力就被集中起来了，这种权力容易扩张而难以制约，因此，上级机构在权重的分配中要把握住度，给予下级适当的权重，使权重与职责相适应，使权力的体量不足以形成惯性，否则，权力扩张有如洪流，遇到障碍便会兴风作浪，就会突破权力的边界。

当前由于权力制约并没有形成上下结合、纵横结合、严密组织、相互制约的监督机制，“上级管不到”“同级管不住”“下级管不了”的现象在一定范围内存在。即便用权出了错误，也是事后谈看法、找教训，轻描淡写了事。上级领导还会袒护下级，无法形成约束权力的有效边界。所以，对权力的扩张与膨胀问题，除了建立起不因领导人的改变而改变、不因领导人的看法改变而改变的制度和纪律约束外，还要靠上级领导的近距离监督和约束，谁主管，谁负责。只有直接上级才容易发现其下属的权力扩张行为并具备约束这种扩张的条件。更近距离的干部职工虽然察觉早，但约束无力；更高层领导虽有权力制约这种扩张，但往往见事晚。所以，建立直接领导追究制，即由直接领导对下属用权负领导责任或连带责任，可能对权力扩张起到有效约束。有关“激励的悖论”原理支持此种机制。获诺贝尔经济学奖的博弈论大师 R. 塞尔腾 1996 年 3 月在上海的一次演讲中举了一个“小偷与守卫”之间的博弈模型为例。按照常理，抑制盗窃，政府应加重对小偷的处罚，而模型得出的结论是，政府加重对小偷的处罚并不能长期抑制盗窃，最多只能抑制短期的盗窃发生率，它的作用是使得守卫可以更多地偷懒，而对防范与打击盗窃现象并没有多大帮助。但如果持之以恒地坚持加重处罚失职守卫，恰恰会更好地降低盗窃发生的概率。这一结果提示了政策目标与政策结果之间的一种意外关系，即“激励的悖论”。这对约束权力扩张有重要的启示：下属的权力扩张行为，有如上述的小偷，只是在这里“偷”的是本不属于他的权力，如果只是由下属自身来承担这种后果，即便用免职或撤职等严厉的措施也只能使个别下属受到处罚，长期来讲并不能有效地约束权力扩张行为，只有追究和加重其直接上级的责任，让权力的“守卫者”负起责任来，才能真正防范权力扩张导致的权力膨胀。

领导班子成员的防御心理研究

【新角度】领导班子成员的防御心理，是指在班子中共事的成员相互“设防”的心理和行为。这种心理和行为不是一般意义上的领导行为，只有打上“班子”的烙印才有特殊意义。

领导者一旦结合为班子，就会产生各种结构和关系，比如会产生决策结构、绩效结构、利益结构和情感结构等，比如会形成结盟关系、小团体和小圈子等。这些结构和关系会影响到每个班子成员的心理和行为。在这些结构和关系面前，每一个领导者常常被置于“应对”的地位。通过“应对”，维系或改善自身在这种结构和关系中的地位与作用，满足其他成员对自己的期望。“应对”的动作，从策略角度去看，有消极被动和先发制人两种防御，但大部分的“应对”行为以被动防御为主。

一、常见的防御心理与行为

可以说，每一个领导者在长期工作中都自觉不自觉地学会了“应对”，并形成了各有特点的心理防御机制，以此来保护自己。常见的防御心理与行为有以下七种：

1. 守成

守成是指领导成员维护原状，包括已经形成的思路、方法和成果。组织的原状有一些是需要守成的，比如，组织的文化底蕴、组织的制度和组织的一些运行方式。这些是组织赖以运行的基础性东西，舍此组织便会瘫痪。然而，每个成员所守的“成”并不是一致的，即使是较为相似。班子成员过多的守成行为会导致故步自封、主观主义和形而上学，因为这些值得领导者守成的东西，往往是领导经验的结晶，已经内化为领导者的心理和行为，自然而然地会对新思维产生防御，不利于保持与时俱进的精神状态，不利于冲破教条主义、思想僵化等错误倾向的束缚，无法应付前进道路上难以预料的各种困难和风险，会使领导班子失去发展的动力和迷失前进的方向。

2. 懈怠

懈怠是指领导成员被动应付工作，是一种以“不作为”“少作为”来保证自己“少出错”的心理与行为，是一种较典型的消极防御。一是因为懒惰和消沉，认为自己官职到顶、车到站了，不愿负更多的领导责任了；二是希望到更重要的岗位或从事更具吸引力的工作，认为自己有能力，怀才不遇，现职已经成为他进一步发展的桎梏；三是缺乏能力，无论怎样努力也很难完成本职工作，因工作负荷过重而产生消极怠工行为。懈怠导致领导成员不能按分工要求做好本职工作，导致损失、浪费和步调紊乱，不能保证整体目标的协同。总之，懈怠心理与行为是不可取的，而且一个人的懈怠心理与行为还会传染到整个班子，使班子丧失凝聚力和战斗力。

3. 妥协

妥协是领导成员与他人争论不下时暂放弃自己的主张或中止自己的行为以和他人保持一致的防御心理与行为。班子内部经常出现争论，这是正常的。如果争论双方中的一方有充足的理由说服另一方，那么，是可以团结一致去进行工作的。但是，即使双方都没有充足的根据来论证自己的观点或者没有充足的理由来驳倒对方，也同样可以产生一致的行为，这就是妥协所产生的调适结果。班子内部如果不存在妥协行为，那将出现各行其是，甚至分道扬镳的现象。所以，这种防御心理有时是需要的。但是，如果妥协过于严重，同样会压抑创造性，影响班子绩效。在领导班子内部，应尽量容忍各种不同观点同时存在，鼓励争论，追求各持己见但统一行动的最佳目标。一旦经过行动证实某种观点或主张错误时，就要尽快采取其他主张。

4. 冲突

冲突是一种先发制人的防御。一般而言，在冲突中占优势的领导成员，就可以成功地捍卫自己的立场、观点和利益；但冲突会威胁其他成员的地位和作用，所以，用冲突来防御并不能有效地抑制冲突，防御也就成了一句空话。领导班子内部的冲突有五种：一是竞争性冲突，这种冲突既有利于激发班子成员奋发向上、你追我赶，却也可能诱发某些不良行为，如给其他成员设置障碍、制造麻烦等；二是观念冲突，主要是因观点不同而产生的冲突行为，表现为各持己见，在工作方式的选择上各不相让，不利于领导活动的顺利开展；三是利益冲突，即领导成员因代表不同群体利益而引起的误解和分歧，造成条块矛盾；四是违规冲突，即部分领导成员的行为与约定俗成的班子群体行为规范发生冲突，使班子成员长期形成的共同遵循的行为方式和行为准则受到动摇；五是情感冲突，即因工作上的矛盾和分歧，导致感情上的对立与不和，这是最难调和的冲突。以上各类冲突并不是孤立存在和截然分开的，我们对其进行分类只是研究上的需要，在实践中它们往往是交织在一起的。

5.越位

越位是指领导成员超越本职权限，行使了班子其他成员的权力，这是一种“以进为守”的防御。在领导班子中，成员的分工和职责往往只是粗略地加以界定，没有严格的界限，而面对群众时，所有领导成员都在一定意义上代表班子，因此，工作中经常会出现越位行为。适当的、科学的越位行为有利于加强薄弱环节和提高整体效率。但是，在班子中，主要领导或者能力较强的成员常常超越自己的职责去做更多的事，这反而使领导班子总体效能下降。因为任何个人的能力都是有限的，在特定时间内做了这种工作就不能干那种工作，越位行为必然会放弃自己的一些职责，即使不放弃自己的责任，也会疲于奔命，而又干扰了本应由别人分管的工作。所以，作为领导成员，在正常情况下，要忠于职守，并顺便为其他成员的工作创造良好条件，切莫越位理事。这不仅违反组织原则，影响班子的团结，还会使别人误以为这是争名争利。这既损及自己威信，也为一些心术不正者提供趋炎附势的机会，搞亲亲疏疏，破坏班子团结。

6. 发难

这是在班子中主动挑起矛盾的一种行为。有些领导者急于向别人证明，自己的看法是正确的，提出的任务和目标是具体清楚的，实施方法是简单明了的。有人不理解他们的观点，他们就不耐烦，听到一点反对的意见，就用“强势否定”的方法，借此把别人搞得瞠目结舌、疲惫不堪。他们以为贬低别人自己就会显得强大，高人一头，以此来捍卫和防御自己的地位和作用。所以，他们通常能实现短期目标，但是，这要以破坏与同事长久的合作关系、产生隔阂为代价。面对这种心理与行为，班子成员不能简单地按照他们的意图去做，不要廉价地去满足这种人的期望。要清楚地说明自己的观点和意见，表明自己坚定、自信、果断的态度，开展积极的思想斗争，进行有理有节的防御。

7. 泼冷水

领导成员泼冷水会在被领导者中产生很大消极作用。通过这种消极作用来验证自己的正确性，这是一种无原则的防御心理。泼冷水者否定任何建议，把人们的消极因素、潜在的失望情绪释放出来，让人在困难面前感到怯懦、渺小。泼冷水行为很容易使消极情绪在班子中蔓延。泼冷水的领导成员不是去克服困难，而是利用困难支持自己的观点，引发消极情绪使自己的想法站住脚。

二、抑制防御心理的方法

以上列举的领导班子成员的防御心理，会削弱班子的战斗力，我们必须抑制它的作用，有两种方法来实现这种抑制：一是“克服”的方法，让每一个领导成员认识到防御心理的危害，自觉地克服防御心理与行为；二是

“建设”的方法,用积极健康的心理与行为替代防御心理。替代的方法不仅见效快,而且也是抑制防御心理的根本之法。

1.用“转变”化解防御心理

转变是领导成员在别人说服下改变自己的主张,修正自己防御心理与行为。它同妥协的根本区别在于思想和行动的统一。妥协是心里仍相信自己的主张是正确的而行动上按其他主张进行,转变是认识到了自己的主张或行动是错误的或者根本无法实现,对他人的主张采取认可态度,从而改变自己的行动。转变需要前提,要求对方有充分的根据论证自己的观点。转变行为一旦出现,就会产生积极的作用。作为说服者,可以因自己的观点正确并被他人接受而信心百倍;作为被说服者,也会因别人主张的正确而心悦诚服,同心同德,解除心理防御。

2.用“共勉”替代防御心理

共勉是班子成员普遍存在的行为现象。从根本上说,领导班子共有规范的形成、班子文化的建立和工作方式、方法的确立都是在成员共勉中完成的。班子文化一旦形成,对后加入者就会产生调适作用。当新加入者接受了班子文化,在心理和行为上与之共勉合拍,他就成了班子中的一员。班子文化正是在调适与接受调适的共勉中得以保持的。

共勉行为的表现方式是个体行为的互相激励。一个班子中,成员的某种设想和做法受到其他成员的鼓励和支持,会得到强化,从而对更多的成员产生更大的影响。当某个个体积极工作受到鼓励时,就会更加积极工作,而且会使其他成员效仿他而积极工作,同时会对不积极工作者产生一种压力,激发起工作热情,使整个群体都高速运转起来。这个过程如果不断强化,就会出现高效率工作状态。但应注意,过度强化的共勉心理,往往会使领导成员失去必要的心理防御。现实中常常出现的群体决策比个体决策有更大的冒险性,班子行为比个体行为显得更为幼稚和狂热,多数来源于这种相互促进的行为共勉。

3. 用“合作”抑制防御心理

合作是领导班子成员经常出现的行为。合作的动机不仅源于班子的要求,而且源于合作可以给组织和个人带来多方面的好处:一是可以满足领导成员在资源配置和精神方面的相互需求;二是可以提高工作的效率和效益;三是可以使领导成员之间加强交流,互相学习,增长才干,积累经验。合作还可以促进领导者产生新的工作冲动,有利于充分发挥领导成员的各自特长,扬长避短,互补不足,从而产生更加默契、更加广泛的合作,消除成员之间的相互“设防”。

4. 用“相容”补偿防御心理

相容是领导成员对其他成员防御心理与行为的谅解。班子内部出现了相互“设防”的心理与行为,但班子又必须正常运行,很重要的一点就是需要相容。相容行为对班子十分有用,能维护班子团结和协调。相容不仅是领导班子对成员的要求,也是领导成员自身需要的一种行为。“相容”要求领导成员注意以下四点。第一,处事时要尽量排除自己的主观性,但应该允许其他成员的观点带有感情色彩。无论一个人认识问题多么客观,都会在或多或少的感情因素作用下偏离客观标准。因此,对待别人,不能绝对地要求对方脱离感情色彩;对待自己,应该尽量把感情因素降到最低限度。第二,扩大心理容量,兼容多种个性。要允许其他同志有个性,要理解他们的个性,要尊重他们的个性,允许和尊重他们以自己的方式方法处理问题。第三,允许其他成员为了维护个人的自尊,对自己的不合理或“亏理”的言行予以“合理”性的解释,应该理解与尊重其所采取的文饰态度,给他一个台阶下。第四,当自己的意见或主张受到其他成员的否定时,要主动地、部分地收回或修正原来的意见或主张,使问题及时地在“中和”的条件下得以解决,那种“一条道跑到黑”的做法,于团结无补,而且无济于事。

5. 用“创新”升华防御心理

领导班子总是一个地方或单位的活力源泉,这种活力来自创新。创新形成了新的工作格局，打破了班子成员在原生态层面上的防御心理和行为。所以领导班子成员必须具有创新意识和创新行为。创新是一个单位发展和变革的先导，要进行理论创新、制度创新、科技创新、文化创新、工作创新，以及其他各方面的创新，如果没有创新，领导者和领导班子就会把注意力放在维持组织的生存上，防御心理和行为仍然会在原生态的情况下寄生。只有创新，领导成员的心理和行为才能重构和升华。

领导班子要支持成员的创新行为，为班子添动力，为成员添魅力。创新特征明显的领导者，往往全身心投入工作，废寝忘食，精神和身体都处于高度的激发状态，新思想、新看法、新方案有如泉涌，并渴望得到主要领导和班子的支持，迅速付诸实施，而容易忽视外界不利因素对创新的妨碍，也容易因此与其他成员发生矛盾，形成新的心理防御屏障。所以，当领导成员进入创新状态后，领导班子既要保护这种工作热情，又要帮助其实事求是地分析问题，使创新的否定面减少，对立面减少。

总之，领导班子成员的防御心理，通过成员相互作用，具有一定的复杂性，但只要领导者用心去对待，就能把防御心理变为领导资源。值得注意的是，面对其他成员的“设防”，切不可用心计，“构想过度”，打太极拳，使问题进一步复杂化，使领导班子徒增内耗。

预防组织老化的长效机制研究

【新角度】任何一个组织，总是处于变化中。有一个叫作组织生命周期的理论，就揭示了组织的产生、发展和衰退的规律性。我认为，“生命周期”就是一个组织老化的过程。这种老化主要有三种：一是制度老化，即单个组织会向“组织群”中的成功者学习，学习的结果是这一群、这一类组织在相同的环境下实现了制度雷同并沉淀下来；二是经验老化，即组织在激烈的竞争中，形成了能够使其获取竞争优势的成功经验，这些成功经验在经过提炼后变成组织独特的经营管理模式，在很长的一段时间里领导者会普遍运用过去的“成功经验”，但这些老化了的经验未必适应已经变化了的环境；三是文化老化，组织文化的差异决定了它们在规范和习俗方面的本质差异，当在竞争中处于劣势地位的组织在进行变革或借鉴其他组织的先进经验时，必然会受到组织固有文化的制约，阻碍着新文化的渗透。

组织老化的外在表现是领导者缺乏凝聚力,全员缺乏工作效率,严重的话,导致组织涣散,人际关系紧张,不良风气上升;更严重的是,这些负面的东西会沉淀为组织文化,加速组织老化,不良习惯积重难返。领导的责任就是抗老化。怎样抗老化?这又是一个见仁见智的问题。许多领导者关注细节,搞一些小改小革,当然也能激活组织。虽然见效快,但昙花一现,不能沉淀为组织的文化。我认为要预防组织老化,关键还是要建立长效机制。

一、组织流程的再设计是克服制度老化的重要途径

根据“结构追随战略”道理,组织结构必须随战略的变化而变化。由于战略具有一定稳定性,有的甚至管五到十年,容易导致组织结构长期稳定。现在有许多组织,其结构及部门设计的一贯性,使组织形成了一套固化的制度,陷入缺乏活力的价值体系中不能自拔。但作为竞争的主体,这种组织设计和运营模式已经不适应环境变化的需要。为了改变现状,许多组织进行了制度建设和创新,但由于其结构没有调整,组织流程依旧,制度创新不断迈出实质性的步伐,至多算是制度改良。流程再造理论进一步为制度创新提出了解决思路,其核心思想是从组织的中长期需要出发,以组织流程为改造对象,通过对流程进行根本性的思考和分析,最大限度地减少对组织价值增值无实质作用的环节和过程,建立起科学的组织结构和业务流程。流程再造可以是改良式再造,也可以是革命式再造。领导者应根据实际情况,充分考虑再造的管理和保证体系,要在人力资源

的保证、组织文化的影响的基础上,选择适当的再造方式,由再造的流程带动制度创新。

二、以“超经验”思维克服组织的经验老化

经验是领导者在实践中积累起来的,它要反过来作用于领导实践。当领导者接受新信息,遇到新情况,或要解决新问题时,经验就起着路径依赖的作用。领导者会着意去寻找、选择与新信息、新情况、新问题相同或相似的经验知识,并以此作为思考的出发点,来寻求解决当前问题的方法和路径。虽然经验具有理性认识的成分,但它并没有对既定的认识进行严格的、科学的、符合逻辑的整合,因而它没有达到事物的本质和运动规律。所以,只要是经验,总是滞后于实践的。如果社会运行缓慢,那么这种经验不会太滞后,对实践还能起一定指导作用。如果在改革、发展、创新的背景下,领导实践的环境与条件变化较快,经验的局限性便是明显的。可见,经验本身就具有老化的天然特征,领导者如果不能在“超经验”状态下去工作,必然会使组织在经验控制下运行。这样的话,所在组织的发展肯定是落伍的。那么,什么是领导者“超经验”状态呢?可以这么来描述:既追求超凡卓越,又在意组织效率;言不离团队发展,又超越其所在的时间与空间来观察它、研究它。如果用一句话来表达,“超经验”的领导者既有“形而上”的智慧又有“形而下”的作为。他们能随时随地、随情随境、随人随事地整合组织资源,使组织发展保持在利益最大化、关系最和谐、输出价值最高的状态。

三、建立学习型组织,防止组织文化老化

学习型组织本质上并不涉及某种特定的组织设计,而是描述了组织中的一种理念或哲学,它对组织设计有重要的影响。学习型组织作为一

种明显不同于以往的价值观念、管理理念或管理哲学，不仅否定了传统组织文化中的惰性因素，而且提出了通过锻炼系统思考能力、追求自我超越、改善心智模式、建立共同愿景和开展团队学习等五项修炼来培养新的价值观的有效途径。事实证明，基于组织目标、群体目标与组织成员个人目标一致的学习型组织的塑造，不仅能够充分挖掘组织成员的创新潜能，增强团队合作意识，提高组织整体层面的创新能力和竞争力，而且能够使组织在取得重大成功之后不断学习，不断检验自己的经验，避免文化积淀对组织的束缚。必须指出的是，把建立学习型组织作为克服文化老化的切入点，并不意味着单纯地建立学习型组织便能克服文化对创新的阻碍。因为文化的扬弃是一项长期性的工作，需要考虑到文化的层次性，新价值观与传统价值观的相融性，以及新价值观体系的运行条件等。但对一个组织而言，建立学习型组织不仅是克服文化老化的捷径，而且也是一种长效机制。

四、建立全员“超我”动力机制，让组织获得永续发展的动力

一个组织的活力，来自于每一个成员。那种认为只要抓住少数骨干，或启动“鲇鱼效应”就能搞活一个组织的想法是片面的。因为组织里的人是以小群体方式存在的，组织成员内小群体是互相依赖的，小群体中的成员又是互相影响的。如果不去提高全员的活力，就会使组织产生“短板效应”，组织活力将从“木桶”中的短板流失。激发全员的活力，主要是提升每一个人的“超我”的动力。组织中的人都有两个自身，即一个是“自我”，另一个是“组织之我”，也就是“超我”。“自我”关注个人利益，“超我”关注组织利益。因此领导者要让组织中的每个成员都确立“超我”意识，以组织利益为重，为组织利益奉献自我。但要注意，如果一味强调“超我”，忽略员工的个人利益，就会挫败员工的工作积极性，从而使组织失去活力。

但如果仅给经济利益来激发员工的工作热情，而忽略集体观念的培养，就会使员工各自为政，从而使组织失去凝聚力。可见，两者不可偏废。领导者要将组织的价值观贯彻，将组织的利益与员工的个人利益捆绑，从而整合员工的“自我”和“超我”，使两者产生合力，让员工既能实现“自我”，又能做出“超我”的贡献。“自我”与“超我”的矛盾，表现为成员与组织的矛盾。成员与组织是矛盾的统一。组织有组织的目标，成员有成员的需要，组织的目标不单纯是为了某个成员的需要，而成员都希望从组织得到更多的满足；成员要满足需要必须依赖组织，而组织要达到目标也必须依赖成员。根据这种关系，要使双方都有积极性，就应该强调二者的统一，在组织目标与成员需要之间建立起正确的结合点，使成员通过达成组织目标能满足个人需要，组织通过满足个人需要也能使自身得到发展。例如，员工希望成才，组织需要人才，领导者就应该让员工从成为组织需要的有用之才中得到满足。既不应该否认他的成才需要，一概反对“自我设计”，也不应该放任自流，允许其偏离组织的总目标去“设计”自我。

五、培育全员高级需要，建立荣誉型组织

如果一个组织主要以福利激励所属成员，我们就把它称为“保健型”组织；如果一个组织以精神激励为主，我们就称它为“荣誉型”组织。前者着眼于通过满足员工的基本需要来调动员工的积极性，基本需要一旦满足，工作热情就再难高涨；后者着眼于员工的“高级需要”，让员工在组织中能实现其能力、实现其理想，让员工总能看到更高的杠杆，获取更大的荣誉。荣誉型组织使每个员工认识到要努力工作，只有起点，没有终点。建立荣誉型组织，要求领导者去培养成员的“高级需要”，包括个人成长的需要、尊重的需要和荣誉的需要等方面。这是因为，一方面，成员如果没有一定类型的需要就不会有以此类需要为内容的工作动机；另一方面，成

员的需要系统的发展水平越高,与其相联系的目标和行为方式就越可能与组织的目标和工作相一致,成员就越可能主动为组织工作,组织为激励其工作动机所花费的财力、物力就越少。例如,如果一个人只有物质享乐的需要,要激励他多干活,就必须给他高工资、高奖金、高福利待遇,因为只有这些强化物才能满足他的物质享乐需求。为此,组织必须支出相当的财力,而财力支出越多,越可能影响组织的生产和发展。如果一个人以尊重荣誉为优势需要,要激励他的工作动机,即该给他应有的尊重、地位、表扬、赞誉、称号、奖状等。为此,组织只需支出少量的财力。同时,组织如果能够在社会上争得尊重和荣誉,也可以满足这一成员的优势需要。因为人有一种“自我扩大”的心理现象,会将组织的荣誉视为自己的荣誉。在这种需要的作用下,成员会主动为组织的荣誉而努力工作。如果一个人以成就事业为优势需要,组织要激发他的工作动机,只需要给他相应的工作条件。他为工作中的成就而努力,也就是为组织而努力。在这种个人目标与组织目标相一致的情况下,组织只需较少的支出,就能激励起较强而持久的工作动机。当然,在激发全员的“高级需要”基础上建立荣誉型组织,应该遵循需要形成、发展的客观规律。领导者不能主观决定一个成员应该有什么需要,而应该适当满足他们较低层次的需要,帮助他们合理调整、适当降低满足这些需要的期望水平,防止期望过高;同时,帮助他们认识到较高层次需要对自己适应环境的重要性,并提供适当条件,使这些需要有可能满足,逐步使他们形成或加强更高层次的需要。

领导活动的外部性研究

【新角度】一个单位或部门的领导活动主要对内。虽然很多单位或部门有对外的职能，但就其领导活动而言，是经由加强内部领导来实现对外职能的。这是领导活动的内部性。这种内部性，主要是指领导活动产生的效应表现在内部，即局限在一个单位或一个部门之内。然而，有些领导活动还会产生外部效应，我们称之为外部性。

什么是领导活动的外部性呢？就是一个单位或部门开展的领导活动，影响了其他单位或机关部门，在它们没有动机或动作的情况下，得到了某种好处或受到了某种损害。我们称前者为正外部性，后者为负外部性。有很多领导者，对领导活动产生的内部性是高度自觉的，而对领导活动产生的外部性则往往是被觉的。这种对外部性的被觉会使领导者陷入某种被动状态。

一、领导活动外部性的种类、特点及产生的原因

以上关于领导活动的外部性的定义还比较抽象，需要做进一步的解释。我们知道，领导活动或领导工作主要是对内的，但其产生的效应可能在外部，换言之，其他单位或部门是外部性的承受者。我们列举几种情况：

1. 开展领导活动带来的正外部效应

比如，一个单位因为开展专项活动，经费紧缺，向上级或财政部门要求增资，结果由于项目设置合理，增资理由充分，获得了支持，使得这项领导活动得以顺利开展和完成。这个领导活动有可能产生外部效应，即上级或财政部门出于某种考虑，同时给相关单位也拨了款项，而其他相关单位并没有对此做过努力，却获得了额外的好处。这就是产生的正外部性。如果其他单位以这个单位为例做了努力，争取了资金，就不叫外部性了。外部性是指“不劳而获”受了益。

2. 开展领导活动带来的负外部效应

比如，一个单位发现群众对传统文化有浓厚兴趣，便邀请知名人士组

织大型讲学活动，这是好事情。但由于单位经费有限，决定通过市场化运作来筹集部分经费。这样一来，马上就产生了两个外部性：一是有些被要求赞助经费的企事业单位有意见，无端地加重了它们的负担，而且是额外负担；二是这些有意见的企事业领导，把情况反映到上级，上级认为这个事情有负面影响，不仅不予支持，反而勒令其他有类似行为的单位和部门不得以任何名义拉赞助，使得其他单位正在进行的各种活动无端地终止，并造成前期投入的损失。这是一个额外损失。比如，一个单位正在编辑大型文集，已投入了不少的经费和精力，面对上级的“一刀切”，不得不终止项目，进行大量的善后工作，造成了严重损失，这是始料未及的事情。很多单位因此怨声载道，责难声四起。

3.领导活动产生外部效应具有普遍性

领导活动虽然是针对被领导者的，以内部性为主，但其产生外部性的情况是非常普遍的。比如，一个单位或部门开展“争先创优”活动取得成效，它所产生的外部效应就是上级领导会要求机关单位和部门开展“争先进位，向前移位”活动，并把相关单位和部门的业绩进行考核和排序，使领导活动不得不加快速度。这种外部性有时是正效应，有时是负效应。正效应是使积极性得到充分调动；负效应是使积极性被迫调动，不得不去应付这种外部性。不管是正效应还是负效应，外部性都增加了领导工作的复杂性和领导成本。比如，一些单位和部门采取高奖金激励，它产生的外部性是造成了外单位员工的攀比，或增加了外单位的领导成本，或减弱了外单位员工的工作热情。再比如，领导工作的外部性还会体现在下属的家人和朋友中，并且通过他们传递到不相关的单位和部门，影响到这些单位和部门的领导工作。

那么，领导工作为什么会产生外部性呢？任何领导活动都不是孤立的，一个单位或一个部门的领导工作都有可能通过某种联系或某种渠道析出到外部来，从而产生外部性。比如通过正在实施的项目产生外部影响，通过领导活动中的参与者产生外部影响，通过组织和个人渠道评价产生外部影响，等等。外部性有正有负，有自觉不自觉，有内部性转化而来的外部性，也有本身就必然要产生的外部性。所以，有些外部性是领导者有意促成的，有些外部性是领导者希望限制的。好的外部性是领导者希望创造的，不好的外部性是领导者要极力避免的。但是，这里面又有不以领导者意志为转移的外部性。比如，领导者无法控制所有领导活动中的副作用；无法控制领导活动中各种传导信息的途径；无法把握更高层领导者对自己工作的评价；无法把握其他组织的领导行为产生的外部性。特别是当领导者使用公共资源为本单位服务时，内部性就会很快产生外部性，而且外部性必然会出现负效应。美国学者加雷特·哈丁提出一个“公共地悲剧”的命题，他指出一个公共草场对私有牧民开放，每个牧民都会力求使自己的牲畜增加，当草场的承受能力达到极限时，如果再增加一头牲畜就会给草场生态造成损害，这块公共草地会因为公有资源的过度免费享用而使全体牧民利益受到损害，而后来参与进来的牧民又会因利益缺损而埋怨。领导工作的道理也是一样的，如我们在上面提到一个单位因举办讲学项目而产生的外部性，就是这种情况。你要办讲学项目，需要动用社会资源，就会产生外部负效应。当各个单位都做类似的活动时，这种负效应积累到一定程度，就会出现上级干预等后果。

二、如何避免领导活动外部性带来的不良影响

领导活动有外部性，我们要把好的方面开发和利用起来，尽量避免它的负面影响。

1. 增加领导活动的透明度，减少不良外部性的发生

有的领导者认为，领导活动仅仅是领导者的事，因而会自觉不自觉地

把领导活动内部化，把大多数人排斥在领导活动之外，大多数人只能根据极少量和极不可靠的所见所闻来推测领导活动，并以此来指导自己的行动，结果使领导活动复杂化，节外生枝的外部性时有发生。社会心理学告诉我们，人们期望了解那些似有所知而实为不知的“灰色”东西，而对已经知道的东西则不以为然。领导活动的内部化，使灰色东西增多，这必然驱动人们的好奇心，况且，领导活动与被领导者有不可分割的关系，这就使得被领导者对领导活动中所产生的“灰色”的东西极为关心。这种愿望如果不能通过适当的途径实现，便有可能转化为干扰领导活动的外部性。根据这个道理，增加领导活动的透明度可以有效地减少外部性，减小群众盲目插手领导活动的概率，降低不良外部性。首先，增加透明度，使领导活动公开置于群众的监督之下，把在决策之后有可能产生的外部性消化在监督过程中；其次，它满足了大众的自尊心和民主权利，外部性失去了产生的动机和大众基础；再次，由于透明，大众及时获取了正确信息，就不会盲目地加入已经生成的外部性，不良外部性就不会“滚起雪球”。

2.预防社会势力带来的外部性

任何一种“势力”之所以能在复杂的环境中存在，就必有其存在的理由和作用。领导者要妥善处理好各种“势力”之间的关系，就必须对各种“势力”存在的理由和作用，做到心中有数、了如指掌。然后，根据组织管理活动的需要，区别对待，用其所长，灵活巧妙地运用每一种“势力”，防止产生不良的外部性。这里的关键是处理好“关系”，“关系”就是外部性。从外部性的角度来看，领导者在处理与各种“势力”的关系时，不要去追求理想中的“最佳”关系，唯求切合实际的“合理”关系。道理很简单，“合理”关系尽管有时令对方不愉快、不满足，但是由于领导者处置“合理”，对方也无理可争，心服口服，对事业也不会造成任何损害。相反，“最佳”关系尽管赢得了对方或双方的一时满意，然而，其中却包含着诸多“不合理”因素,甚至是以牺牲某项原则和规范为代价。有时候,“最佳”关系还意味着领导者对某一种“势力”偏信,言听计从,甚至视某一种“势力”为“一贯正确”的依靠力量。这是一种极其不好的外部性,是一种致命的外部性。这样做,不仅使“最佳”关系逐渐变为“最差”关系,而且容易给事业带来不可估量的损失。因此,古今中外一切有作为的领导者,他们在各种“势力”面前,都是既“铁面无私”又“通情达理”的强有力的领导者。他们和各种“势力”的代表人物,尽管有的合作得不错,甚至建立起“亲密”的关系,但是表现在工作上,却仍然是“君子之交淡如水”。因为他们知道“最佳”关系只能存于一时,唯有“合理”,才能永恒。

3. 利用“代理”方式消化不良外部性

我们在上面曾提到过“拉赞助办事业”这种领导活动,这种活动的外部性肯定有消极面。对于这类活动,组织者不一定出面,可以委托“外部人”去做。只要赋予外部代理者一定的权利,如允许使用本单位无形资产或某种资源的权利,就可以建立委托关系。当然,委托外部人去实现领导活动中的某个部分,可以把某些不良的外部效应转移出去,但不能全部化解,有些不良的外部性还是要对本单位产生影响的。这就构成了消除外部性的复杂性,弄得不好,“代理”也可能增加外部性。一是因为代理者是外部人员,让他代理的是部分“有难度有矛盾”的工作,外部性集中在这个环节上,但有些负面影响是代理者不能负全责的。比如拉赞助,总是有主体的,代理者代理的仅仅是“拉”,而不是责任,所以终极的外部性还是存在的,只不过经由代理这个环节,减弱了外部性。二是代理者因为不能从全局高度把握“拉赞助”的重要意义,面对很多具体情况无法科学应对,有时不仅不能使外部性有效减少,反而使其有所增加,造成赞助者的投诉。三是委托者虽然是与代理者建立“代理关系”,但委托者无法观察到代理者的行动,所能看到的只有代理者行动的结果。在这个过程中,委托者无法完全把握代理者“拉赞助”造成的外部性,有时候给本单位制造了很严重的外部性也是可能的。综合上述三点,代理方式虽然能转嫁外部性,但也可能造成更大的外部性,需要领导者谨慎操作。在这里,关键是要设计一个好的激励与约束机制,既能限制代理者源于自身利益的机会主义作为,又能够充分调动其积极性为本单位获得尽可能多的利益。

领导活动的外部性是一个广泛存在的问题,在当前条件下,也是构建和谐社会的一个重要问题。只有良好的外部性,社会各方面才能安定有序,才能减少上访和群体性事件。所以,这是一个值得深入探讨的课题。当然,研究这个问题也不能泛化,不能把领导活动的外部性与内部性等同起来,不能以领导活动的外部性为由削弱领导职能。

成瘾领导行为研究

【新角度】成瘾领导行为是领导者的一种职业病。有些领导者特别喜欢使用某些领导方法，重复某些领导行为，驾轻就熟、习以为常。即使这些方法和行为已经招人反感，几近失效，领导者还一以贯之，不亦乐乎。我们把领导者由于泛用特定领导方法，而不由自主地重复的某种领导行为，称为成瘾领导行为。

“成瘾领导行为”这个概念需要进一步说明。成瘾，原来是医学里面的一个概念，说的是人因为药物依赖所形成的一种精神状态，也包括身体状态。成瘾的核心特征是患者明确知道自己的行为有害但却无法自控。离开医学的领域，成瘾一般指人对某类事物的依赖程度很高。成瘾可以分为物质成瘾和行为成瘾。包括酒瘾、烟瘾、网瘾等行为，还包括购物成瘾，甚至工作成瘾等行为。把这个概念引入到领导活动之中，主要是指领导者对某种领导行为成瘾，比如调研成瘾、谈话成瘾、“创新”成瘾和逞能成瘾等。

成瘾的危害是显而易见的。任何事情一旦上瘾，就难以把持。非要过一下瘾，才安得下心。照字面来看，瘾就是隐隐约约的一种病，是一种超常规的执着。字典里面说，成瘾是因为中枢神经反复刺激而形成的习惯性。有了瘾，就需要习惯性的满足；而上了瘾的人，都愿意在这方面花费物力、财力和精力。在领导活动中，“上瘾”更多的是一种强烈的自我暗示，从而形成心理上的依赖，而心理上的依赖必然产生行为的重复。某种领导行为如果成瘾，领导者就会情不自禁地反复运用，既劳民伤财，又成效甚微。比如，有些领导好大喜功，“吹牛”成瘾，“唱”功好，“做”功差，把准备做的事情说成已经做了，把刚刚布置的事情说成已经落实了。

把成瘾领导行为引入到领导学的研究之中，其合理性在于这种行为与医学上讲的成瘾比较相似，与社会上对成瘾的通俗理解也比较吻合。从医学上看，成瘾领导行为是一种强迫性的持续行为，它会对领导工作造成负面影响。所谓强迫性是指领导者明明知道这些行为做下去没什么意义，甚至还有害处，但就是不能控制自己，因为不去做这种领导行为，会使领导者身体或心理上产生某种不舒服或痛苦。换句话说，这些领导者对这种成瘾领导行为产生了身体或心理上的依赖。成瘾的领导行为会使领导者的社会关系和身心健康受到损害，包括上下级关系遭到破坏、领导威信受损、班子内部关系紧张，严重的话，会导致一个单位的领导活动难以为继。

判断一个领导者的某种行为是否成瘾，主要依据还是上面的两条。例如，某市宣传部副部长是负责舆情分析的，他对这项工作很感兴趣，而且他的工作对市委市政府的决策很重要。由于他的资料主要来源于互联网，因此，他常常每天花 12 小时以上的时间上网，但他并没有感到每天非上网不可，如果有必要，他也可以抽时间去开会或做其他工作，因此可以判定他没有强迫性；此外，他担任副部长职务是从事一种职业，不仅从这项领导活动中得到报酬，还学到了很多东西，感觉到自己在成长，生活很快乐，因此可以判定他没有对工作和生活的某一方面造成大的损害。在这种情况下，我们只能说他对舆情分析工作很投入、很享受，但并没有成瘾。相反，如果这个副部长每天都在办公室上网到晚上 10 点才回家，但浏览的都是一些微不足道的小事，而且为此还影响了与家人、朋友的关系，造成了对生活某一方面的较大损害；如果不这么做，他会感到痛苦和难受，还控制不住要这样做，有强迫性行为。在这种情况下，我们有理由怀疑这个副部长可能是工作成瘾，是一个工作狂。

我们虽然有了上述的判断标准，但是对成瘾领导行为知多少？还是开不出清单。况且，成瘾领导行为是因人而异的，是一个非常个人化的问题。据观察，有些领导行为较难成瘾，比如组织与协调，这两种领导行为牵扯到外部人或多人，因为较难实现各种各样的重复，所以较难成瘾。有些领导行为个人化的程度高，一个领导者想干什么就能够干什么，这样的领导行为成瘾的可能性比较大。比如，调研成瘾、谈话成瘾、搞形式成瘾、开会成瘾、“创新”成瘾和逞能成瘾。接下来，我们就这六个成瘾领导行为的特点、危害与成因做一些探讨。

1. 关于调研成瘾的领导行为

领导者下基层调研的本意是深入实际，贴近生活，了解情况，为科学地制定决策提供第一手材料和真实依据。这样的调研，目的很明确，主要是为决策服务，同时增进领导者与群众的感情。所以，调研是因为决策的需要而产生的领导行为，这种领导行为可以重复，但并不是无节制的。如果调研超出了必要的范围，离开了本来的目的，且不断地重复，就是调研成瘾。

调研是一门学问和艺术，不讲套路的调研往往容易成瘾。到哪调研？找谁调研？怎么调研？里边有着很多讲究。然而，现在不少调研趋于形式，领导者往往“被调研”。有的领导者调研的出发点是为自己升迁“赢得”民意；有的领导者调研的出发点是为让上级看到他在“辛勤”工作；有的领导者调研摆花架子，让基层单位张贴标语，准备材料，加班加点，辛辛苦苦准备了半个月，但领导者来后只待了半个小时就走了；有时，本应严肃的调研成了“观摩会”和“旅游”。而调研的目的是去粗存精、去伪存真、由此及彼、由表及里地认识事物的客观规律，寻找解决问题的途径和方法，所以，调研不能“蜻蜓点水”和“走马观花”，而是要到基层去，到群众中去，有成绩的地方要去，落后的地方更要去。如果在调研过程中克服了“简单化”调研就不会成瘾。领导者不能把实际情况看成是若干事例的总和，不能以为摸清了一些事例就掌握了实际情况的根本。实际情况是一个多层次、多侧面、多因素构成的系统，必须进行比较、分析，探求它们的本质联系，然后才得出一个正确的结论。如果在调研过程中克服了“庸俗化”，调研就不会成瘾。领导者不能把调研当作没有理论含量的领导行为，看成只是为了就事论事或了解情况。调研是要解决问题的。不带着问题去调研，就会把调研当作庸俗的事情。如果领导者把调研当作追求客观实际的领导活动，而不是把它当作一种追求体验的主观感受活动，那么，领导调研就不会简单化和庸俗化，调研之事也就不会上瘾。

调研成瘾可能有以下一些原因。一是领导者愿意到基层听听奉承话，这是一种精神依赖。领导者去调研，往往是事先通知，让下属做好应对准备，免得问题百出。这样的调研，与其说是在调研工作，还不如说是让下级给上级作秀和评功摆好，使领导者从中得到愉悦。二是领导者希望离开办公室，到外面活动活动筋骨，这是一种生理依赖。这种调研美其名曰不打招呼、不设线路、不搞层层陪同，边走边看、边走边听、边走边问，其实没有真正融入群众，就像“葫芦掉到井里，看似沉下去了，其实还浮在水上”。

2.关于谈话成瘾的领导行为

领导者通过谈话这种领导行为，能够达到沟通思想、增进感情、解决问题、促进工作的作用。显然，领导者通过谈话，可以了解下属的思想动态以及需要帮助解决的问题，有利于下属更好地开展工作。但是，有些领导者把谈话作为日常工作的重要方法，有事无事都找下属谈心谈话，不仅对促进下属的工作于事无补，而且招致下属不耐烦。这种不断地以谈话的方式骚扰下属的领导行为，就是谈话成瘾。

有些领导干部因为谈话成瘾，还在自己主政的地方或部门，建立了领导干部谈话制度。某一个行政区，根据干部层级管理的要求，规定区委书记、区长每年与区管正职领导进行两次日常谈话；区领导每年与分管部门的正职领导进行谈话不少于四次，与副职领导谈话不少于两次；区委组织部每年至少与全区区管干部个别谈心两次。区里的各部门领导也要比照这种谈话制度，安排谈话活动。领导干部谈话成瘾的主要特征是：在与人交谈中，总将自己放在主要位置，自始至终一人唱独角戏，喋喋不休地推销自己，滔滔不绝地诉说自己的故事，这样反而令人生厌；另外一些领导干部喜欢说三道四，在与下属谈话中，非但不成人之美，反而拆别人台、揭别人短，使人家的兴致成为泡影，不是长话短说，而是说些与主题无关的话题，甚至还牵扯上了陈年往事。

领导者谈话成瘾可能是为了表现自己，拉拢别人。领导者具有想要表现自己，说出自己主张的强烈欲望，倘若有下属能够满足他的自我表现欲望，领导者必将其引为知己，这就是拉拢人心，其实是领导者的一种精神依赖。不过，谈话成瘾，难免不当。领导者过分相信自己的理解和判断能力，往往把谈话当演讲，在谈话中，只以自己为中心，好像他人都不存在似的，长久下去，会令人生厌。

3.关于搞形式成瘾的领导行为

搞形式，就是领导者为了得到上级赞许，做一系列的表面工作。一些领导干部之所以搞形式成瘾，是因为上级领导喜欢。很多领导干部做事情，不是看实效，不是看群众愿意与否，而是看上面喜不喜欢。搞形式的领导者不注重调查研究，不了解实际情况，心中没数，崇尚空谈，信息失灵，决策失误。众所周知，搞形式危害大，而反对形式主义，一直是领导工作的一个基本要求。但现实却常常是，一边反对形式主义，一边大搞形式。形式主义反而不死，搞形式的生命力很顽强，为什么？原因是我们有很多领导干部搞形式成瘾。

搞形式为什么会成瘾呢？一是名利思想。有些领导者为了个人和单位出名，显示所谓“成绩”，热衷于搞一些声势大、规模大、影响大的“明星工程”。不考虑单位实际和能力，浪费国家大量财力、物力。有的眼睛长到头顶上，“只要上级满足，不怕群众骂娘”；有的抓工作只顾眼前，不顾长远，以牺牲单位长远利益为代价换取个人名利。二是懒惰作风。形式主义拉架子、造声势，容易看得见，容易见“成效”，所以领导者喜欢把功夫下在形式上，只管快，不管效果怎样。有的满足于以文件贯彻文件，以会议贯彻会议，只满足上级指示原本传达，该抓的问题没有及时抓，该解决的问题没有很好地解决。

4.关于开会成瘾的领导行为

有些领导干部开会成瘾，把大部分时间耗费在会议上的领导干部不是少数，他们习惯通过会议布置工作和推动工作。好多会议虽然内容大同小异，他们却依然乐此不疲。党委开过政府开，政府开过系统开，系统开过部门开；纵向开过横向开，部门之间还要开各类协调会、碰头会、督导会和调度会。“大会中会小会，会会有我；你说我说他说，重复也要说；你开会，我开会，大家都开会；你发言，我发言，大家都发言。谁去落实？”这个顺口溜生动地刻画了领导者开会成瘾的状况，是很多领导和部门工作状态的缩影。

开会成瘾，导致一些领导干部疲于应付各种会议，难以做到静下心来谋大事，沉下身来抓实事；导致一些领导者对上级部署戴“帽”穿“靴”，以会议贯彻会议，滋生了非常严重的“会议腐败”。该抓的工作在哪里？在会议里。工作落实在哪里？在会议里。整改的措施在哪里？在会议里。动听的词汇在哪里？在会议里。开会成瘾，困住了领导者的手脚，耗费了精力和时间，脱离了群众，给党和政府带来了负面影响。

之所以开会成瘾，是因为有些领导者热衷于看文件、听汇报和做指示；是因为喜欢以开了多少会、发了多少文件来评价政绩的上级领导大有人在。于是，有些领导者和部门就把开会当成传达上级精神、沟通信息和开展工作的主要方法与内容，仿佛不开会便无法展示其才能。要让领导者跳出会海，必须把“一级讲给一级听”变成“一级干给一级看”，把深入基层解决实际问题的成效作为政绩。

5.关于“创新”成瘾的领导行为

以创新驱动工作，是开展领导活动的一种新理念，许多领导者也喜欢搞创新。在各级领导干部的讲话或文字材料里，总也少不了这个内容，似乎缺少了“创新”，就不足以显示工作成绩和领导水平。所以，领导者今天一个思路，明天一个思维，后天一个思考，让下属应接不暇。表面上看，是创新驱动，大家都“动”起来了；其实，是风吹草动，领导者把大家折腾得很累，也没有成效。显然，只有真正的创新是推进发展的有力手段。有些所谓“创新”其实不是创新，明显有“为赋新词强说愁”的痕迹。领导者为创新而创新的做法就叫作创新成瘾，实不可取。拿大家都知道的“五一”黄金周这件事来说，当年作为创新之举推出，后来又取消了，有人又算它一回创新，接下来又有很多人提议要求恢复，当然又是一次创新。这么点事就在创新中来回折腾了好几次。折腾黄金周无非是个节假日安排，但如果换成别的重要的事，贴上创新的标签这么折腾可就劳民伤财了。真正有价值的创新应该是从实际出发，经过科学论证之后的产物，而不应是心血来潮的产品，否则不仅百无一用，而且会朝令夕改，让下属无所适从。

创新是指突破常规思维的界限，以超常规甚至反常规的视角去思考问题，提出与众不同的解决方案。作为一个领导者，有很多创新的想法和做法，这是好的。问题是许多领导者把创新理解为“包装”，新瓶装老酒，能够修成正果的创新却不多。我们说领导者创新成瘾，就是指这种“翻新”的领导行为。有些事情的做法早已成熟，可被有些领导者加工过后，看上去焕然一新。他们“创新”的手法是，在语言表达上尽量新颖，在操作模式上尽量时鲜，在所得结论上尽量拔高。既想追求完美，又不肯下苦功夫。创新成瘾的原因是一些领导干部心浮气躁，缺乏责任心，工作马虎草率，不想太辛苦，只想投机取巧，包装一些“创新”项目，不管“里子”如何，一心追求“面子”光鲜，以此来炫耀领导者个人的政绩。

6.关于逞能成瘾的领导行为

有些领导者喜欢逞能，就是为了显示自己能干，通过卖弄本领赢得威信。喜欢逞能的领导者，一般自视甚高，他不会去看别人的长处和优点，因而不会去肯定和欣赏别人。反而易患“表演上瘾”症，经常强迫自己做出一些行为以满足部下的期望，赢得部下的赞赏。喜欢逞能的领导者认为，当一个领导就是要精明能干，更要有“两下子”，必要时可以给下属“露一手”，证明自己要比部下高明。在这种观点指导下，许多领导把精力放到强化自己的业务技能上去，以备随时接受下属的请教。

逞能领导行为之所以会成瘾，一个原因是领导者陷于“自恋”情结，首先肯定和欣赏自己，然后以批判者或评判者的视角去审视别人，排斥别人。这样的领导者缺乏魅力，是一种有点水平而没有追随者的领导者。逞能领导行为之所以会成瘾的第二个原因是领导者的虚荣心作怪。心理学上认为，虚荣心是一种被扭曲了的自尊心，是自尊心的过分表现，是一种追求虚表的性格缺陷，是人们为了取得荣誉和引起普遍注意而表现出来的一种不正常的社会情感。领导者想逞能，是需要本事的，不是想逞能就能够逞能的。有些领导者缺少本事，就会用外在的或表面的虚荣来弥补自己内在的不足，通过满足自己的自尊，以赢得别人和社会的注意与尊重。这是一种比较复杂的心理现象，也是领导者对逞能领导行为产生依赖的心理依据。

领导工作是开放的，问题是不断产生的，没有一个领导者能够把工作中所有的麻烦全部解决，这是理想，但喜欢逞能的领导者却把它当作现实去追求，以致逞能上瘾。示弱而不逞强，示拙而不逞能，是一种领导智慧。如果领导者缺乏这种智慧，就会慢慢地感染上逞强这种心理疾病，直至成瘾。其实，在领导活动中，有些事情处理不了，就得示弱；有些事情即使能够处理，也要低调，不好逞能。

成瘾领导行为研究，是一个全新的课题，甚至这个课题的逻辑起点，即领导行为能不能成瘾，怎么定义成瘾领导行为，也值得探讨。上述研究的六个问题也都是刚刚开题。不过，这些具体研究的价值微不足道，它的意义不在于具体内容上，而是在于这种研究为“成瘾领导行为”这个概念提供了一种理解和注释。可以预计，这个概念将产生极大的领导学研究空间。比如，哪些领导行为可能成瘾？怎么纠正成瘾领导行为？就是一些很有价值的课题，而且都是难题，需要运用多学科的知识去解构它们，也需要建构思想教育、行为矫正和社会支持“三位一体”的综合性解决模式。

“正确”的决策为什么会“自失败”

【新角度】令领导者困惑的是，有些很好的决策会无疾而终，竟然找不到原因，莫名其妙地“自失败”。其实，原因不在决策之中，而在决策之外。就个体来说，在执行决策的时候，会自觉或不自觉地去“印证”自己曾经的主张；就组织来说，那种未被制度预设和领导者预料的“无因”现象，会导致决策意外。解决的方法是变“印证”为“验证”，排除无因行为的干扰。

判断决策是否正确的标准有两个：一个是事后，即决策实施的后果怎么样；另一个是事前，即决策未执行的时候，就预知决策的正确性。这两个标准在很多情况下是一致的，但是在决策未实施以前，我们是用后面的标准来衡量的。所谓正确的决策，也是这个意义上的“正确”。可以预计，有些正确的决策，即使正确地加以执行，有时候也不一定出现预期的效果，反而有可能呈现莫名其妙的失败。这种情况，我们称为决策的“自失败”。

一个正确的决策产生之前，肯定存在着各种各样的不同意见，经过一定的决策程序以后，这些意见便被归一化，变成了决策的结论。可以说，所谓正确的决策是事先给出一个将要实现的预期，至于这个预期能否实现，还要看执行。决策进入执行环节，先前的各种各样的不同意见还要继续发生作用。所以，决策的效果是领导与群众交互作用的结果。结果与效果可能不一致。换言之，决策的结果未必如预期，它取决于相关者的心理与行为。显然，决策过程与决策执行之间存在着的自反馈作用关系，决定了决策有可能“自失败”。

为什么会出现这种情况呢？因为客观决策事实上是不存在的，所有的决策都是相对价值分析与判断的结果。就决策本身而言，理想方案需要的理想条件和边界，实际上是不存在的，或者只是在一个时点上暂时存在最佳方案，但决策实施以后，形势会变，环境会变，条件也会变，原来的相反观点可能显得合理；就个人而言，有人不喜欢决策方案的预期，反而希望决策的目标最好不要实现。显然，决策方案只对少数人有利，人们在执行的时候，就会采取各种各样的措施来避免，决策就可能“自失败”。如果决策的结果对部分人有利而对另外一部分人不利，就会产生博弈，决策的结果就具有不确定性。可见，决策的实际结果与决策初衷不一致，一个重要原因就是决策之前的各种各样的不同意见在发挥作用，从而使得决策走向“自失败”。

一、“印证”心理导致决策“自失败”

决策的“自失败”源于人的“印证”心理。有人可能反对上述关于决策的“自失败”观点。他们认为决策经过一定的程序以后，不同意见已经“被保留”。但是“被保留”并不能保证这些意见不会影响决策的执行。因为人们喜欢“印证”，愿意证明自己的想法是正确的。如果决策不合我意，我就要使决策产生曲折，证明我原本的意见是对的；如果决策符合我意，我就要努力去实现决策目标，证明决策是正确的。这就是“印证”心理，这种心理产生的行为叫作印证行为。显然，人们的印证，就是要“证实”或者“证伪”决策。决策如果被“证伪”，就是“自失败”。那么，他们是凭什么心理来对决策进行“证伪”的呢？

一般地，跟决策事件相关的人，在做“证伪”的时候，要按照自己的观点去收集情报并加以分析，所以“印证”的心理效应，主要是主观认识中的一些知觉：

1. 首因效应

又称为“第一印象的作用”，指的是决策给相关人员留下的第一印象对决策执行带来的影响作用。具体说，就是刚刚接触决策的事件时，对其中的某人或某事带有情感因素的定势，从而影响到以后对该决策的评价与执行。所以，我们可以看出，在决策以后，对被领导者收集情报并加以分析而言，这种效应是不利的。无论第一印象是好是坏都是片面的，都不利于科学地把握决策的来龙去脉与决策的意义，容易导致决策的“自失败”。

2.近因效应

它指的是决策的近期结果可能有利于自己,从而使被领导者无视决策的长效作用。近因效应与首因效应是相对应的两种效应。首因效应一般在决策之初产生影响,而近因效应一般在决策的执行中产生影响。两者都因对决策片面了解而主观臆断,使得决策执行不畅。使决策在“证实”或者“证伪”之间徘徊。

3.晕轮效应

它是指决策由于其突出的特征给被领导者留下了深刻的印象,而使其忽视了决策的本质意义,标本颠倒,甚至有些决策执行的手段被目的化。晕轮效应有时会产生“积极肯定的晕轮”,有时会产生“消极否定的晕轮”,这都会干扰决策的准确执行。要克服晕轮效应就必须坚持客观,不掺杂主观成分。

4.经验定势效应

它是指决策者对某人或某事根据一贯的处理方法或以习惯性的措施处理而造成的影响。在决策中,由于自身的权威性,领导者往往以经验或惯例来处理情报,从而很容易使决策产生偏差。但有时,经验也可以帮助领导者正确又迅速地做出决定。所以,我们一时也很难说清经验对决策影响的好坏,只能建议对以经验做出的决策要加强关注,时刻反馈,有误时及时纠正。

5.个人的需要和成就动机效应

它是指某人因自身的需要或成就动机影响其对其他人或事的正确看法。个人的需要,尤其是领导者的需求动机会左右其对情报的搜集与分析。领导者会按其自身的需求来决定采用或不采用一些因素,而当其成就动机过大时又有可能导致决策的仓促形成,忽略部分可能是极其重要的因素。

通过以上心理效应的分析，我们可以发现其中大部分效应的产生是由于自身对决策的认知不准确造成的，如首因效应、近因效应、晕轮效应等。而还有些效应是由于分析或处理不当而形成的，如经验定势效应及个人的需要和成就动机效应等。

变“印证”为“验证”是实现决策的领导艺术。印证是随着决策的执行，时间的流逝，来观察事情结果，它关注的是“证伪”结果；验证则是为了“证实”决策的正确性。

1. 做好“预证实”，减少被“证伪”

领导者在决策之前，应该尽量统一思想，对所决策的事情做好“预证实”工作，就是在决策的全局性问题上形成一致的认识和看法。实践证明，一个地方、单位的思想统一了，谋划工作就会有明确方向，开展工作就会有强大动力，衡量工作就会有科学标准，就能顺利实现决策目标；反之，如果思想不统一，各吹各的号、各唱各的调，势必出现相互掣肘、杂乱无章的局面，影响决策执行，阻碍事业发展。“预证实”就是集思广益、群策群力，要有策有决、先策后决、多策少决。由于人与人之间知识、阅历、经验、认识事物的方法，以及观察问题的角度存在差异，对同一问题往往就有不同的看法和认识。实践证明，许多正确的决策方案，都是由我一个主意、你一个点子、他一个办法综合而成的。从这一角度而言，没有“七嘴八舌”和集思广益，就没有科学决策。这个过程就是“预证实”。

2. 以“验证”代替“印证”

对于下属的“印证”心理与行为，不管是“证实”或者“证伪”，领导者都要适度验证，运用“验证”来强化下属的“证实”行为，运用“验证”来弱化下属的“证伪”心理。验证领导与被领导的“相似”，决策容易获得认同；验证领导与被领导的“互异”，决策可以得到提升和优化，变“证伪”为“证实”。领导与被领导之间关于决策见解的相似性能够使相互之间产生吸引力。当领导者验证部下的见解和做法时,就会使他产生“我是正确的”感觉,而与领导的见解一致其实是一种“自我价值提升”。这一点对能力欠强的部下非常重要,因为领导验证,部下执行决策的自信心就越足;越是自信心不足的部下,对领导的验证与欣赏就越珍惜,他们总是通过领导的验证和评价来判断自己的价值,调整自己的行为。第二种情况是上下级之间见解不一致,要防止下属滑向“证伪”,要引导到互补的方向上去。能力强的下属,往往与领导的见解有不一致的地方,这时,双方的互补性也能产生吸引力。“物以类聚,人以群分”,说的是验证着眼于相似而带来的相互吸引;着眼于“互异”产生的吸引力。“互异”的验证,是领导者欣赏部下对决策不足的补充,使部下获知自己在某些方面的价值。

二、“无因”现象导致决策“自失败”

无因现象是指那种未被制度预设和领导者预料的行为。无因现象导致决策意外。显然,发生无因现象并不是指人们的行为产生缺乏原因和动机,而是指原因在于决策之外,组织之内。可见,无因现象其实是有原因的,只是原因在制度和意料之外。因为很难预知,所以,无因现象的原因是多种多样的,比如,人的情绪、心理计算、组织文化、职责不清、分工交叉、制度缺陷和领导人的预见性不强,都是原因,都能导致无因现象。所谓“无因”,是相对于决策而言的,是指决策的时候,一般不会去考虑这样一些原因。通常,导致决策“自失败”的无因现象有这样几种,也是很容易让领导者被“灯下黑”的。

1. 情绪状态

一个组织中有些人积极一些,有些人消极一些。具有积极情绪的人有时为了维持情绪,不愿意冒险来改变情绪状态,而消极情绪的人有时则为了改变情绪状态倾向于冒险。在评估决策和执行决策中，积极的人会高估决策的正确性，而低估失败的可能，相反，消极的人会悲观地评价决策，低估决策的成功率。有一种理论叫作后悔和失望理论，阐述了预期情绪对决策的影响。认为当人们在决策时产生了后悔或失望情绪，就会倾向于尽力减少这些情绪的选择，从而力争决策结果的后悔或失望情绪的最小化。预期后悔或失望情绪是在决策任务中产生的，是一种任务相关情绪，对决策的执行会产生不同的影响。积极情绪包括愉快、希望、热情和激情等，消极情绪包括悲伤、愤怒、害怕、恐惧等。这些情绪，相对于决策，并没有予以考虑，是属无因现象，但是它们确确实实影响了决策的效果。当预期后悔或失望情绪占上风，决策就会“自失败”。

2. 心理计算

有一种心理学概念叫作心理账户，是指个人和家庭在进行评估、追述经济活动时有一系列认知上的反应，通俗点来说就是人的头脑里有一种心理账户，人们把实际上客观等价的支出或者收益在心理上划分到不同的账户中，进行心理计算，就是权衡行为。心理账户分类很细，也很自由，比如，在你的日常支出预算中，甚至连衣服和演出门票都被严格地放在两个账户中，也就是买衣服的钱和买门票的钱要从不同的两个口袋中掏出。人们总倾向于把相似的支出归到同一个账户中，并且锁定起来，不让预算在各个账户间流动。因此就会产生丢了戏票就不看戏，丢了电话卡就不打电话，甚至丢了饭票就不吃饭的情况。这种情况之于决策，就是人们面对各种各样的领导决策，也存在着“决策心理账户”，并保证各个账户间大致的比例不变。换言之，有些人对于有些领导决策，没有建立起心理账户，他就缺乏工作热情和效率，领导决策就不会得到支持，而领导者也没有办法对他们做心理计算和心理预期，这些因素集合起来，导致决策“自失败”。

3.边缘行为

这种行为源于管理漏洞,这种漏洞使得有些人可以游离在组织或社会的边缘。在一个组织中,常常会发生有些事无人管的“三不管”现象,即你不管、我不管、他不管的管理真空。组织中出现管理真空是一种必然现象。所谓“法网恢恢,疏而不漏”,是指触犯既有法律必被正法。而对法外行为,即使产生危害,也无法处理,于法无据。我们所能做的是不断地去完善法律。所以,法律是滞后于行为的,法律漏洞是显然存在的。同理,组织中的制度安排也是滞后的,各种规章制度虽然对人们的可能行为有一定的预见性,但不可能疏而不漏,既然疏之,必然漏之。这给边缘行为提供了生态。有边缘行为的人往往比较特别。有些人思想和信念比较独特,平常人难以理解;有些人生活里不大会遵守规则,比较颓废、内向,与社会格格不入;有些人的意志一旦激发,可以让别人刮目相看。可见,边缘行为足以让领导决策“自失败”。

那么,领导者应该怎样避免无因现象,预防决策“自失败”呢?关键是要在组织中建立健全无因现象的管理机制。这个机制是开放的,不可能一蹴而就,需要不断地加以完善,并让这种机制逐渐积淀成为组织文化。

1.注意观察组织成员,增强对无因现象的预见力

领导者要想获得治理无因现象的主动权,就要通过观察下属,对人的行为增强预见性。用观察的方法增强对无因现象的预见力,可以从三个方面入手:一是要尽量留心每一个部下的言行举止,观察其觉悟、作风和能力,以此来判断无因现象的可能性;二是要看部下社交圈,根据人以群分的原理,判断其品格高下;三是在相互比较中观察下属,从中预见可能出现的无因现象。有些领导者还能根据心理学等理论与方法来预见无因现象。

2.重视管理衍生工作,防止在这块工作上产生大面积的无因现象

对于除本职工作、派生工作外的衍生工作,不仅一些员工漠不关心,

而且有些领导也不在意,应付了事。如此一来,组织的纪律性就会变差,组织内部会出现无因现象。组织的一个成员,其基本工作应该分为三个部分,即本职工作、派生工作和衍生工作。员工注重前两个,而忽略最后一个,也是人之常情。因此,领导者必须花很大精力去落实衍生事务。其应做到两点:一是让员工明白衍生工作是一个组织行以运转的必要事务,事关组织中的每一个成员,以此帮助他们确立正确的工作观,防止员工出现不抵抗、不配合、不理会的态度;二是将衍生工作纳入工作考核机制,以此监督员工完成这部分工作。

3. 及时填补制度漏洞,建立健全制度体系

制度的漏洞很容易导致管理的漏洞。因此,必须重视制度建立,健全管理制度的体系。增强制度的体系功能,需要讲三点。其一,补全。在实践中及时发现制度体系的漏洞,并及时补漏,以免无因现象的蔓延。其二,落实。制度不能虚设,必须落实,也就是说,谁触犯了制度,就会依照制度受到惩罚,从而抑制无因现象。其三,密度。各个单位和组织都应该定期加强制度建设,确保制度体系有一定的密度,能制约每个成员的行为,从而起到过滤无因现象的作用。若制度太疏,无因现象就会从其缝隙中滋生。

对性情领导者的一些看法

【新角度】有一种领导者，他们在领导活动中掺杂了太多性情因素，而成为别人关注的对象，被人称为性情领导者。性情领导者在工作中感情丰富，豪情满怀，率性而为。性情领导者正是得益于这个特点而被群众推举为领导者。可见，性情领导者的前身就是性情中人，性情领导者身上留下了太多的性情中人的痕迹。

一、性情领导者有太多性情中人的痕迹

性情中人可以理解为至情至性的人。性情中人，这四个字，拆开来看："性"是指本性、个性，是真我的意思；"情"是指感情丰富，感受力强；"中人"，是指具有前述特征的这样一种类型的人。按照这种解释，性情中人应该说是那类真诚坦荡与富有激情的人。性情中人的这种特点，在这个越来越复杂的社会上，在这个物质压抑性情的情形下，往往受到群众的好评。当性情中人被推上领导岗位后，就产生了性情领导者，因此，性情领导者的举手投足都具有性情中人的痕迹。

性情领导者一般没有大功，也没有大过。他们的信念是凭本事吃饭，凭良心做人，也多少有点本事。不喜欢投机钻营，也不喜欢玩弄权术。喜欢谋事，不喜欢谋人，他们有可能被别有用心的领导者所利用。

性情领导者喜欢自由自在，不愿意管人，更不喜欢人管，天马行空，我行我素。有什么工作不喜欢拖拖拉拉，宁愿三下五除二做完，自己想做什么就做什么，往往会被视为官员中的另类，"不与领导集体保持一致"。

性情领导者特别豪放，喜欢聚会聊天，品茶喝酒。特别是三朋四友在一起，酒兴尤高，拼命地喝。宁愿伤身体，也不愿伤感情。往往别人还没有喝好，自己却醉得云里雾里了，缺乏一个领导者的矜持。

性情领导者说话比较随便，做事比较任性，总是喜欢自己的那点小聪明。往往有什么话，张口就说出来了，也不计较后果，常常后悔"当初不该

那样说的”；他们热情高，做的事情不少，但成功的不多。

性情领导者往往很实在，也很透明。自己不虚伪，也容不得虚伪的人。可以任劳，却不可以任怨，眼睛里揉不得一粒沙子。喜欢用情，最恨别人欺骗自己的感情。一旦知道自己被人利用，就会反目。

性情领导者一般知识面比较广，看问题比较犀利。健谈是他们宣泄豪情的常见方法，天南海北、古今中外，好像什么话题都插得上嘴，似乎“地上的事晓得完，天上的事晓得一半”。喜欢当说客，却不喜欢当听众。

性情领导者所思不如所行。文思敏捷，跳跃性强，但思路不够严谨。凡事讲个大概，处事全凭自觉。但是做事不拍胸脯，不许空诺，一经承诺，必会尽力去践诺。对干得了之事说“干得了”，对干不了之事则坦率地说“对不起，干不了”。

性情领导者在好多场合情感大于理智，但有时候又是很理性的人。他们偏偏不按牌理出牌，常常做出其他领导无法做出的行为。他们说话不见得都正确，但都真诚；不见得都中听，但都中肯。做事，不见得都高明，但都用心；不见得都到位，但都尽力。

性情中人特点多多，举不胜举，性情领导者的素质在许多方面无不打上这种烙印。

二、性情领导者的三种类型

要给“性情”下一个定义比较难，要确定性情的外延就更难，所以，很难对性情领导者做较全面的分类。我们在林林总总的性情领导者中，感到性情豪迈、放任不羁和多才多艺者比较常见。

1. 豪迈型

这是一种富有激情的领导者类型。这种类型的领导者很要强，不想别人超过自己，这是他们动力的源泉，也是他们凝聚部下的重要原因。这一类领导者乐于让对方高兴，而且对下属的喜怒哀乐非常敏感。他们具有较强的沟通和影响力，尤其是经过生活阅历的积累和个人境界的提高，能够设身处地地为对方着想。他们常常按照自己的愿望而非社会的要求去做事。

豪迈型的领导者往往最有人气，他们的情绪都能充分地表达出来，他们并不需要减压，相反，压力对他们而言反而是种动力，他们需要去寻找压力以获得成就，再以成就去影响部下。做事小心谨慎、循规蹈矩，执行力非常强；做领导则勤勤恳恳，是道德楷模式的人物。他们以自己的理想说服他人，用组织的共同目标把人们团结起来。他们在群体交往中，以单向的方式为主，难得有双向的交流，在感情表达的时候往往会忽视第三方的感受。他们可能会理想化他人，因而有可能遭受他人表面忠诚的蒙蔽。

2. 放任型

这是一种“秀外慧中”的领导者类型。这种类型的领导者富有想象力，直觉强、易冲动、好内省、有主见。他们只关注对自身重要的事而对其他事漠不关心，喜欢与行为定向、关注即时情境的人共事。他们能看到别人好的一面，也能看到别人不足的一面。他们在给你陈述事实的时候，会把各种利弊告诉你，是在跟你提建议，而不是给你下达命令。他们以和平的方式和别人相处，有时甚至会掩盖冲突，使大家和睦相处。他们在团队中可能就是一种黏合剂，把大家从感情上和知识交流上黏结在一起。

放任型的领导者尊重每个人，相信每个人的潜能，所以在生活和决策中能平衡各种力量和各种关系。他们善于使用每个人，相信每个人的潜能都能得到开发利用。他们善用“沙龙”式的工作方法，用这种工作方法去听取意见，集思广益，从而创造高智能的团队。由于“沙龙”式的方法贯彻了民主集中制的原则，更多的人参与了决策，所以部下的执行热情高，执行力强。他们会安静地专注于自己的兴趣，展示出丰富的想象力。他们在感兴趣的领域里，会发挥信息中心的作用，通过传播各种消息和评价各种信息来影响别人。但他们过分集中于即时行为，往往会把注意力转移到下一个待解决的问题而不能坚持到底解决目前的问题，从而失去行为更广阔、深远的意义，而且常常会被工作以外的活动吸引，如体育运动和其他娱乐活动。因此，这种类型的领导者很难凝聚人。

3. 才艺型

这是一种多才多艺的领导者类型。这种类型的领导者口才流畅，好交朋友，风度翩翩，热情洋溢，个性乐观，表现欲强。他们在任何团体内，都是最受欢迎的人，工作空间里充满了各种能鼓舞人心的东西。他要求被领导者除乐于在团队中工作外，还要对其谦逊得体，不露锋、不出头，把一切成功光华都让给领导。在品德与修养等方面非常平凡，组织中大部分人都没有觉得他是一个领导者。

才艺型的领导者虽然有专业特长，但是并不以此来影响他人。他们不喜欢意见不合的局面，不愿处理争执。他们经常会以放弃原则为代价，来换取大家的支持。这种类型的领导者天生具有能鼓吹理想的特质，在推动新思维、执行某种新使命或推广某项新技术等任务的工作中，是最能吹起领导号角的人物。他们能够使人兴奋并高效地工作，善于通过建立同盟或搞好关系来实现目标。

三、性情领导者的性情折扣与补偿方式

做一个性情中人是很愉快的，因为可以率性而为；但是做一个性情领导者却没有这样的愉快。因为一个性情中人当上了领导者以后，就要受到领导角色的限制，也就不能率性而为了。人们对于性情领导者的评价往往毁誉参半，评语也比较极端，要么赞赏有余，要么不以为然，正所谓成也性情，败也性情。所以，作为性情领导者应该自觉调和性情的极端性，

中和较为激烈的情绪。这种中和的结果就是领导者的性情会打折扣,造成性情压抑。这种被压抑的性情需要疏导与宣泄,需要以适当的方式释放其能量,这就是我们要研究的补偿方式问题。

性情折扣是指领导者不能按自己的意志将思想、情感释放出来,而是根据领导活动的要求,有折扣地表达自己的性情。性情折扣有两种方式。一是增强内向性。当性情表达与外界现实发生矛盾时,领导者根据工作需要,退回到个人的主观世界,自我克制、自我约束、息事宁人,以服从大局。二是增大潜意识。打了折扣的思想与情感会转化为潜意识,潜意识能部分转化为自我克制。自我克制是在理智支配下,在一定场合对自己的情绪和行为进行适当的控制,这是人适应环境的一种行为表现。

如果性情折扣不能获得补偿,容易变成心理压抑,也就是导致领导者无论在什么场合下,对自己的情绪、思想、行为进行过分的压制,其结果往往导致领导行为异常,产生自卑、沮丧、自我封闭、焦虑、孤僻等病态心理与行为。一般而言,压抑心理的行为表现有以下几个方面。一是感到自己存在的价值不大,对前途失去信心;感到外部压力太大,情绪低落、自惭形秽、手足无措等。二是对任何事都失去信心,打不起精神,懒得和人说话;工作、学习、生活的效率急剧下降;不愿承担领导责任和义务。三是优柔寡断,做事无主见、不果断,失去敢作敢为的魄力与勇气。四是改向行为,将被压抑的情绪与思想以改头换面的方式表现出来,损害领导工作,也可能以恶作剧来释放能量,表现自己。

性情折扣补偿的主要途径是心理的自我调适。许多人都想调控好自己的性情,但遇到具体问题总是知难而退,强调“生成的性,钉定的秤”,言下之意就是“我是无法控制性情的”。这是一种不良暗示,它可以毁灭一个领导者的意志,丧失战胜自我的决心。领导者必须具有自我控制的意识,主动调整情绪,自觉注意言行,在潜移默化中完善自己的性情,培养良好的性情。

性情折扣补偿的主要方式有三。一是积极补偿法,以其他的领导目标来代替性情折扣,用替代品帮助自己走出性情困境。二是精神胜利法,把折扣的性情合理化,比如当领导就应该比常人承受更多的委屈,从而使内心获得平衡。三是转移视觉法,有些不如意的事情摆在那里,如若不能改变,就该宽慰自己承认现实,不与自己的性情过不去,换个角度看问题,别拿别人的错误惩罚自己。总之,性情打折扣是为了工作的需要,获得及时的补偿也是领导工作的需要。作为领导者必须能够有意识地控制和调节自己的性情,做性情的主人,不让恶劣的情绪附着在自己的性情之上。

领导品位研究

【新角度】在较为正式的场合，我们通常以素质与能力的各种指标来评价一个领导者，但是在八小时以外，人们却喜欢用口语化的话语进行描述。由此，我们认为存在一个通俗的评价理论。领导品位理论就是基于这种想法提出来的。领导品位由"品"和"位"两个维度构成。"品"是指领导者的品性；"位"是指领导者在群体中的地位属性，用来确定一个人在群体中是正式领袖还是非正式领袖。这个理论不仅丰富了领导素质与能力的内涵，而且对领导学研究的其他方面也会产生影响。领导品位理论的主体是测评体系和由此得出的八种类型。这个理论为领导者优化自我，增加了一个新的参照系。

一、领导品位的由来

在日常的工作或交往中，人们往往会对领导者做含糊其词的随机评判。这种评判一般不会按规范的“德、才、能、绩、廉”来进行描述，而是付诸个性化的一种模糊评判。通常我们听到的评判是只言片语，比较正面的用语是“这个领导有水平”“这个领导有魄力”“这个领导是个聪明人”“这个领导善解人意”等，比较负面的用语是“这个领导有点差劲”“这个领导思路不清”“这个领导缺乏主见”“这个领导主观性太强”等。这些评判虽然语言简单，但是它们的含义比字面意义要丰富得多，甚至可以根据说话人的口吻引申出更多的内涵。人们在理会“这个领导怎么样”问题时，虽然只有几个字，但给出的却是一种综合评判，基本上能定义出这个领导是什么样的人，或是多才多艺之人、或是八面玲珑之人、或是深藏不露之人、或是诙谐幽默之人。这种评判既不完全依据一个领导者的“德、才、能、绩、廉”，但是又离不开这些东西；虽然不完全是一个领导者的能力、魄力问题，但是在评判中又会体现这些因素。因此，需要引入一个新概念来说明这个问题。我们把关于日常评判“这个领导怎么样”的问题定义为“领导品位”，换言之，“这个领导怎么样”，就是指该领导有怎样的品位。

领导品位由“品”和“位”两个维度构成。品位的“品”，是指领导者的品性，包括品德、气质和才艺等因素；品位的“位”，是指领导者在组织中是如何维护自己的领导地位和威信的，包括权力性影响力和非权力性影响力。

在领导学中，有一个关于领导效能的原理，它告诉我们，领导的效能取决于领导者、被领导者和客观环境这三个要素的关系是否和谐。这三个要素可以生成许许多多的关系，其中，很多关系离不开领导品位。所以，领导品位的概念，不仅仅是对领导素质概念的丰富和补充，同时也为进一步研究领导学找出了一个新的范畴。

二、构成领导品位的两要素、六因素

在日常生活中，人们能很容易看出身边谁有“品位”，谁没有“品位”，也就是谁的领导品位高，谁的领导品位低。有品位的人似乎有一种特别的力量，他感染着你、吸引着你，使你羡慕、要你模仿。这是由领导品位的“品”和“位”两个要素决定的。这两个要素可以分解为六个因素。“品性”要素中存在着四种取向：一是品德取向，指领导者为人公正，处事公道，心地善良，乐于助人；二是气质取向，指领导者的公众形象、心理素质和性格特征等人格魅力；三是才艺取向，指领导者具有渊博的知识，多才多艺及与此相关的品鉴、欣赏水平；四是技能取向，指领导者在工作和生活中善于利用自身的业务专长。“地位”要素中，领导者维护自我权威的做法有两种：一是靠权力性影响力，指领导者正确运用组织资源的领导方法和艺术；二是靠非权力性影响力，指领导者在人与人关系中的磁性表现，并体现出一定程度的难以言喻的个体神秘性。领导品位并不是领导者一项单纯的性格或特质，而是多方面因素和能力的综合呈现。我们在构建领导品位的理论时，重视的是上述六个因素。

领导品位来自一个人的品德。高尚的品德给领导者带来了良好的公共形象和公信力。一个最富有高尚品格和道德的人具有一颗善良、博大、宽厚的爱心，在爱自己的同时，也由衷地去爱家人、爱朋友、爱同事、爱邻居、爱身边需要帮助的人。

领导品位来自一个人的气质、风度。这是领导者的思想、道德、情感、文化修养在言谈、举止、仪表气质等方面的表现，它通过给人以美感而成为领导者增强非权力影响力的重要因素。气质风度可以增强吸引力、凝聚力、感召力和威慑力，可以吸引同情者、支持者。领导者都愿意追求那种“风度翩翩”和“气宇轩昂”的魅力。

领导品位来自一个人的才艺。多才多艺的领导者能够恰到好处地宣传群众、鼓动群众和组织群众。

领导品位来自一个人的技能。在许多业务型的组织中，专业特长是一个领导者树立威信的基础，是一个不可替代的条件。虽然这样的领导业余爱好不够宽泛，但是技能的确也是一种魅力和影响力。

领导品位来自一个人的职位，也就是权力性影响力。职位使一个领导者具有支配权、强制权和奖励权，让下属做出所希望的行动。领导者必须正确运用职位权力，而不能轻易使用职位权力让被领导者对领导者产生敬畏感。

领导品位来自一个人的威信，也就是非权力性影响力。威信是由领导者的品格、才干、知识、感情因素构成的非权力性影响力，它有时会比权力显得更有力量。这种影响力建立在下属对领导者承认的基础之上，它通常与具有超凡魅力或名声卓著的领导者相联系。一个有品位的领导者必须时时处处维护和提高自己的威信。

三、八种领导品位的类型

根据上述关于领导品位的构成之说，我们给出八种类型的领导品位，并加以描述。这八种类型由“品”的四个因素分别与“位”的两个因素组合而成。在这里，我们给每一个因素加上“取向”这个后缀，说明领导者在彰显品位时的某种倾向性，但是并不排斥领导品位的复合性。比如，我们说某某领导者是“非权力性取向”的，是相对于“权力性倾向”而言的，指的是这个领导者的工作作风和用权倾向并非依赖于职位权力，而不能据此推论这个领导者从不使用职位权力，只不过在用权的比重上“非权力”占优势；反之亦然。同理，在每一个领导者身上都存在着品德、气质、才艺和技能四种因素，但是其中有些因素会经常地展现出来，被部下认知；有些因素则若隐若现，不会得到广泛的认同。“取向”就是指被部下认知认同的那种代表品位的修辞，当然也包含了隐性的东西。我们说一个领导者具有“品德取向”，说明他通常是以德服人的；我们说一个领导者具有“气质取向”，说明他通常以魅力吸引人；我们说一个领导者具有“才艺取向”，说明他通常以一种超凡素质服众；我们说一个领导者具有“技能取向”，说明他通常以自己的专业背景赢得青睐。显然，突出一种取向而忽略其他三种因素的作用，只是为了研究的方便，我们不能因此而否定它们对领导者的影响。

表 1　八种类型的领导品位

编号	类型	释义	领导品位	
			品（品性）	位（地位）
1	导游型	韬光养晦的领导者	品德取向	权力性取向
2	导演型	亦庄亦谐的领导者	品德取向	非权力性取向
3	裁判型	不严自威的领导者	气质取向	权力性取向
4	高雅型	“兰心蕙质”的领导者	气质取向	非权力性取向
5	编剧型	超凡脱俗的领导者	才艺取向	权力性取向
6	博雅型	“秀外慧中”的领导者	才艺取向	非权力性取向
7	愿景型	严父慈母式的领导者	技能取向	权力性取向
8	扮演型	传道授业的领导者	技能取向	非权力性取向

四、测评领导品位的十一对范畴

领导品位由“品”和“位”两个要素构成，通过对“品”和“位”两个要素的进一步分解，我们确定十一对范畴作为测评领导品位的出题依据，也就是说，制定领导品位问卷的每一道题目，都必须包含以下的一对范畴：

1.品德与权力

品德属“品”，权力属“位”。这对范畴主要测定领导者是否倾向于以德服人。

2.品德与人际关系

品德属“品”，人际关系属“位”。这对范畴主要测定领导者是否乐意使用非权力性影响力。

3.气质与权力

气质属“品”，权力属“位”。这对范畴主要测定领导者是否倾向于以理服人。

4. 气质与人际关系

气质属“品”，人际关系属“位”。这对范畴主要测定领导者是怎样实现领导的，是以自己的气质影响人，还是尊重与服从组织的文化。

5.技能与权力

技能属“品”，权力属“位”。这对范畴主要测定领导者是否倾向于以技服人。

6.技能与人际关系

技能属“品”，人际关系属“位”。这对范畴主要测定领导者的立威倾向，是“技能立威”还是“关系立威”。

7.智商与情商

智商属“品”，情商属“位”。这对范畴是对上面六对范畴的甄别与加强,进一步明确领导者的品位倾向。

8. 责任与利益

责任属“品”,利益属“位”,是品德与权力这对范畴的延伸判断。

9. 自由与纪律

自由属“品”,纪律属“位”,是品德与人际关系这对范畴的延伸判断。

10. 战略与策略

战略属“品”,策略属“位”,是气质与权力这对范畴的延伸判断。

11. 务虚与务实

务虚属“品”,务实属“位”,这是气质与人际关系这对范畴的延伸判断。

根据上述1—7,确定一个人的领导品位的总体取向,并且直接产生两种类型的领导品位;8—11是对比较复杂的领导者做进一步测定,把“品”中有“位”,“位”中有“品”的情况做一个估计,再生成六种类型的领导品位。

五、领导品位的特征

探讨领导品位的特征,有助于我们把握领导品位的本质与现象之间的关系。特征既不是领导品位的本质,也不是领导品位的现象,但是它却是两者的中介,是连接本质与现象的桥梁和纽带。搞清楚这一点很重要。因为,我们在设计测评问卷时,既不能用本质作为问题,也不能用现象作为问题,而是要把问题设计在它们的特征上。上面的十一对范畴,是领导品位的本质所在。这些本质要通过解读它们的特征,才能还原为丰富多彩的现象。领导品位有如下一些特征:

1. 直觉性

领导品位的第一个特征是直觉性。它或者是由于领导品位主体即人具有强烈感人的形象特点，或者是由于领导品位主体的社会内容，十分鲜明地积淀在它的外在形式上，领导品位欣赏者只要通过对领导品位主体外在形式的直观感受，就可以一下子领略到它的魅力，而不必通过思维过程进行判断。直觉感受到的领导品位能否持久，取决于领导者与下属双方的审美观、伦理观、人生观、价值观、世界观等多种因素是否相容。

2.主体性

领导品位离开了领导品位主体，就不可能存在。领导品位的主体性表明：领导品位是领导所具有的属性，要感受领导品位，就一定要有领导品位的主体。从领导品位的主体性这一审美特征出发，提高领导者的品位，就应当对自身的领导品位进行创造和培养。领导品位主体性的审美特点，是由领导品位的本质决定的。正因为领导品位主体与领导品位欣赏者之间存在着某种功能——需要的关系，所以作为领导品位的主体，必定存在着满足欣赏者某种需要的功能，这种功能，恰恰是只有领导品位主体才具备的。

3.客体性

领导品位的客体性是指领导品位离开了欣赏者，便成了无源之水、无本之木。如果领导品位离开了欣赏者，那又会怎样呢？领导品位作为人与人之间相互关系的一种本质表现，显然不能没有欣赏者。离开了欣赏者的领导品位，就只能是一种潜在的形态，无法产生现实领导品位那种动人心弦的实际效果。

4.综合性

从领导品位的主体来说，形成主体领导品位特性的美学因素是很多的，例如真实、朴素、自然、外在形式、内在属性等；从领导品位的欣赏者来说，影响领导品位实现的因素也是很多的，例如由于欣赏者个体的差异，诸如文化背景、审美经验、思维形式等，甚至欣赏的地点、时间、心境条件的不同，都可能会影响对领导品位的感受；从领导品位主体的魅力辐射来说，它综合化的审美特征，是由表及里、由浅入深地层层展开的。

六、领导品位测评问卷

上述提供的十一对范畴，是本问卷的依据；上述的四个特征，是我们从本质发散到现象的路径。十一对范畴体现的是问卷的本质，不宜直接作为问卷，否则，问卷太直白，容易暴露本质，失去测评的意义。所以，问卷的题目要用日常现象来反映本质。怎样在各种各样的日常现象中找出比较合适与得体的题目，就要依据我们给出的四个特征去搜索。下面尝试着给出一组问卷题目，回答七个题目之后，就能确定一个人的领导品位。

1. 你决定请朋友聚餐，在邀请时发现大部分人没有空，你仍然会与少数人一起举办聚餐会。

2. 你相信“是金子总会发光的”，时间会证明一切。

3. 你觉得做出令人满意的决策是很难的，所以你喜欢慢慢地做决定。

4. 你在大饭店宴请贵客时，服务生上错了菜，你会要求经理来见面并亲自解决这个问题。

5. 你旅游回来，想与最要好的朋友分享纪念品，两样东西让其二选一。你想要自己中意的那件留下来，会故意说它不太好。

6. 你认为人们容易忘记恩爱却愿意记仇，所以这世界上恨比爱多、怨比恩多。

7. 你穿了一件自认为得体的新衣服，却遭到同事的非议，你就不愿意再穿这件衣服了。

8. 你在遇到烦恼的事情时，通常会找几个朋友聊天解闷，或一起商讨解决问题的办法。

9. 你在打重要电话的时候，通常会事先考虑通话的内容与逻辑。

10. 有好几次受到领导的批评，你听起来却好像有表扬的感觉。

11. 你觉得“孔融让梨”的故事是编出来骗小孩子的。

七、领导品位测评题目的路径索引

从第一题开始，每一个问题按“是”或“否”的索引，通过七个题目就能确定一个人的领导品位。

表 2　领导品位测评题目的路径

第 1 题													
是	否												
第 2 题	第 3 题												
是	否	是	否										
第 3 题	第 4 题	第 5 题											
是	否	是	否	是	否								
第 4 题	第 5 题	第 6 题	第 7 题										
是	否	是	否	是	否	是	否						
第 5 题	第 6 题	第 7 题	第 8 题	第 9 题									
是	否	是	否	是	否	是	否	是	否				
第 6 题	第 7 题	第 8 题	第 9 题	第 10 题	第 11 题								
是	否	是	否	是	否	是	否	是	否	是	否		
第 7 题	第 8 题	第 9 题	第 10 题	第 11 题	第 12 题	第 13 题							
是	否	是	否	是	否	是	否	是	否	是	否	是	否
导游型	导演型	裁判型	扮演型	博雅型	编剧型	高雅型	愿景型						

八、八种领导品位的描述

我们认为，领导品位之“品”，在通俗的意义上就是魅力；领导品位之

“位”,也就是影响力。所以,我们就用这两个词来对领导品位进行描述。按照定义,在描述魅力时,要考虑品德、气质、才艺和技能等因素;在描述影响力时,要考虑权力性影响力和非权力性影响力。

1. 导游型,这是一种韬光养晦的领导者

魅力:这种类型的领导者很要强,不想别人超过自己,这是他们动力的源泉,也是他们凝聚部下的重要原因。这一类领导者乐于让对方高兴,而且对下属的喜怒哀乐非常敏感。他们具有较强的沟通和影响力,尤其是经过生活阅历的积累和个人境界的提高,能够设身处地地为对方着想。他们常常按照自己的愿望而非社会的要求去做事。

影响力:这种类型的领导者往往最有人气,他们的情绪都能充分地表达出来,他们并不需要减压,相反,压力对他们而言反而是种动力,他们需要去寻找压力以获得成就,再以成就去影响部下。做事小心谨慎、循规蹈矩,执行力非常强;做人则是勤勤恳恳,成为道德楷模式的人物。他们以自己的理想说服他人,用组织的共同目标把人们团结起来。他们在群体交往中,以单向的方式为主,难得有双向的交流,在感情表达的时候往往会忽视第三方的感受。他们可能会理想化他人,因而有可能遭受他人表面忠诚的蒙蔽。

2. 导演型,这是一种亦庄亦谐的领导者

魅力:这种类型的领导者看似没有凸显的个性,没有强烈的个人意识形态,但是具有高度的应变能力,处事极具弹性,能为了适应环境而调整自己的观念。他们对下属一视同仁,尊重每个人的价值,宽松管理部下,也不希望别人监督自己。他们很有条理和分析能力,会很自然地看出所处情况中可能存在的缺陷,并且知道如何改进。他们精通整个体系,而不是简单地把它们作为现存的接受而已。他们能轻易地看出事物具有的可能性,很兴奋地指导别人,使他们的想象成为现实。他们是头脑灵活的思想家和伟大的长远规划者。

影响力:这种类型的领导者因致力于令他人满意而忽略自己,提供自己认为是对组织和对他人最好的建议,并且具有说服他人接受自己的观点的能力。他们能够按最有利的路径进行组织工作,在领导班子和群众当中都有较大的影响力。他们是热心而真诚的天生的领导者,能够控制面临的任何环境。他们往往按照一套相当严格的规律生活,并且希望别人也是如此,因此他们能有序地推动自我和他人前进。

3.裁判型,这是一种不严自威的领导者

魅力:这类领导者具备顽强的意志力,也就是遇到艰难险阻时坚持到最后的能力。在事业、生活等方面会有自己的奋斗目标,关注点在工作,对事业全身心投入。具备高支配性特质,积极自信,分析敏锐,主动积极且具极为强烈的企图心,只要认定了目标就勇往直前。善于控制局面并能果断地做出决定,能在短期内取得政绩。在成功的同时,也积累了矛盾。

影响力:这类领导者相信自己的眼光,具有同情心和洞察力。他们喜欢独立工作或与那些热衷于关注人们的成长与发展问题的小群体共同工作。他们倾向于以权威作风来进行决策,作为其下级,除要高度服从外,也要有冒险犯难的勇气,为其杀敌闯关。这类领导人最适合开创性与改革性的工作,在这样的环境中最容易有出色的表现。

4.高雅型,这是一种“兰心蕙质”的领导者

魅力:这种类型的领导者创造思维比较强,在别人眼里是聪明的领导者。他们很容易接受新事物和新人,并且在遇到困境的时候可能会想出奇招渡过难关。他们更喜欢人性化的管理而不喜欢制度化的管理,所以很受部下喜欢。他们擅长整合内外信息,兼容并蓄,不会与人为敌,以中庸之道处世。他们处事圆融,弹性极强,处处留有余地,行事绝对不会走偏锋极端,是办事让你放心的人物。然而,由于他们以善变为其专长,故做人不会有什么立场或原则,也不会对任何人有效忠的意向,部属常常会

难以忍受其善变和不讲原则的行为。

影响力:这种类型的领导者事事求中立并倾向站在没有立场的位置,故在冲突的环境中,是个能游走折中的高手。由于他们能密切地融入各种环境,他们可以为组织进行对内对外的各种交涉,只要任务明确和目标清楚,都能恰如其分地完成其任务。他们很容易接受和自己的价值观相似或者相同的价值观,对具有相似价值观的人有很大的影响力。

5.编剧型,这是一种超凡脱俗的领导者

魅力:这种类型的领导者的特点是做事认真负责,追求完美。他们会有很好的构想,给别人提出愿景,同时也提出具体的实施步骤。他们喜欢理论和抽象的事物,好奇心重,更喜欢构建思想,不太关注环境和人;他们喜欢单独工作,强调对自己的观点和方法拥有最大的自主权,而且认为领导的魅力就是要这样来体现。他们和蔼可亲,说话慢条斯理,声音轻柔;喜欢用赞同的、鼓励的语言;有高度的耐心,随缘从容,面对困境,都能泰然自若。

影响力:这种类型的领导者对于人际关系很敏感,这使他们在集体环境中左右逢源。他们强调无为而治,能与周围的人和睦相处而不树敌,是极佳的人事领导者,与任何人都能成为良好的搭档。但是当他们面临变革时,就会产生迷失,不知如何处事,因而也就失去了影响力。他们带有很多梦想成分,让人觉得他们愤世嫉俗。他们富于创新,多才多艺,具有创业能力,喜欢与他人一起从事需要非凡智慧的创始性活动。因此,这种类型的领导者是靠权力和专长来影响下级的。

6.博雅型,这是一种“秀外慧中”的领导者

魅力:这种类型的领导者富有想象力,直觉强、易冲动、好内省、有主见。他们只关注对自身重要的事而对其他事漠不关心,喜欢与行为定向、关注即时情境的人共事。他们能看到别人好的一面,也能看到别人不足的一面。他在给你陈述事实的时候,会把各种利弊告诉你,是在跟你提建

议，而不是给你下达命令。他们以和平的方式和别人相处，有时甚至会掩盖冲突，使大家和睦相处。他们是团队中的黏合剂，把大家从感情上和工作交流上联合在一起。

影响力：这种类型的领导者尊重每个人，相信每个人的潜能，所以在生活和决策中能平衡各种力量和各种关系。他们善于使用每个人，相信每个人的潜能都能得到开发利用。他们善于“沙龙”式的工作方法，用这种工作方法去听取意见，集思广益，从而创造高智能的团队。由于“沙龙”式的方法贯彻了民主集中制的原则，更多的人参与了决策，所以部下的执行热情高、执行力强。他们会安静地专注于自己的兴趣，展示出丰富的想象力。他们在感兴趣的领域里，会发挥信息中心的作用，通过传播各种消息和评价各种信息来影响别人。他们会过分集中于即时行为，还没有解决目前的问题，就把注意力转移到下一个待解决的问题，而且常常会被工作以外的活动吸引，如体育运动和其他娱乐活动。

7. 愿景型，这是一种严父慈母式的领导者

魅力：这种类型的领导者很喜欢运用过去经验解决问题，尊重组织内部的等级和组织获得的成就，但是不能察觉变革的需要，相信一切都在正常运作。他们不仅自己感觉压力大，而且也常常是周围人压力的来源。这种压力造就了他们在组织中的影响力。他们一旦在自己最看重的方面产生失落，就会在很多方面出现问题和困惑，同时也就会失去影响力。

影响力：这种类型的领导者喜欢与“能干成事”的人共事，但是在完成任务过程中，他们容易忽视人际间的小细节，同时长期忽视自己的感受和准则，别人看不到他们的情感和价值观倾向。因此，他们容易接受别人的暗示，而影响不了人家。他们对自己有个目标，用目标来衡量自己的行为，有时候要求还非常高，他们不允许自己犯下错误，认为那是不完美的，是不可原谅的。他们往往按照一套相当严格的规律工作与生活，并且希望别人也是如此。

8. 扮演型,这是一种传道授业的领导者

魅力:这种类型的领导者说话流畅,好交朋友,风度翩翩、热情洋溢、个性乐观、表现欲强。他们在任何团体内,都是人缘最好和最受欢迎的人,工作空间里充满了各种能鼓舞人心的东西。他们要求被领导者除了乐于在团队中工作外,还要对其谦逊得体,不露锋、不出头,把一切成功光华都让与领导。在品德与修养等方面非常平凡,组织中大部分人都没有觉得他是一个领导者。

影响力:这种类型的领导者虽然有专业特长,但是并不以此来影响他人。他们不喜欢意见不合的局面,不愿处理争执。他们经常会以放弃原则为代价,来换取大家的支持。这种类型的领导者天生具有能鼓吹理想的特质,在推动新思维、执行某种新使命或推广某项新技术等任务的工作中,是最能吹起领导号角的人物。他们能够使人兴奋并高效地工作,善于通过建立同盟或搞好关系来实现目标。

九、八种领导品位是一个连续统

以上关于八种领导品位的排序存在着一些内在的、规律性的东西,我们把它称为连续统,有三个意思。

一是连续的意思。就是每一种领导品位都与其相邻的领导品位有联系,它们不是孤立的,任何一种领导品位都是“一品两位”的。比如,第五种领导品位,就与第四种和第六种领导品位是分不开的。所谓“一品”,是指第五种“编剧型”领导品位;所谓“两位”,是指第四种和第六种的领导品位,即“高雅型”和“博雅型”。

二是变迁的意思。是说每一种领导品位虽然具有相对的稳定性,但是它还会按照连续的路线,向相邻的两个方向变迁。

三是“统”的意思。首先是指这八种领导品位的排列不仅有顺序,而且我们把它看成是首尾相邻的，换言之，这八种领导品位是呈“圈状”排列。导游型的“两位”是导演型和扮演型。这是一个“圈”，还有，在八种领导品位中存在着“魅力圈”与“影响力圈”，这三个圈是循环的，也就是“统”与“连续统”的含义。

“连续统”的道理是一种认识论，它告诉我们应该用“一品两位”方法去认识一个领导干部的品位。认识一个领导干部的“品”，主要看他是什么类型；认识一个领导干部的“位”，不仅要看他自己的“位”的本质，还要参考相邻类型关于“位”的一些描述。

我们举一个例子来说。编剧型领导的“品”，主要是“才艺取向”，也就是前文所描述的：这是一个超凡脱俗的领导者。他们的魅力来源于工作，做事认真负责，追求完美；他们的影响力来源于人际关系，对于人际关系很敏感，这使他们在集体环境中左右逢源。然而，认识“编剧型”的“位”，还要考虑第四种和第六种的领导品位，即高雅型和博雅型关于“位”的取向。在这里，编剧型领导的“位”取向是权力性的，而高雅型和博雅型领导的“位”取向都是非权力性的，两者有着不同的“位能”。这就告诉我们，编剧型领导在有些情景下，也会喜欢采取“非权力”方式去工作，表现出“兰心蕙质”与“秀外慧中”的特征。

编剧型领导在决策时，会给别人提出愿景，同时也提出具体的实施步骤，依靠的是“权力”。但是当这种方法遭遇阻力的时候，会指向第四种高雅型领导的方法，启用人性化的管理而不喜欢制度化的管理，所以仍然有很多部下喜欢他。

编剧型领导在执行时，对于人际关系很敏感，这使他们在集体环境中左右逢源。他们强调无为而治，能与周围的人和睦相处而不树敌，但是往往执行力不强。这时，他们会运用博雅型的“沙龙”式的工作方法，用这种工作方法去听取意见，集思广益，从而创造高智能的团队。由于“沙龙”式的方法贯彻了民主集中制的原则，更多的人参与了决策，所以部下的执行热情高、执行力强。

可见，一个领导者的品位虽然具备了核心元素，但是它的外延是与相邻的领导品位兼容的，这也是这个领导者的品位在今后的变化方向。

十、结束语

通过以上初步构建，我们从经验上完成了领导品位理论的框架，填补了领导学在素质与能力方面研究的一个空白。但是这个理论尚未经过实践的检验。明显的缺陷是测评问卷的题目比较粗放，需要在使用中不断完善，确保每一个问题能够精确对应范畴，反映本质。现在的十一个题目，它们所反映的本质是参差不齐的，有些题目较深地反映了范畴的本质，有些题目只是肤浅地反映本质，还有些题目存在着用想象代替本质的问题。这些都会影响领导品位测评的信度或效度。第二个不足在于“领导品位测评的题目的路径索引”，这个索引是领导品位分型的依据。我们虽然提出了这个依据，但是对它的科学性还有待进一步论证。第三，关于八种类型的文字描述，我们只是大致把魅力、影响力与领导活动的实际加以结合，并没有对魅力和影响力进行严格定义，所以，对各种类型的描述显得随意，缺乏统一的指标，这可能会导致领导者对品位认知产生错觉。这些问题需要我们在运用这个理论的同时不断去消化，所谓运用，就是通过多次测评来提高量表的信度或效度，并从中发现领导品位分布的概率和规律，为组织上识人、用人提供参数；所谓消化，就是要探索“路径索引”精确性，并依赖“路径”来表达八种类型的领导品位。

需要指出的是，上述八种类型的领导品位中，并不存在哪一个更好的问题。每一种领导品位都有自身的特点，这种特点既是优点也是缺点。如果一种领导品位与当时的领导环境相匹配，这种特点就是优点；如果一种领导品位不合时宜，这种特点就是缺点。领导品位没有高低贵贱之分，但是到一个具体的组织之中，却存在着一个与群体是否和谐的问题。所以，领导者具有“什么样”的领导品位，就应当到“什么样”的环境中去工作。如果领导者工作环境限制了其品位的发挥，那么，领导者就必须调整自己的领导方法和艺术，由此来补偿领导品位的缺失。

最后，想说说研究方法的问题。我们的领导品位研究，属于时下比较流行的一种“分型”研究，这种研究方法虽然缺乏思辨，为图研究方便省略了一些因素之间的关联性，虽然这种研究结论是一个近似的参考值，但是，这种研究在教学与实际运用方面还是很好用的。所以，在管理学、心理学、教育学和社会学等学科中，受到许多研究人员的青睐。我在领导学的研究中，也多次使用这种方法。要把握好这种研究方法，关键是区分类型的数量要恰当。我发现，有些研究者分类过于烦琐，比如，著名的管理方格理论，就分出了八十一种类型。这不仅对每一种类型的描述带来了困难，即使作者费尽心思做了精心描述，给人的感觉还是雷同，使人难以把握两两的区别。基于这种考虑，领导品位的类型也不宜设置太多。因此，我们在研究中，从三十二种类型减到了十六种类型，觉得描述起来还有困难，最后才定为八种类型。

下篇

“深一度”领导艺术

“用人之欲”的领导方法与艺术

【深一度】“欲”是指人的欲望。欲望是一种概念性东西，大体上相当于愿望、希望和理想。人的欲望作为与生俱来的本性，是一切行为的内在动力。正是各种积极和消极欲望的存在，才使领导者能够利用赏罚来激励、控制和有效管理下属。人的欲望越多，领导者进行有效激励的可能性就越大。人若没有欲望，便无法进行激励，也便无法为领导者所用。所以吕不韦有云：“人之欲多者，其得用亦多；人之欲少者，其得用亦少；无欲者，不可得用也。”（《吕氏春秋·为欲》）领导学中讲“用人之欲”，就是发挥和挖掘人欲的激励价值。

一、“需要”“欲望”与“用人之欲”的激励机理

我们讲的欲望，不同于外国的激励理论中的“需要”概念。怎样发挥激励的功能？外国学者的观点是“需要→激励干预→行为”。这种观点认为，人有物质的、精神的和心灵的各种需要，这些需要是有层次的，并由低到高发展，其中有一个优势需要会变为动机，从而产生动力，形成了积极性。所以，外国的激励理论要求领导者先去研究员工的需要，然后根据优势需要来进行激励干预，从而调动积极性。而我们认为，欲望可以包含需要，但是两者不是等价的。第一，需要尚未满足可以产生需求，需求可以转变为欲望，需求是中介。需要可以诉诸需求，而诱致欲望。这个过程一般是不可逆的，欲望不会把自己降低到需要的层次。第二，需要必然产生动机，而且需要的强弱与行为动机成正比；欲望则不一定能够产生动机，欲望的大小也不一定与行为动机成正比。第三，当人们接近需要的时候，一般会加强行为，而当人们即将实现欲望的时候，却不一定加强行为，反而表现出欣赏或退缩行为。所以，需要和欲望还是有区别的。

需要是人的实际情况和客观条件相结合的产物，产生某种需要是有前提的，比如渴了要喝水；而产生欲望可以是无条件的，可以根据主观性和虚无的想象获得欲望；欲望也不是动机，只有把欲望变成追求时，欲望才能变为动机。所以，怎样发挥激励功能，我们提出的“用人之欲”的做法是“欲望→调控欲望→行为”。这里面存在着两个领导动作：

一是欲望必须通过调控和干预，得到领导认可，外国理论中的“需要”是无须领导认可的，是一种客观存在；二是对调控后的欲望施加激励干预，或鼓励、促进，或批评、促退。其中，第二个领导动作就相当于外国的激励过程，也就是“需要→需求→激励”。我们认为，“需要”有自给自足的方式和诉求组织补偿的方式。前一种需要我们一般不去理会，让行为主体自己解决；后一种需要便是“欲望”，经过组织“过滤”，再进行激励。

我们可以把此过程归纳为“用人之欲”的激励机理。第一阶段是认识欲望的过程，领导者对被领导者的欲望进行分析，对这种欲望的利和弊做出评价，为调节和校正欲望、增强和减弱欲望提供认识问题的角度。第二阶段是调节和校正欲望阶段，即说服被领导者打破欲望定势，改变一些与全局和长远利益不适的欲望，强化正确的欲望，帮助被领导者形成信念体系和行为准则。第三阶段是激励阶段，让被领导者自觉地去实现欲望，重点要保证欲望中的正确成分转变为行为，而不发生歧义，防止欲望变异而导致行为初衷的改变。

显然，应用这个机理，必须对“欲望”的特性进行进一步分析。

1. 欲望有扩张性

欲望扩张是指欲望有自然膨胀的特性，从已经实现的欲望一直向可能实现的欲望追求，这种追求直至碰到突不破的边界才停止。这种现象告诉人们，欲望是不会自动收敛的，正如荀子所言，欲不可尽，欲求不满。

2. 欲望有递进性

欲望有仰望之意，也是“人往高处走”在欲望方面的递进。比如，近年来，职场上的“80”后频繁跳槽，一边工作一边找新的工作，骑驴找马，原因是对现状的满意度不够，职场能量得不到发挥，个体发展的欲望找不到出口。

3.欲望有反复性

满足之后欲望又会再发生。人类欲望的反复性往往会成为一个人不断进取的内在动力。在一个目标达到后,甚至还未达标时,就会去追求更高的目标。这种反复性使一些人成为对社会做出杰出贡献的伟人,也使一些人成为万劫不复的人渣。

4.欲望有让渡性

人的欲望是多方面的,但每个人实现自己欲望的能力却是有限的。因此,有时只能在自己的能力范围,首先去满足自己最渴求的欲望,这就是主导的欲望,其他欲望会让渡于它,让它优先得到实现。当这个欲望满足以后,又会出现新的主导欲望来,所以主导欲望是一个连续体,人将会被欲望所累。正如孟子所言:“鱼,我所欲也,熊掌,亦我所欲也,二者不可得兼,舍鱼而取熊掌者也。”(《孟子·告子上》)但是鱼总不能让人忘怀。

5.欲望有动力性

“欲望”产生的动力大于“需要”产生的动力。欲望和需要都是靠行为目标来表达的,前者解决的是“想要什么”,后者解决的是“要什么”。“需要”的目标是具体的、单一的,而“欲望”的目标定得更高,而且是连锁的,包含人生理想和精神追求等因素。

二、“用人之欲”的关键是扬弃欲望

在上面的关于激励机理的三个阶段中,中间的环节是调控欲望,调控欲望也就是扬弃欲望。人的欲望大致可以分为积极的和消极的,或者叫作合理的和贪婪的两大类。这两类欲望同时存在于个体中,相互依赖、相互转化、彼此消长。对于个体来说,这两类欲望的存量,在一定时期内是一个常数。由此,我们可以给出一个常数原理:$j+x=c$。j 为积极的欲望，x 为消极的欲望，c 为常数。这个原理告诉我们，当积极的欲望被充分激发了，消极的欲望就会减量。这个过程就是扬弃欲望。

经过扬弃的欲望更加具备合理性，更加具备激励效力。第一，在激励的持久性上，合理的欲望可以使激励过程持续地互动进行，这个过程足以养成一个部属的素质；而以未经过滤的下属的当下欲望去激励，就使得激励行为以“片断”方式存续着，随着一个具体问题的解决，激励也就完成了，这种激励就必然短效。第二，在激励的操控性上，消极的欲望必然导致部分人的需要膨胀和扩张，在这些人功成名就之后，怎么激励就成了一个难题，比如，有些年轻干部提拔过快，短短几年便“到顶”了，积极性也就没有了，热情也就减退了；你说怎么激励？除非能不断设计出“台阶”让他往上爬。而以经过扬弃的欲望进行激励，情况就不是这样。因为合理的欲望是可调控的，“贪婪之欲”是成长性的，因而可以避免激励“到顶”问题。第三，积极的欲望着眼于人的发展，在人的成长和养成中，实现工作目标；而消极的欲望以事为本，把“事的完成”当作激励的目的。不是以人为本，而是围绕着员工当下怎样才能最卖力来展开的。他们不是尊重人的成长，而是利用人的贪欲为事服务，人仅仅是实现效率效益的手段和工具；重视目标而忽视人的自由和全面的发展，这必然会以损害组织发展为代价。

“用人之欲”之扬弃不仅仅是对下属而言，领导者摆脱自身主观性和政绩观的束缚，也是一种扬弃，也是领导者客观地把握下属欲望的关键。老子说：“圣人无常心，以百姓心为心。”（《道德经·四十九章》）领导者如果摆脱了自身欲望的困扰，扬弃了自身的欲望，就可以把组织的愿景和下属的欲望上升为自己的欲望，进而把握住下属的各种欲望。

1. 扬进取之欲

这是“用人之欲”的儒家观点。儒家对人性的假设是，多数人是有志向的，是有进取欲望的，他们在工作中得到的物质利益与其崇尚的“义”相比是次要的，所以，进取是一种基于“义”的进取。所以，儒学以昂扬的处世态度、入世的精神物质和利他的价值取向，教育并鼓舞着一代代志士仁人兼济天下、发奋进取，也成就了无数英雄豪杰的千秋伟业。但对于整个社会而言，能够成就功业者毕竟仅占少数，即使是成功者，在其一生中绝大多数时间内，亦是得意事寡而失意事多。我认为，对于绝大多数人类社会成员而言，平安地完成生命过程，尽量避免挫折与坎坷，尽量得到肉体、精神等各方面的享受，亦属天经地义。儒家学说在这些问题上的说教显得冷漠和生硬。于是便有道家的自然理论。

2. 扬自然之欲

道家对人性的假设与儒家相反，道家认为有志向的人是少数，大多数人没有雄心大志，工作是为了满足生活和享受的欲望。道家重视人作为个体的存在价值，尊重人生的肉体与精神的各种感受，并提供旨在延长生命过程的养生之道，折射出其对儒家所倡导旨在出人头地、高居人上的所谓功名利禄的蔑视和不屑，无形中体现着对个人应拥有精神享受和天伦之乐的赞赏与支持。在此处，被孔、孟等大师批评、教训甚至鞭挞的“平庸”之辈得到了应有的正视和尊重，使在追求功名利禄中遭遇挫折、失败的背运者获得了他们所企盼的抚慰与关怀。

3. 节欲理论

作为欲望和需要载体的个人，会因欲望不得全部满足而困扰，且即使些许欲望得到满足，新的欲望立即会生成并继续给人带来不满。为消除或减轻上述痛苦与困扰，节制欲望方为上策。释家对人性的假设是，欲望是恶之源，是虚无，因此倡导人要节欲，要讲奉献。佛教为上述观点提供了理论依据和精神依托。人之痛苦源于现实与愿望之间永远无法消除的反差，减少痛苦不外乎两途，或是努力追求，或是降低欲望。人能力有限而欲望无穷，节制欲望比苦苦追求要更显智慧。因而，佛教使人静心工作，克制个人需要，而讲奉献。

三、“用人之欲”的领导艺术

“用人之欲”的领导艺术是具体的，也是丰富多彩的，它通常作为一种因素包含在其他的领导方法和艺术之中。在这里，我们把这些因素抽象出来，归纳出几条来列举：

1.“同心同欲”的领导艺术

这是指领导者通过整合下属的欲望，使之与组织的愿景同向。在这里，领导者首先要创造共同的愿景。愿景是一个组织未来发展的图景，是一个组织长期努力的方向。一个科学的愿景能使组织的各种欲望在愿景的旗帜下凝聚起来。当然，愿景是不会自动生成的，而是在领导者的引领下提炼和完善的。共同的愿景是对组织未来的设想，这种设想应该由组织的全体成员讨论提出，使之体现组织每一个成员的希望，便于每一个成员把自己的欲望纳入组织的愿景当中，把希望转化为欲望。如果领导者没有提出协调一致的共同愿景，下属的欲望就会呈游离态势，“同心同欲”也就成为空话。其次，领导者要致力于学习型组织的建设。这是实现“同心同欲”的载体。在学习型组织中，有一套学习的机制，有一种学习的氛围，使下属能够明白“我能在工作中得到什么”，能实现哪些个人欲望，有利于实现“同心同欲”。

2.调控欲望的领导艺术

调控欲望的依据是行为修正理论。这种理论认为，人们可以通过对行为结果的归因来强化、修正或改造原有的欲望及行为。一般来说，下属为了实现某种欲望，会采取一定的行为。当这种行为的后果对他有利时，这种行为就会在以后重复出现；反之，这种行为就会减弱或消失。也就是说，人们会不断去做那些实现欲望的行为，而避免那些妨害欲望的行为。这就产生了领导者调控欲望的契机，领导者可以通过奖惩下属的行为后果来调控欲望，扬弃欲望。当下属表现出组织提倡的行为以后，立即给予肯定，增强合理的欲望，并号召大家效仿；如果下属表现出损害组织绩效的行为，领导者可以让他们承受不想要的结果，以制止不良欲望的膨胀。

3.欲望布局的领导艺术

在一个组织中，每一个人都有或多或少的欲望，可以说，组织就是欲望的集合体，在组织中存在着各种各样的欲望，而且是以无序状态存在着的。这些堆积起来的欲望必定会产生排斥、碰撞和竞争，造成组织的内耗。所以，领导者必须对组织中诸多且复杂的欲望进行布局。通过扬弃欲望，肯定合理的欲望，否定贪婪的欲望；通过甄别欲望，赞赏符合组织愿景的欲望，保留非组织的欲望；通过欲望排序，确定优先予以满足的欲望，帮助其他合理的欲望找到出口；结合每一个下属的事业生涯，把他们的欲望分解为人生的理想、中期的希望和近期的欲望，有序安排他们对欲望的期盼。

4.把欲望转化为下属的“超我”动力

领导者要着眼于建立欲望的“超我”动力机制，使组织获得实现共同愿景的动力。这里的“超我”，与弗洛伊德人格结构理论中的超我，概念有重合，但不完全相同。后者基本可指人格构成中的道德良心和自我理想部分。而前者可以这样理解：当一个人归属于组织之后，其会产生两个“我”。一个是“自我”，另一个就是“超我”。“自我”要从组织里获利，尽可能多地实现个人欲望，而“超我”则是以组织利益为重。领导者要使每一个成员确立“超我”意识，发挥出“超我”的能量，但必须平衡好这两个“我”的关系。如果领导者只强调成员要“超我”，而不考虑员工的自我实现的欲望，员工会因自我欲望无法满足而失去积极性，整个组织也会因此失去发展的动力与潜力。如果领导者仅仅以欲望来调动员工的积极性，那么“自我”就会得到扩张，“超我”受到挤对，这时，员工面对建立在“超我”基础上的组织愿景漠不关心,组织就会失去凝聚力,无法充分利用。因此,要用组织的愿景去统一员工的“自我”和“超我”,使“自我”与“超我”产生相同的个体欲望,劲往一处使。

5.“用人之欲”的兼爱艺术

墨子认为组织失序,是由于人与人之间不能相爱,因此主张“兼爱”:关注所有下属的欲望,不能有遗漏,也不能有所排斥。兼爱到视部下如自己,视团队为一体,并且不受时空的限制。这就要求领导者首先必须控制自己的欲望。人人都有欲望,一个领导者可以有自己的欲望,但不能嫉妒部下,排斥部下的欲望。领导者一旦以自己的欲望去否定别人的欲望,就会失去“肯定”与“欣赏”之心,否定、苛求的情绪就会油然而生。在这种情况之下,部下要么因为欲望难以实现而“跳槽”,要么克制自己的欲望,不敢发挥自己的才能。组织的效能就会大打折扣。领导者要表现出海纳百川的气度,欣赏下属的成就,因为下属的成就是领导有方的结果,换言之,下属的成就即领导者的欲望所在。作为一个领导者,统率着一个团队,领导者的功劳是一种复合功劳,要比任何一个下属的功劳大,不值得因此嫉妒下属的合理欲望,反而要为下属的能干而欣慰。

6.化荣誉为欲望的领导艺术

这种领导艺术的关键是建立荣誉型组织。以福利的方式来激发所属成员的工作动力的组织,称为“保健型”组织;以荣誉的方式来激发所属成员的工作动力的组织,称为“荣誉型”组织。前者着眼于员工的物欲来调动积极性;后者着眼于员工的“荣誉欲”,让员工在组织中能发挥其能力、实现其理想,让员工总能看到更高的杠杆与标准,获取更大的荣誉。当人对组织有了归属感,会将组织的荣誉视为自己的荣誉,成员会主动为组织的荣誉而努力。荣誉型组织使每个员工认识到努力工作,只有起点,没有终点。如果一个人以尊重荣誉为欲望,领导者应给他应有的尊重、地位、表扬、赞誉、称号、奖状等。当然,在激发全员的欲望,建立荣誉型组织时,领导者应该遵循个体欲望形成、发展的客观规律,福利形成的激励必不可少,并帮助他们扬弃欲望,从而逐步把组织的荣誉化为下属的欲望,把下属的欲望融入组织的荣誉之中。

用“止”的领导方法与艺术

【深一度】最近看了隋代大儒王通著《止学》一书。虽称之为“书”，其实只有千余字。核心的意思是大智知止，知止不败，告诉人们应该适时停止某些进程，当止则止。也看了一些解读《止学》的书，这些解读虽然各有千秋，但是基本上指向“为人处世”过犹不及的道理，鲜有从“领导科学”角度去解读的。我觉得，《止学》是一本源于本土的领导科学的经典，领导者应该从中学习和体悟用“止”的领导艺术。

《止学》的内容虽然精微广大，但是在书中一共探讨了十个方面的问题，就是九个“止”，一个“修”。即止智，智极则愚也；止势，势无常势，仁者勿恃；止利，利大伤身，利小惠人，择之宜慎也；止辩，王者不辨，辨则少威焉；止誉，求誉不得，或为福也；止情，情滥无行，欲多失矩；止蹇，也就是正确对待困境，以蹇为乐，蹇不为蹇矣；止怨，也就是释惑，私念不生，仇怨无结焉；止心，也就是止“欲”，欲无止也，其心堪制；修身，德之不修，其才必曲，其人非善矣。这十个方面，在《止学》一书中，不是按领导科学的逻辑去论述的，是不分领导素养、领导方法和领导艺术的。但是《止学》在论述时，其出发点和归宿是领导方法与艺术。

比如，《止学》最后讲的第十卷“修身”，看似论述领导素养，其实说的还是领导方法与艺术。首先，“服人者德也。德之不修，其才必曲，其人非善矣”。意思是让人信服的是一个人的品行。不培养品行，人的才能就会用于偏邪，他的下场便不是善终了。这是领导素养的内容。接下来的都侧重于方法与艺术。“纳言无失，不辍亡废。小处容疵，大节堪毁。敬人敬心，德之厚也。”是说领导者采纳他人的建议就没有缺失，不中途停止就不会前功尽弃。小的地方存有缺点，大的节操就可以被葬送掉。尊敬他人就要尊重他人的思想，这是提高品德的关键处。这里就把领导素养转化为领导方法了。第三，“诚非致虚，君子不行诡道。祸由己生，小人难于胜己。谤言无惧，强者不纵，堪验其德焉。”是说领导者的真诚不能靠虚假得来，所以领导者不使用诡诈之术。祸患由于自身而产生，小人很难战胜自己。对诽谤的话不惧怕，对势大的人不放纵，以此可以验证一个人的品德。这里讲到通过领导方法与艺术可以反映出一个领导者的素养。最后，“不察其德，非识人也。识而勿用，非大德也。”领导者如果看不出人的品行，就算不上会识别人。能识人却不能任用他，就不能说是德高者了。这里所讲的领导素养其实就是领导方法与艺术。

什么是“止”，这是一个见仁见智的问题，站在不同的角度可以给“止”下带有各种偏好的定义。当我们把《止学》作为领导科学的经典以后，我们就可以对“止”赋予领导科学的意义。根据《止学》，我们觉得“止”至少有四种含义。(1)“止”就是“志”，就是志有定向。领导者在充满诱惑的尘世中，存有一颗安定从容之心。面对诱惑而内心平静，面对挑战而奋力拼搏，以“志”作为“止”的依据。(2)“止”是克制。领导者为人处世要克制自己的欲望，克制自己的行为，使自己的言行“不逾矩”。(3)“止”是停止。告诉领导者适可而止，当止则止，过犹不及，知止不败。(4)“止”是指向。为领导者指明究竟“应该做什么”和“不应该做什么”。我们根据上述的种种意义，可以生成各种各样的领导艺术。

一、“止智”的领导艺术

《止学》中说，大智知止。领导者是一个有大智慧的人，无论做何事都要适可而止，不能不顾实际情况盲目进行。如果事情难做，不要去耍小聪明，因为“智有所缺，深存其敌，慎之少祸焉”。领导者依靠智谋来解决实际问题，可能聪明反被聪明误。因为你能用它，别人也能用它。最好的方法是下功夫把自己的事做扎实，慎用、少用谋略。如果领导者耍小聪明，被人看穿却没把自己的事情坐实，那就漏洞百出了。智谋代替不了实力，最后的一切都需要凭实力来说话，慎用智谋就是“止智”。

领导者如何“止智”？《止学》中说：“以愚饰智，以智止智，智也。”领导者以什么样的姿态出现在下属面前，对下属的工作积极性是有影响的。如果领导者居高临下，取高位以“智”的姿态出现在下属的面前，那么，下属会取低位，节制自己的作用；如果领导者甘当学生，取低位以“愚”的姿态出现在下属的面前，那么，下属有可能会发挥更大的作用。领导者取低位就是“止智”。什么是真正的聪明？有人说：外智而内愚，实愚也；外愚而内智，大智也。外表聪明的领导者，将精明表现在外表上，炫耀张扬，唯恐别人不知道自己的精明干练。外表聪明的人往往给人一种威胁感，被人提防，结果聪明反被聪明误。这种聪明实际上是小聪明。真正的智者是“止智”的，外表看上去有点“愚”，实则心知肚明。外愚内智的领导者，在工作中能与人和谐相处，左右逢源。

“止智”，要求领导者不要太把自己当回事。这样，才不会自作聪明，才不会产生自满心理，才能不断地充实自己。一是要求领导者在下属面前要示弱，不仅可以将有为示无为，聪明装糊涂，而且可以若无其事，装着不置可否的样子，不表明态度，把发挥能力的机会留给下属。当下属迷惘时，领导者再把自己的过人之处说出来。二是心中要有大智，而不能常用“糊涂”来迷惑下属。宁可有为而示无为，万不可无为示有为，本来糊涂反装聪明，这样就会弄巧成拙。三是领导者要善于为下属叫好，既然把任务交代给了下属，就要充分相信下属，让其有施展才能的机会，只有这样，才能人尽其才，让人吃下一颗定心丸。

二、“止势”的领导艺术

在《止学》中，“势”指的是权贵、权势和权力。“止势”就是“势无常也，仁者勿恃”。没有任何一个领导者能够长久地保持自己的权力，所以领导者无论何时都要低调做人，不能依靠权势去对待下属。“势伏凶也”，领导者在有权时就隐伏着很大的凶险，领导者不应该拿这个权势去到处夸耀，一旦别人知道你会弄权，就会去开发你的权力，那样很容易给别人留下把柄。

怎样对待下属？《止学》中说：“势莫加君子，德休与小人。”对那些正直的人不要期望用权势就能压服，因为他们做人做事有自己的原则，不会轻易地屈从于来自权势的威压。而对于那些反复无常的小人也不要讲什么礼仪道德，因为在他们的心中只将自己的利益放在首位，其他的东西都可以抛在脑后，做人做事毫无道德底线，与他们讲道德可能遭遇伤害和被出卖。所以要识别人性，不欺君子，不敬小人。权力不要施加给君子，仁德不能给予小人。君子的势力不表现在权势上，以权势为势力的领导者，一旦权势丧失，势力也就消亡了。小人的势力不会给人带来好处，趋附它一定会招致祸害。

怎样用权？“君子势不于力也，力尽而势亡焉。”那些只靠官位来威压他人的领导者，一旦失去了权势，那么他的下场一定会很不妙，而聪明的领导者不屑如此，他会靠自己的权力和威望来使下属敬服。在领导科学中，领导者的权力和威望叫作职位权和统御权。职位权体现为权势，统御权则来源于个人的品质、知识、能力和个性等，就是影响力。《止学》中说：“强者凌弱，人怨乃弃。”如果领导者倚仗权力去开展领导活动，很容易招人嫉恨，下属都会躲着他、远离他，不知不觉中这样的人就变为孤家寡人。《止学》言：“势极无让者疑，位尊弗恭者忌。”如果领导者的权势地位到达顶点却毫无退让之心就会让人怀疑他的图谋，地位已经非常崇高了却还是飞扬跋扈，毫无谦卑之心，就会遭人记恨。“止势”就是告诉领导者要懂得月盈则亏的道理，做人做事见好就收。

三、“止利”的领导艺术

《止学》中说：“惑人者无逾利也。”迷惑人的东西很多，但是没有超过“利益”的。有些领导者为了利益，可能失去原则，不择手段，甚至违法乱纪。它告诉领导者要廉洁从政，以正当的途径获得利益。《止学》告诉领导者，“利无求弗获，德无施不积”。领导者如果要想获得一定的利益，就得努力追求,付出辛苦劳动,不劳而获的事是没有的。如果有,就可能是别人给你设置的一个圈套,引你上当,所以要“止利”。踏实做事获得的利益回报尽管很多时候并不丰厚,但却是最让人安心的。同样道理,仁德不施舍就不能积累,领导者要严于律己、宽以待人,逐步积累自己的威信。

针对下属,《止学》中说:“君子重义轻利,小人嗜利远信,利御小人而莫御君子矣。”作为领导者,要重道义轻利益。在小人眼里只要有利益就没有什么不可以出卖的,领导者有时候用利益御使小人为你跑腿做事,但靠这招想要领导正直的下属就不灵了。大部分下属对利益有正确的认知,有自己的义利观。当然,小人会为了利益而变通,所以很多时候难办的事正是因为有他们的存在才变得好办起来,但是后患无穷。所以,领导者不仅自己要时时处处“止利”,也要让下属“止利”,否则,一个单位仅仅靠“利益”驱动工作是很危险的。

“止利”告诉领导者,当义利不能两全之时,应该先义后利、舍利取义,甚至于舍生取义。对于领导者来说,义与利不是独立的关系,而是一种价值选择关系。古往今来,为义舍生的事情举不胜举。董仲舒提出“正其义不谋其利,明其道不计其功”,要求人们超越功利,保持道义和人格上的完满。朱熹极力宣扬“不谋利,不计功”的思想,在义与利的选择上,强调“必以仁义为先,而不以功利为急”,利永远在义后。可见,领导者对利的追求与获取,要受义的制约,必要的时候,因义而要放弃利,这就是“止利”。

四、“止辩”的领导艺术

《止学》中说:“言拙意隐,辞尽锋出。”一是领导者说话要言辞谨慎,不轻易开口才可以给自己保留一点空间,更不容易使自己陷入困境,如果说得太满,锋芒毕露,就会让人看轻你,觉得你这人太肤浅,心里藏不住话。有些领导常常说大话,往往做不到,也就是常常自我否定,威信不高。二是有些领导者见识不高，要记住“识不逾人者，莫言断也”，就不要好为人师，替下属判断事情对错，那样很容易好心办坏事，给工作造成损失，弄不好还会承担一定责任。

“止辩”就要止言。止言，是言不可随便。止言不等于啥都不说，更不是装聋作哑，而是不要不分场合、不分时间、不分情景地随便说、随便谈、随便聊、随便议论。《止学》中说：“势不及人者，休言讳也。”领导者在势力比不上他人的时候，不要说一些让他人厌烦的话，不要做一些让他人讨厌忌讳的事。因为你在他人的势力范围下开展领导活动而触怒他人，会给自己的利益带来一定损害。老子说：“知者不言，言者不知。”（《道德经·五十六章》）在情况不清楚的时候，最好“止言”，最忌抢先发言。“多言数穷，不如守中。”（《道德经·五章》）这里老子讲的是：话说多了，就会一再遇到无言以对的尴尬，倒不如信守中道而寻找中的办法。领导者如果要避免说空话而一再穷尽困窘，就要守中于道，去真正办实事。

“止辩”还要止傲。一般地说，有值得骄傲的实力，才能够有发言权。《止学》中说：“力不胜人者，勿言强也。”如果领导者的实力不如他人的时候，别因为面子和自尊说些勉强的大话。被人看穿后，就会收到适得其反的效果。领导者无论在办事还是处理人际关系时常常面临困境，这时候如果认不清自己的情况，说话办事不低头，硬和对方顶着干，很可能就会吃大亏。即使有实力，也要止傲。因为在很多情况下，领导者的失败不是因为劣势，而是因为优势，“被淹死的往往是水性好的人”，实力和优势会让领导者因骄傲而雄辩，因雄辩而树敌。

五、“止誉”的领导艺术

为什么要“止誉”？《止学》中说：“誉存其伪，谄者以誉欺人。”好话谁都乐意听，但对领导者的奉承和赞誉大多时候都是虚伪的。因为这些谄媚的人是为了达到某种私利，花言巧语来讨你欢心，假若你陶醉其中就会被对方利用。

《止学》告诉领导者，“名不由己，明者言不自赞”。领导者的名望和形象不是靠自己吹捧出来的，而是因领导行为而形成的群众评价。高明的领导者不会自吹自擂。如果领导者说得很动听，做起来却是另一个样子，那么别人就不会给你好评。

领导工作取得成绩，绝对是一种集体荣誉，所以，领导者面对荣誉和奖励要懂得谦让。《止学》中说：“受誉知辞，辞则德显，显则释疑也。”谦让，才能让别人高看一眼；懂得“止誉”之道才会让下属接受你。领导工作出了成绩，得到了一些荣誉和上级的奖励，这个时候领导者要谦虚一些，把成绩归功于大家的共同努力，让大家分享荣誉，换言之，就是“辞则德显”(《止学》)。既然不是个人荣誉，如果领导者贪天功为己有，就会招致嫉妒。更严重的是，领导班子就开始涣散了，同事对你失去信任，抵触和拆台的行为就随之而来了。

在领导工作中，没有取得荣誉和奖励是常态，平平淡淡才是真，“人无誉堪存，誉非正当灭”(《止学》)。没有名气和声誉可以过平淡的日子，但如果依靠非正常手段去获得的名利声誉，会给自己和组织带来祸患。风光背后，不是沧桑，便是硬扛。名利地位谁都喜欢，谁都想让别人高看一眼，可惜限于人生的机遇和各种内外因素，不是每个领导者都能达成理想，大都是在平凡的工作中逐渐消磨锐气。有些领导者不甘心平庸，总想走捷径或用一些不正当的手段谋求名利地位，这是要很大代价的。荣誉是身外之物，只有“止誉”，领导者才能放弃不切实际的空想，才能抛弃患得患失的心思，才能大胆地去工作。

六、“止情”的领导艺术

《止学》里面的“情”有多种含义，包括感情和情绪等。《止学》中说：

“情存疏也，近不过己，智者无痴焉。”这里的“止情”是自爱，告诉领导者要自爱。《止学》认为，最爱自己的人应该是本人，人容易迁就自己，所以领导者要用理智控制情感，不让它痴迷于某一人或某一物，只有这样，才不会受外界影响，才能保持独立个性和清醒头脑，才不至于成为他人的玩偶，才能避免做错事之后悔“情之不敛，运无幸耳”，太感情用事的领导者，命运就会坎坷，结局也往往很复杂。人若没有感情那就会变得六亲不认，但太过感情用事，就会迷失自己，失去判断力，从而做出错误决策。

“止情”还要止惊。《止学》中说：“其色如一，鬼神莫测。”领导者面对突发情况，能做到处变不惊，喜怒不形于色，有这样的修养就会让别人无法揣测你的心思，就会在竞争中立于不败之地。遇事慌乱非但解决不了任何问题，还容易错上加错造成更大的损失，或被他人利用，给自己造成无法弥补的遗憾。面对社会急剧的发展，面对危机，能够冷静地处理问题，已经是十分重要的领导素质。否则遇大事不知所措，不但会被外界看不起，自己的下属也会离心离德。

“止情”还要止怒。老子说：“善战者不怒。”（《道德经・六十八章》）孙子说：“主不可以怒而兴师，将不可以愠而致战。”（《孙子兵法・火攻》）为什么领导者一定要“止怒”呢？还是《孙子兵法・火攻》中说得透彻：“怒可以复喜，愠可以复悦；亡国不可以复存，死者不可以复生！”也就是说，怒了之后可以转为喜，愠了之后也可以转为愉悦，但是，国家灭亡了却不可以再兴，人死了也不可以再复活。领导者经常发怒，可能会给组织带来厄运。止怒，不等于在任何情况之下都不发怒，只是说要在怒和不怒之间找到一个更为合适的“度”。

七、“止蹇”的领导艺术

“蹇”是工作不顺利或者是遭遇困境、逆境的意思。《止学》中说：“人困乃正,命顺乃奇。以正化奇,止为枢也。”人们遭遇困厄是正常的,命运顺利则是非常态的。以正化奇,就是把逆境转化为顺境,关键是要有所不为。有所不为就是“止”的意思。人生不如意十之八九,遇到困难险阻要“止蹇”,就是想方设法地去解决各种问题。当然,解决问题不是全面理顺,是指有所为有所不为,有所不为而后可以有为,能够闯出一条路就好。在这里,有“一条路”可走就行,就达到了“以蹇为乐,蹇不为蹇矣”的境界。

《止学》中说:“事变非智勿晓,事本非止勿存。”领导者知道事物发展变化的节点,过了这个“点”,事物就会发生质变,因此,事物要保持根本性质,就需要“止”,如果不知停止,该止不止,最终的结果往往适得其反。所以,领导者要懂得该止则止,该让就避开。事实上,“止蹇”在很多时候是“止行”。不要以为做得越大越好,越多越好;量力而行是可以的,尽力而为就不一定有好结果。要想成功做一番事业,化解面临的各种困难,非常重要,但是“止为枢也”。

“止蹇”必须有提前量,老子说:“知止不殆,可以长久。”(《道德经·四十四章》)他又说:“夫唯不盈,故能蔽而新成。”(《道德经·十五章》)

知道适时终止可以不陷入危险的境地,因为没有达到满盈的程度,所以能够在事物趋于破旧的时候浴火重生。因此领导者不应当过分追求壮大,反而应当注意发展要控制在一定的程度上,保持不至于过早满盈的程度,因而能够从容创新,使事物在破旧死亡之前能够浴火重生,脱离困境。

八、“止怨”的领导艺术

《止学》中说:“名不正而谤兴,正名者必自屈也焉。惑不解而恨重,释惑者固自罪焉。私念不生,仇怨不结焉。”如果领导者在开展领导活动的时候,没有适当的名义就会惹来下属的非议,让名义归正就一定要委屈自己,不能自私。自私的念头不产生,仇怨就不会结下了,就能够“止怨”。

如果发生了怨恨,就要解开。冤家宜解不宜结,“惑不解而恨重,释惑者固自罪焉”。领导者不解除疑惑,就会加重怨恨和对立;想化解双方的疑惑与矛盾,领导者就得勇于承担责任,自责以求得对方谅解。

《止学》中说:“宽不足以悦人,严堪补也。”如果领导者当老好人,谁都不得罪,那样的结果只能是任人摆布。没有威严,也就没有威信。一味当老好人,可以树立起“仁慈”的形象,但是不能够树立起威信。只有宽严适度,才能真正赢得他人的尊重。我们在现实生活中也都看到过、体会过,那些一味对人忍让宽厚的老好人,往往活得非常窝囊,活得很累。对下属好,其非但不领情,往往还会产生很大的意见。因为每个人都有发泄自己不良情绪的阴暗心理,老好人往往就会成为最佳的出气筒。所以与人交往就得你敬我一尺我敬你一丈,你拿我不当回事,我就不必委屈自己,领导者绝对没必要充作老好人被人随意轻视。

“止怨”要求领导者必须奉行“中庸”之道。领导者是要以人的内在要求为出发点,使人家的愿望在现有条件下,得到最适宜的、最恰当的、无过与不及的表达与实现。这样就能够“止怨”。然而,坚持“中庸”不是一件容易的事情,往往要比不负责任地做老好人难得多,需要的是胆量和勇气。《中庸》所说的“中立不倚”,也绝不是一种保持中立的“骑墙”主张,而是儒家所标举的一种难能可贵的君子节操,即“故君子和而不流”,这是领导者时时处处都要坚守的信念,“临大节而不可夺也”。

九、“止心”的领导艺术

《止学》中说:“欲无止也,其心堪制。惑无尽也,其行乃解。”人的欲望是没有止境的,只有思想可以制伏它。疑惑是没有尽头的,践行就能解除它。“止心”就是要止欲,要止物欲和功名之欲。戚继光曾说过:“功名利欲,与心为敌无异于寇,能剿外寇却不能攻心寇,不可省焉!”他进一步说:

“去外寇易，去心寇难。”应当承认，人有欲望不但正常而且天经地义。但是，欲望绝不能过了头。老子说：“金玉满堂，莫之能守；富贵而骄，自遗其咎。”(《道德经 · 九章》)他还说：“宠辱若惊，贵大患若身。何谓宠辱若惊？宠为下，得之若惊，失之若惊，是谓宠辱若惊。”(《道德经 · 十三章》)因此，领导者应当淡化物质欲和名利欲，应当有云卷云舒、花开花落的情怀，这样才能打破欲望的枷锁。

《止学》中说：“无嗜之病，其身靡失。”领导者如果有特殊嗜好，一方面容易玩物丧志，另一方面容易被他人利用，投你所好而为人谋利，因而挟持你。领导者少些嗜好，就不会轻易迷失，从而走错路。社会上有林林总总的潜规则，其实就是领导者设立的一道道办事门槛。那些相对弱势的一方只能各显其能投领导所好，从而让自己获取一定权力。现在，社会上各种利益纠葛很多，为权力寻租提供了很大的空间。领导权力过大，已经到了很难制约的地步。一个普通人想办什么事，就必须研究透主管领导的嗜好，投其所好，才能通关或获得便宜。否则就会处处受阻，门难进，脸难看。从那些落马的领导身上可以看出，正因为他们有各种各样的特殊嗜好，才被人极力逢迎，不给好处不办事，给了好处乱办事。这样的领导迟早要出事。

“止”的思想古已有之，但作为一种专门学问，《止学》比较系统地研究了领导者如何践“止”。“止”之奥妙，存乎一心，学习《止学》，贵在体悟，要读原著。“当进则进”是领导常识，“当止则止”则需要定力。其实，“止”是“进”的另一种形式。如果一个领导者决策失误，及时停止就是“进”，要停下来思考“不应该做什么”，这是《止学》的核心问题。《止学》共十卷，我们在上面都有涉猎，当然是浅尝辄止。随着经济与社会的发展，领导之“止”的外延已经大大扩展，比如，止争、止错、止耻和止怠等等，我们的研究不能够囿于《止学》，要根据实际情况去开发《止学》，形成现代版的新的《止学》，这对指导领导工作具有现实意义。

用“易”的领导方法与艺术

【深一度】《易经》广大精微，其大无外，其小无内，无所不包，全面而深刻地解读《易经》几乎是不可能的事，所以，人们在运用《易经》解释世界时，基本上是为我所用，各取所需。在领导学的视角下研究《易经》，也是见仁见智。但是有一种“卦辞领导”的研究倾向值得注意，就是通过对每一个卦辞的阐释，来谈论领导方法和艺术，借此把一般的领导学知识与六十四个卦辞结合起来，显得学问高深。其实，这种研究没有参透《易经》的广大精微，没有以此来提升领导学的理念、升华领导学的原理、拓展新的领导方法和艺术。

我认为，对《易经》的研究，不能停留在卦辞上，而是要围绕“易”字进行研究。“易”是领导学最核心的东西，而阴阳互易则贯穿在领导活动的始终。所以在这里，我仅仅从领导用“易”的角度谈谈看法。

什么叫“易”？我理解就是“变”和“应变”。第一，易是变化，是事物怎么变的规律，包括已经发现和尚未发现的变化规律，即老子说的“非常道”和“常道”。第二，易是应变，这种应变不是一般管理学中权变和应对，它是因变而变的连续之变，变到最后总能找到化解问题的周全之变，所以，《易经》的另一个名字就叫《周易》。《易经》里讲“易”有三义，即简易、变易和不易，其实是“易”有多义。《易经》阐释问题一般止于三，如果讲三点，就意味着这三点仅仅是“精微”，还有“广大”的外延。领导用“易”，不仅要探索规律性的原理和原则，还要掌握用“易”的技巧。简易、变易和不易，可视作领导学的原理，而随易、平易和迟易则是更多地体现领导方法和艺术。

1. 简易

就是把复杂的问题变为简单的问题，通过简化或者忽略一些次要因素，使问题变得简单明了，容易解决。从《易经》来看，一个事物内部的阴阳两部分是互相依赖和互相转化的，而且阴阳是交互作用的。一般来说，两个运动体的交互作用比较难把握。比如，骑在马上猎射飞行的鸟，难度就比较大。如果站在地上去射，或者去射停在树上的鸟就相对容易一些。社会运行也是类似的。大的方面，政治、经济和文化都有自身的运动规律，而且还有相互作用的规律；小的方面，企事业单位和个人也都存在着博弈。简易，就是在矛盾运动的统一体中，找出相对静止的因素，并把这些因素视作暂时静止的东西,集中力量去控制运动的因素。在这里,暂时静止的一方称为“阴”,运动着的一方称为“阳”。领导者在处理问题时,应当分析每一个矛盾中的阴和阳,研判其中的阴阳比例,确定能量最强、活性最大的阳性因素,对它们进行调控;暂时忽略活动性较弱的阴性因素,减少解决问题的变数。比如一大群人来上访,用简易的观点来看,这是一个非正式组织,必定存在非正式领袖,这就是“阳”,是领导者对话的主要对象。如果领导者面对群体去“吵架”,就是阴阳不分。“简易”的道理告诉我们,“易”既是事物变化的存在形式,也是事物变化的内容,但是万变不离其宗,即事物的阳性始终能够被我们把握住。所以,“以不变应万变”常常就是“简易”的领导方法和艺术。

2.变易

大致上可以理解为博弈。不过,在这里,领导者“博”的不是“弈”,而是“易”。在复杂的领导活动中,领导者与被领导者之间的矛盾运动表现为多变数的博弈,这些“弈”化为“易”,乃你中有我,我中有你;阴中有阳,阳中有阴;刚中有柔,柔中有刚;扬中有弃,弃中有扬;破中有立,立中有破。这些东西构成了领导活动中的一个个“易”,变易就是要对这些复杂的变化用非优化、非规范化和变化的方法,对亦此亦彼、亦是亦非的问题不断地实现对立统一。变易与上面所讲的简易的主要区别在于很难找出单纯“阴”的因素,阴阳交织难以分离。所以,“运动”是变易问题的根本属性。变易的多边矛盾性,再加上背景的模糊性,就孕育了问题发展的多种可能性。任何一个变易问题都是包含着各种矛盾关系的综合统一体,它总是处在对立统一运动的状态之中。这种状态因诸事物的阴阳均衡而相对稳定,一旦其中的“对立”有所变化,就会产生新的“阴阳”而统一起来。因此,变易的随机性是很大的。它的阴阳变化,是形成随机性的依据;而外部背景力量的消长,又使“易”的走向身不由己。这种特性告诉我们,变易是曲线的,正如太极标识的圆圈中,用来分别黑白的是“反 S 形”的曲线，而不是直线。《庄子·应帝王》中说这个地方为“混沌”：“南海之帝为倏，北海之帝为忽，中央之帝为混沌。倏与忽时相遇于混沌之地，混沌待之甚善。”面对“交互处”的混沌，需要变易的事情很多，变易的依据是事物的非均匀性和非对称性。所谓非均匀性，是指变易由于时间、地点和条件的不同会出现不同的结果、不同的效应，舍此便会发生性质的变化。要求我们具体情况具体分析，把变易置于一定的环境中去考察，因地因时因势地加以处理，而不能简单地用原则去套。所谓非对称性，是指参与变易的各种因素所处的地位、所起的作用是不同的，在支配与从属、策动与响应等不对称关系中，其中某种因素会起到推动整个问题演化的作用，而另外一些因素则在这种相互制约、相互干扰中失去了自身运动的独立性，从而使变易形成某种整体的效应。

3. 不易

第一层意思是指领导活动中的有些原则或底线是不能突破的，这些东西是不许“易”的；二是指领导活动中有些资源是不能轻易动用的，需要讲究领导方法和艺术；三是认为“易”就是“不易”，“不易”也就是“大易”，要用“易”来实现“不易”。领导者要敬畏法律，敬畏权力，敬而远之，不轻易用法和权去管制下级，法和权只是领导者做腹案用的，是备而不用的硬件；而面对被领导者，讲出来的是情和理，充满人情味，让部下认为这是情所必然而理所必至的事。《易经》认为法太滞后，缺乏包容性。立法必须经过程序，在这个过程中，新的变数又产生了，所以往往不能与时俱进，兼顾不到方方面面。而理是从法中提炼出来而且层次更高，理能再现立法精神，更具灵活性和可接受性，可以顾及人、事、时、地、物等所有变数。当然，领导者不能把不合法的事情设法加以合理化，这是本末倒置。可以说，讲究不易的领导者敬畏法律，重视法律，却不喜欢法治。他们认为权力太刚性，缺乏人情味。那么，领导者是怎样坚持原则，实现“不易”的呢？显然，领导者不会用权力使下级臣服，不会明显地发号施令，不会让下级感到被动，而是用软实力和影响力来衡情论理，由情入理，一般的下级都会领情。这样，领导者与被领导者之间就有感情的互酬，组织就充满了人情味。可见，实现“不易”的领导需要极高的修养。只有具备这种修养，才能做到法在腹中、权在心中、情在意中、理在口中的“不易”境界。有一副对联用来诠释“不易”是很贴切的：世外人法无定法然后知非法法也，天下事了犹未了何妨以不了了之。比如说面对一场争论，善于用“易”的领导者往往很冷静，总有一种“不易”的态度表现在他身上。他不会偏激，不会轻易地去过分表现什么，展示什么。领导者好像是一种化合物，在化合着偏激，也化合着自己，使一切矛盾变得柔和起来，最终以“形圆神方”方式坚持了原则。

4．随易

随易与不易的区别在于：前者不刻意坚持什么，领导工作以群众的意志为转移；而后者必须在领导工作中坚持某些原则。但是从领导方法和艺术上看，它们比较相似。随易不是随意，而是领导者能够自如地把握“易”。从人的主观性来看，可以把领导者区分为随易型和随意型两种。前者见机行事，后者一意孤行。很多人对后者印象很深，因为他们雷厉风行，反而看不出随易型的领导者有什么大智慧或有什么高明之处。实际情况是随易型的领导者因为其智在胸，从来不想显示自己什么力量，因此他从来不会因反面力量的袭来而倒下，也从不会因为两股力量的冲撞而落入矛盾的陷阱。他们在矛盾与争斗中用“易”说话，所以尽管不动声色，也有能力促成事物向好的方面转化与发展。这是因为随易的柔性中潜藏着无数的变通。他们不会只认死理，在一条道上走到黑；他们头脑中的办法很多，自如运用；他们凡事总会为自己，也为他人留有余地，并且最大限度地发挥余地，制造和平的广阔空间。所以，这些随易型的领导很少会碰壁，很少陷入被动，而往往是最终的强者。而随意的人遇事容易想当然，容易一边倒。他们做事也显得用力过度，往往为了显示什么，而不顾一切,似乎只相信决心和勇气。他们以为有了这些就可以解决一切。而事实往往并非如此。事物的发生、发展和消亡都是一种“易”的规律在起作用,人只能借助“易”的变化,随易而导,因势利导。你再有锐气,也很难创造它们和改变规律。所以,锐气很足的人恰因为没有认识这种规律,结果形成认识片面,遇事没有准备,最后被“易”的力量摧毁。随易型的领导看到矛盾来了,往往表现得缺乏强硬。愈是冲突最厉害的时候,愈是显得没有力量和没有主张。这是因为,人有的时候只能放弃主张,变得没有主张时才能解决问题,没有主张才能获得大和解、大空间。在领导活动中,不知要发生多少突发事件,有许多事情并不受个人制约。这时你硬要坚持什么自我主张,反而会适得其反。《易经》里面讲到自我,强调的是自觉、自反、自省和自律,一般不讲自信和意志,唯有随易,才能自然一些,我们这个社会才会充满祥和。

5.平易

“易”就是变,《易经》最早的时候就叫作《变经》,所以,“易”总是不平衡的,而领导工作在大部分的情况下是“平易”,即搞平衡。从用“易”的角度去看,搞平衡不能用“拉平”的方法,简单地肯定一切或否定一切都是不妥当的,要注意掌握三个区别。一是区别阴阳。在搞平衡前,要首先认清事情的性质,明确哪些是阳,哪些是阴,即它是什么,不是什么;是对的,还是不对的,或是错对参半的;否则就搞不清应朝哪一方向去平衡,就难以实现平易。如果不然,把正确看成错误,把成绩看成问题,把偶然差错看成是蓄意破坏,那就颠倒了是非,不分阴阳,势必破坏平衡。二是区别阴阳比重。在搞平衡时,必然有所肯定,有所否定。领导者面对问题与矛盾时,该否定多少就否定多少。过少,该否定的不去批评,会留下不平衡的“种子”;但过分否定,又会造成新的不平衡,就需要再去“平易”。对正确的东西,也要有多少就肯定多少,该肯定多少就肯定多少。肯定得过少,会把某些正确的东西当作错误否定掉,造成不平衡;肯定得过多,会把错误的东西也当作正确的东西肯定下来，从而加以支持。过多或过少，都会导致阴或阳不适当地放大，从而扩大阴阳之间的冲突。三是注意阴阳调和。任何事物都有质和量的限度，搞平衡时要注意分寸，把握火候，做到适度。一般而言，矛盾着的各个方面都是相比较而存在，相斗争而发展的，阴和阳总是互相揭其短，取其长，或联合，或斗争。领导者要适度地加以平衡，要从矛盾各方面的差别、对立中找出一致的东西，找出把它们联系在一起的东西。换言之，也就是找出一个适度的“易”。根据《易经》的观点，平衡就是不平衡，亦平衡亦不平衡。所以，我们不仅需要用“平易”去维护平衡，还要用不平衡去推进平衡，把“平易”作为推进领导工作的动力。平衡是事物齐头并进发展的一种形式，那么，怎样才能使事物得到平衡发展呢？先要运用不平衡的手段，运用奖惩机制，在一定“度”内奖优罚劣，从而激励先进，鞭策后进；制造出一些“不平衡”，去推进平衡发展。再及时地对后进多“施肥浇水”，多创造条件，更多地肯定他们的成绩，使他们在失衡感下生出一种求平衡的动力。这样，就会使各种因素、各个方面汇成一股力量，促使事物协调一致地向前发展。

6.迟易

“易”是变化，既是“变”又是“化”，且“化”一般滞后一些。迟易即迟一点化解问题。它不是着眼于解决问题，而是在“解决”与“不解决”之间，找到一个“共解”，这就是化解。领导者遭遇问题，马上想办法加以解决。对于简单的事情，这无疑是一种积极的态度；但对于复杂的事情，便要考虑连锁反应。一个问题解决了，会引发更多的问题，弄得领导者顾此失彼，矛盾的数量随着解决的效率而增加。因此，面对问题，迟易的观点要求领导者不要立即付诸行动，而要思考：不解决行吗？如果不解决比解决好，就让问题摆着，成为下级思考的议题，吸引被领导者的注意力。明明能够解决，也要装迷糊，拖延处置。防止因此产生后遗症，确保领导资源用在关键处。如果问题一定要解决，也不是直接去解决。领导者先把问题抓出来，丢给下级去动脑筋解决。问题由上级提出来，下级才会重视；交由下级去想办法，他们才不至于对解决问题抱理想化态度。这个过程也许解决了问题，那最好；解决不了，也就达到了化解的功效。大家多花一些心思在预防性考虑和化解性对策上面，就自然可以少花一些时间在那里头痛医头、脚痛医脚。问题自然越来越少，由大变小，由小变了。这就是解决问题于无形的“迟易”。它的运作颇像太极拳的推、拖、拉。推有推进、推掉之意，拖有牵引、延迟之意，拉有拉开、拉拢之意。通过这些运作的综合运用使问题得到化解。在领导活动中，面对灰色的事物，面对有争议的问题，面对不清晰的趋势，领导者往往缺乏原则，难以决定，走着瞧。然而，此时“没有原则就是最好的原则”；难以决定就说“不一定”，当然“不一定”不是全盘否定，其中亦有“一定”的成分；走着瞧就是让时间说明问题，暴露是非，以便后发制人，让“水”流到下游再予以疏堵。在领导活动中，“迟易”的首推载体是会议，而且这种会议往往是务虚而会、会而不议、议而不决、决而不行。务虚而会，在于沟通，功利是推出来的，而不是争出来的，在功利变成“实体”以前，大家心存不争，或者以让为争，就可以避免在会上进行“困兽之斗”。会而不议，能够获得共识，使大家按照会前的认知来达成任务。议而不决，事实上是提供了一种继续整合各种意见的余地；决而不行，是防止盲目行动，为“迟易”留下机会。

“无因管理”的领导方法与艺术

【**深一度**】在一个组织中，常常会发生有些事无人管的现象，俗称“三不管”，也就是你不管、我不管、他不管的管理真空。组织中出现管理真空是一种必然现象，即使最周密的制度安排和最高明的领导者也无法杜绝这种真空。所谓“法网恢恢，疏而不漏”，是指触犯既有法律必被正法。而对法外行为，即使产生危害，也无法处理，于法无据。我们所能做的是不断地去完善法律。所以，法律是滞后于行为的，法律漏洞是显然存在的。同理，组织中的制度安排也是滞后的，各种规章制度虽然对人们的可能行为有一定的预见性，但不可能疏而不漏，既然疏之，必然漏之。因此，当组织中出现管理真空，就有可能出现料想不到的行为损害组织，也就需要有一种管理机制去弥补漏洞，调整行为。这就是我们讲的要在组织内部培育无因管理的机制。

所谓无因管理，是指对无因行为的管理。无因行为是指那种未被制度预设和领导者预料的行为。无因行为导致管理意外。对无因行为的管理就叫作无因管理。显然，发生无因行为并不是指人们的行为产生缺乏原因和动机，而是产生原因在于组织的管理漏洞。可见，无因行为其实是有原因的，只是原因在制度和意料之外。既然很难预知，所以，无因行为的原因是多种多样，比如，职责不清、分工交叉、制度缺陷和领导人的预见性不强，都能导致无因行为。既然无因行为不能杜绝，我们就要在组织中培育出一种无因管理的机制，用来治理无因行为，减少无因行为的损害，增加管理的严密性。

1. 及时封闭制度漏洞，建立健全管理制度体系

管理制度的安排有一个科学性问题，制度之间的矛盾容易造成管理漏洞，所以，制度建设要讲体系。增强制度的体系功能，一是讲封闭。发生了无因行为，肯定可以找到制度上的瑕疵。一旦发现，就要及时补漏，用新的制度封闭住这个缺点。否则，已经发生的无因行为会由于失去制度约束而受人模仿。二是讲刚性。虚设的制度必然造就管理漏洞，所以制度不能虚设，要让它发挥“火炉效应”，谁触犯了制度就要被“火炉”烫伤，就要受到制度的弹劾。制度的刚性越大，反作用于无因行为的弹力也就越大。三是讲密度。各个单位和组织，都应该定期加强制度建设，对制度进行吐故纳新，确保制度体系有一定的密度，能起到过滤无因行为的作用。否则，制度太疏，无因行为就会从制度的缝隙中生成。

2. 注重观察人，提高对无因行为的预见性

领导者要想获得治理无因行为的主动权，就要通过观察下属，对无因

行为提高预见性。显然，这种预见性和主动权是有关系的。主动权的有无，决定于领导者预见的正确与错误；而主动权的大小，则决定于领导者预见的正确程度。用观察的方法提高对无因行为的预见性，可以从三个方面入手：一是领导者要尽量留心每一个部下的生活、学习、工作和社交等方面言论举止，看其觉悟高低、作风好坏和能力大小，以此来判断无因行为的可能性；二是领导者要看下属结交什么人，敬重和仰慕什么人，鄙弃什么人，根据同类相聚、同气相求的原理，判断其品格高下和行为走向；三是在相互比较中观察下属，看他们在一些问题上的态度和做法，从中发现可能做出无因行为的人群。高明的领导者还可以根据人的个性特点、人性的弱点和人性的假设等理论与方法预见无因行为。

3. 培育泛责任意识，构建事事有人管的机制

泛责任意识是职责和责任意识的一种延伸，是对职责和责任的一种宽泛理解。在一个单位中，每一个人都有职责和责任安排，但是，他们作为职责和责任的主体，愿意在更窄的层面上去负责，认为少做事就少犯错误。这就使得组织设计好的职责和责任不能到位，导致无因行为有机可乘，无因行为的空间无端扩大。所以，我们不仅要使这种已经分配好的职责和责任横向到边，纵向到底，还要做适度的拓展。怎么拓展？我们引进职责隶属度的概念来说明。任何一项职责的构成，都有其主体部分和边缘部分，如果边缘是模糊的，构不成明显的边界，那么，职责就可以延伸出去。通过这种延伸，把本是无因的行为纳入到延伸的职责中去，变成有因行为，让负责者担当起管理责任。通过延伸，扩大责任半径，尽量做到事事有人管。

4. 重视衍生工作的管理，防止在这块工作上产生大面积的无因行为

在一个单位中，总有一些人厌恶公共事务、政治学习和义务活动，事不关己，高高挂起；有些领导对这类工作也不重视，说起来重要，行动上应

付。不仅这块工作紧不起来，还松散了组织纪律，导致无因行为发生。比如，有些员工无故缺席集体活动，有些员工在集体活动中散布消极言论，有些员工出勤不出力。我们认为，个人在组织中，工作的含义是丰富的：一是本职工作，是构成工作的主体，员工的行为来源于职责，是有因行为；二是派生工作，是本职工作的延伸，附着在本职上；三是衍生工作，是组织在运转中生成的一些事务，虽然不是员工的本职，但需要全员共同分担。比如，在学校里，教师的本职工作是教书育人；派生工作涉及教务协调和学生管理等方面；衍生工作则是学校的党务校务，包括社团活动和政治学习，以及来自上级组织布置的非本职事务。作为员工，都非常看重本职工作和派生工作，认为是应尽的义务和责任；但对衍生工作则比较懈怠，认为是额外任务，敷衍了事，有的员工干脆采取不抵抗、不配合和不理会的态度，这种冷漠状态疏离了人际关系，影响了单位整体效能，扰乱了单位的生态，不良风气由此生长出来。衍生工作对个体虽然显得多余一些，但对组织和领导者是重要的。领导者必须花很大精力去落实衍生事务。衍生工作对领导者而言是有因行为，但被员工认为是可有可无的东西，因而会做出消极怠工的无因行为，对抗衍生工作，拒不履行衍生的事务。领导者应该把衍生工作纳入工作考核机制中去，防止在这块工作上发生无因行为。

5.增强全员自觉，在组织中建立分工不分家的合作机制

现代组织的分工越来越精细，有些大型组织不仅条块交叉，结构复杂，而且部门的专业化程度很高，妨碍了沟通和协调。人们虽然在同一个单位工作，但因分工精细，对于其他部门的事不甚了了，是一个相对“外行”。这种情况导致组织内部产生割据，分工变成了分家。由此，许多处于各家结合部的事务，便变成无因行为。这个问题，有体制设计上的原因，但更重要的是理念自觉，对这个问题，必须增强全员自觉。这里有三层意思：一是要在单位中确立分工不分家的理念，用总体观点看待分工间

题。在单位中,任何分工都是服从总体的,任何部门都是总体的一部分,考虑任何问题的立场都是从总体出发,而不是倚重部门和分工。只有这样,才能你好我好大家好,大家好才是真的好。否则就会出现分工后的无因行为。二是要认识到组织中任何一个部门和员工,都是其他部门存续的前提。有些无因行为虽然与己无关,但是通过曲折的途径也会影响到自己,因而整个组织和每一个员工都必须增强合作意识。三是每一个部门和员工,都要扩大知识面、业务面。专业化分工往往让人们的知识趋于狭隘,立场、观点和方法的局限性增加,导致相互配合弱化而产生无因行为。因此,必须在全员层面上扩大知识面、业务面,防止自己的行为成为别人发生无因行为的依据。

6.鼓励人人介入无因管理,建立无因行为管理的补偿机制

单位里存在管理真空,发生了无因行为之后,在第一时间发现的往往不是领导者,而是靠近这个行为的员工。因为员工在第一现场,他们是最先感受无因行为的人,所以,管理无因行为要依靠群众,而不是依靠领导。依靠群众就是让群众介入无因管理,使他们不至于因为参与管理、敢于批评、纠正错误而吃亏,不仅这样,还要补偿他们的积极性。否则,谁发现了问题,就埋怨谁不尽义务,那么就没有人去管“闲事”了,大家都变成了事不关己的旁观者,看到损失也任凭自然。在法学上有一个概念叫作无因管理债权,说的是为避免他人遭受损害而乐助的人,有权得到必要的补偿。比如,当看到小孩迷路,“打的”把他送回家,就产生了收受家长出租车费用的权利。我们总不能让人家做了好事又贴钱吃亏。所以,在单位里,领导者要鼓励人人参与无因管理,就必须补偿当事人。否则,无因管理将因吃亏而难以为继。谁发现了管理漏洞,谁阻止了无因行为,谁挽回了重大损失,谁就应该得到单位的奖励。因为单位是受益人,应当给予当事人适当的物质补偿或精神补偿,同时,也会增强大家介入无因管理的积极性。这不仅能减少无因行为,也能减少单位的损失,增进全员的主人翁意识。

“长尾管理”的领导方法与艺术

【深一度】在领导工作中，通常以重要而少数的事情为“头”，次要而多数事情为“尾”；就创政绩而言，创显绩为“头”，做潜绩为“尾”。好多领导者习惯于重头轻尾的领导方法，而基于长尾理论的领导方法认为，现在的情况发生了变化，抓“龙头”已经常态化了，难抓的是“尾”大不动。因此，领导者必须将着眼点和抓手置于那些次要的、轻易的、普通的和长效的“长尾”工作之上，由此导出了“长尾领导”的观点。这个观点认为“长尾”集中在基层，并且随着形势的变化而变化。领导者要下基层去“服务”。“长尾领导”的出发点和归宿都是“群众”，不仅讲“一切为了群众”，还要讲“为了群众的一切”。要善于发现群众中存在的小事情，要把小事当成“长尾”和大事情来抓。“长尾领导”推崇群众路线的工作方法，强调态度重于能力，讲究小处着手的领导艺术。

在领导工作中，好多事情集合在一起，有些是可以立竿见影做出政绩的，有些则是一时难以奏效的潜绩；而且，这些事情都可以分出“头”和“尾”。一般地，显绩为“头”，潜绩为“尾”，头与尾的比例大约为二八。换言之，我们习惯上把那些上级重视的、少数的、重大的、紧急的和难点热点作为“头”，把那些次要的、轻易的、长效的和普通的事情或群众的事情作为“尾”，并在领导活动中奉行“抓大放小”和“抓少放多”，而现行领导学讲到的“二八律”“关键的少数”和 ABC 分析法等理论，几乎完全支持这种“龙头领导”的方法。事实上，还存在一种与之相反的“长尾领导”，就是“抓多放少”，以潜绩彰显政绩，把领导工作的着眼点和抓手置于那些次要的、轻易的、普通的和长效的事情之上。这两种领导方法是相辅相成的。作为领导者，既要会牵“牛鼻子”，还应该学会怎么去抓“牛尾巴”。在当前，各级各部门领导的热情非常高涨，而中层干部与群众则比较麻木，“尾”大不动。在这种情况下，尤其需要研究“长尾领导”的方法与艺术。

一、“长尾领导”的理论来源

任何一种严谨的领导方法和艺术，都应该具备一定的理论和实践基础，“长尾领导”的方法与艺术受到长尾理论的启发。长尾理论是网络时代兴起的一种新理论。在过去，人们只关注重要的人或重要的事，如果用正态分布的曲线来描绘这些人或事，人们只能关注曲线的“头部”，而忽略了处于曲线“尾部”的效益，因为“尾部”太大，关注它需要更多的时间和精力。而在网络时代，由于关注的成本大大降低，人们有可能以很低的成本关注正态分布曲线的“尾部”,“尾部”产生的总体效益甚至会超过“头部”。

从百度百科上,我们能够初步了解长尾理论的基本意思。《连线》杂志主编美国人克里斯·安德森于2004年提出了长尾理论。在一次跟eCast首席执行官范·阿迪布的会面中,范·阿迪布从数字音乐点唱数字统计中发现了一个秘密:听众对98%的非热门音乐有着无限的需求,非热门的音乐集合市场无比巨大,听众几乎盯着所有的东西。他把这称为“98法则”。安德森意识到阿迪布这个有悖常识的“98法则”,隐含着一个强大的真理。于是,他考察了互联网零售商的销售数据,并与传统零售商的销售数据进行了对比,观察到一种符合统计规律的现象。这种现象恰如以数量、品种二维坐标上的一条需求曲线,拖着长长的尾巴,向代表“品种”的横轴尽头延伸,“长尾”由此得名。长尾理论认为“长尾”的效益超过“头部”,因而必须重视“长尾”。

把这个理论嫁接到领导学中,就可以表述为“长尾领导”理论,这个“尾”不是显绩而是潜绩,是领导工作中那些次要的、轻易的和普通的事情或群众的事情。这个“尾”就是基层,就是基础。这个“尾”不抓好,一般在短时间内影响不了领导者的政绩,但是会留下隐患,产生民怨,与领导的初衷相违背;从长远来看,这个“尾”不抓好,会损害党和政府的威信,败坏领导机关的风气,领导工作也就难能落到实处。所以,领导者既需要抓“龙头”,更要注意“抓尾”。明显的是,这种“长尾领导”的方法并不是我们通常讲的“抓两头带中间”,而是一种抓“尾巴”促全面的领导方法。当然,实施这种领导方法是有条件的,它在很多时候是对“龙头领导”方法的必要补充。

二、“长尾领导”之“尾”的外延

“长尾领导”理论之“尾”的内涵已经很清楚了,简单说,就是人民群众

“多而杂”的具体诉求，但是这个概念的外延是非常丰富的。为了更加准确地理解“长尾领导”理论的外延，我们需要结合长尾理论来做些说明。

长尾理论是对传统的“二八律”的一种否定。在经济和管理上，我们一直在用“二八定律”来界定主流，计算投入和产出的效率。它贯穿了整个生活和商业社会。“二八律”是1897年意大利经济学家帕累托归纳出的一个统计结论，即20%的人口享有80%的财富。当然，这并不是一个准确的比例数字，但表现了一种不平衡关系，即少数主流的人或事，可以造成主要的或重大的影响。表现在市场营销中，厂商会把精力放在那些有80%客户去购买的20%的主流商品上，其中被忽略了的80%的商品就是长尾。但是人们看到，在互联网的促力下，被奉为传统商业圣经的“二八定律”开始有了被改变的可能性。

的确，传统的市场曲线是符合“二八律”的。为了抢夺那带来80%利润的畅销品市场，经销商之间的竞争往往不择手段。但是在网络时代，过去所谓的热门商品越来越名不副实。比如说黄金时段播出的电视节目的收视率几十年来一直在萎缩，若放在1970年，现在的最佳节目的收视率恐怕连前十名都难以进入。简言之，尽管我们仍然对热门的东西着迷，但它们的经济效益却是今非昔比。那么，那些曾经热衷于“热门”的消费者已经转向了什么地方？答案并非唯一。他们散向了四面八方，互联网为他们找到了已经细分的市场。互联网使得99%的商品都有机会进行销售，市场曲线中那条长长的尾部，成为营销者可以寄予厚望的新的利润增长点。

上述观点对于领导工作颇有启示。以前，在领导工作中，我们没有力量去解决老百姓方方面面的诉求，所以常常会讲“集中力量办大事”，“解决国计民生”的大问题。虽然这些大问题让老百姓间接地得到了实惠，但是不能触动老百姓的心愿；老百姓更加关心看得见摸得着的直接利益，而这些利益是大量和具体的琐事，并不是“大问题”。“大问题”是“二八律”

中讲的20%的主要事情，老百姓关心的是80%的事关柴米油盐的小问题。现在，随着经济与社会的发展，我们已经有能力解决好老百姓具体问题，我们必须把事关群众利益80%的“尾巴”抓起来。

如上所述，“消费者的关注转向了四面八方”，在领导活动中，这个消费者就是人民群众。我们应该注意到社会情况发生了复杂而深刻的变化，注意到群众的诉求已经日益多样化了，特别是经济成分和经济利益多样化、社会生活方式多样化、社会组织形式多样化、就业岗位和就业方式多样化日趋明显。而且，这“四个多样化”还会向广度和深度发展，这是一个不可避免的趋势。在这种情况下，集中力量办几件大事，是不能够满足群众的需求的。必须在领导工作的内容、形式、方法、手段和机制等方面去创新和改进，特别要在关注时代感，加强针对性、实效性和主动性上下功夫，努力增强“一感三性”，主动适应“四个多样化”的发展趋势。这就要求我们必须抓好80%的“尾巴”，要把“尾巴”当作“头”来抓。

根据上述的理解，“长尾领导”的指向是“群众的诉求”，“长尾领导”的外延就是“服务”。首先，长尾理论关注的是销量，并非利润；推论到“长尾领导”，我们在领导工作中要关注“群众的诉求”乃至柴米油盐酱醋茶，而不是GDP等形象工程。超市为了营造货品齐全的形象工程就要亏损；做政绩工程损害的是党和政府的威信。邓小平同志说，领导就是服务。“服务”的成本，比我们搞形象工程的成本要低得多，而且事关广大人民群众80%的事情，我们没有理由放弃服务，没有理由热衷于所谓的政绩工程。其次，要使长尾理论更有效，应该尽量增大尾巴，也就是“制造”小额消费者，这不同于传统商业只关注拿大单。推论到“长尾领导”，就是在领导工作中，我们要到群众中去，“制造”服务群众的机会，全心全意为人民服务，而不是坐在机关里，门难进脸难看事难办，做官当老爷。

三、态度重于能力是“长尾领导”的特征

有些领导者虽然承认“长尾领导”的理论，但是他们认为在领导工作中能不能实现“长尾领导”关键是能力问题，而不是态度问题。这是非常有害的：在理论上，它否定了从群众中来、到群众中去的群众路线，夸大了领导者个人的作用，为主观主义和个人英雄主义提供了依据，支持了不良的政绩观；在实践上，导致领导干部轻视艰苦细致的调研工作，有事不同群众商量，不是依靠群众去解决问题，而是相信自己的超凡能力，以自己的经验和主观判断代替调查研究，是不可能真正抓住“尾”的。所以，领导者要真正实现从“龙头领导”到“长尾领导”的转变，首要的还是态度而不是能力。

第一，“长尾领导”的首要环节是摸准群众关心的琐事。这是一个工作量大、技术含量低、单调乏味且很辛苦的工作，领导者要有正确的态度去对待它。没有诚恳的态度，没有不耻下问的作风，没有艰苦细致的排摸，领导者是不可能走进“问题”的。

第二，实施“长尾领导”，就要密切联系群众，联系群众就是一种态度。群众的要求和情绪也是一个很大的“尾”。如果领导者脱离群众，就会体察不到群众的要求，而做出不切实际的决策。所以，领导者既要把自己当领导，又要把自己当群众；既要深入群众，又要深入浅出。要做到这一点，领导者必须具备任劳任怨的态度。

第三，态度与能力对于“长尾领导”的贡献是不一样的。对于领导干部来说，能力是一种相对稳定的素质，能力的提升是渐进的；态度的活性较大，态度的变化可以是相同的，也可以是相向的。比如，走马看花可以变为脚踏实地，马马虎虎可以变为认认真真。“长尾领导”，贵在坚持。“坚持”就是一种态度，而不是一种能力。如果没有持之以恒的态度，凭能

力是很难坚持“长尾领导”的。

上述道理告诉我们,如果一个领导者要真正实现“长尾领导”,首先要端正态度,要花时间和精力去抓。不要以为自己的能力强和水平高,就可以在领导活动中轻视艰苦细致的调研工作。在这个问题上,没有捷径可走;在这个问题上,态度重于能力。

四、群众路线是实现“长尾领导”的根本方法

群众路线的领导方法,就是一切为了群众,一切依靠群众,从群众中来,到群众中去。实现“长尾领导”就必须到群众中去找问题,就要坚持群众路线。否则,我们就找不到领导工作的“尾”在哪里。只有坚持了群众路线,才能确保“长尾领导”的有效性。当然,走群众路线并不是“长尾领导”的唯一方法。“长尾领导”立足于整个“长尾”,居高临下,把“长尾”当作工作重心;群众路线则是领导者以“低姿态”深入基层,寻求解决问题的方案,它是领导者处理一个个事情必须依赖的路径选择。换言之,“长尾领导”讲的是一切为了群众,为了群众的一切;群众路线讲的是一切为了群众,一切依靠群众。

我们在实施“长尾领导”时,要取得正确的领导意见,必须从群众中来、到群众中去,实行领导和群众相结合,一般号召和个别指导相结合。这就是说,把群众的意见集中起来,化为系统的意见,又回到群众中实施下去,在群众的反馈中考验这些意见是否正确。如果说一切为了群众讲的是目的,就是为什么要这样做,那么一切依靠群众则讲的就是手段,就是如何去做、采取什么方式去做。这是因为以下五个原因。第一,一切为了群众,全心全意地为人民服务,是党的根本宗旨,是领导工作根本出发点和归宿。第二,一切为了群众,就必须对人民负责,善于为人民服务。领导机关和领导者的一切工作,必须以最广大人民的根本利益为最高标

准。第三，一切依靠群众，首先要相信群众能够自己解放自己，要尊重和支持人民群众的革命首创精神；一切依靠群众，既要反对命令主义，又要反对尾巴主义。第四，一切依靠群众，就应该虚心向人民群众学习，应该善于从群众的议论中发现问题，提出解决问题的方针和政策。第五，一切依靠群众，必须在一切工作中发动群众和组织群众，要在新形势下努力创新群众工作的方式方法，作为“长尾领导”的新载体。

“长尾领导”是一种动态的领导，“尾”不是一成不变的。一个领导者，只有时时刻刻把群众的利益记在心中，才能保证“长尾领导”有效性。所以，用群众路线的领导方法来实现“长尾领导”，必须坚持以下两条。

一要积极研究并把握新形势下群众工作的特点和规律，切实提高有效开展“抓尾领导”的本领。要认真研究经济社会生活的新变化和群众工作的新特点，积极探索和掌握适应新形势要求的做群众工作的新途径、新方法、新机制，善于运用说服教育、示范引导和提供服务等方法凝聚和激励群众。要帮助广大群众正确认识改革中出现的暂时困难，引导群众自觉地与党和政府同心同德。

二要把解决群众关心的热点和难点问题作为群众工作的重点。要认真体察群众愿望，关心群众疾苦，把人民群众的安危冷暖时刻挂在心上。“长尾领导”要从人民群众热切盼望的具体事情做起，尽心尽力帮助解决群众生产生活中的实际困难，把群众工作做深、做细、做实。要把群众关心的热点和难点问题作为“长尾领导”重点，针对不同时期群众反映最普遍的问题办实事，让人民群众得到实实在在的利益。

五、小处着手是“长尾领导”必须讲究的艺术

“尾”集中了大量的事关群众切身利益的具体问题，具体问题的特点就是“小”。所以，“长尾领导”就是要重视“小”。

一是大处着眼小处着手。所谓从大处着眼，是指领导者在实施“长尾领导”时，要站得高些，看得远些，要善于从大看小。我们知道，每一个领导者都是在特定的环境中看问题、办事情的，常常受到周围条件的制约，自觉或不自觉地陷入“只见树木，不见森林”的误区。这样，“长尾领导”也就容易失去方向。只有立足于大处，才能驾驭小问题的大走向。其次，要学会从圈外去看问题。这也是一个立足点问题。“不识庐山真面目”的原因在于“身在此山中”，站在本位的立场去搞“长尾领导”，难免带上局限性，往往会把“长尾领导”这一手段目的化，为抓尾而抓尾；如果能跳出本位，站在第三者乃至第四者的地位来“抓尾”，往往能拿出棋高一着的“长尾领导”艺术。所谓从小处着手，是指“尾”虽然大，但是都是由小事情集合起来的。从总体观点来看，任何包括在领导目标之下的事情都是“小处”。总体目标是由“小处”有机地结合而成的，因而不能忽视诸多“小处”的问题。那么，怎样从小处着手呢？关键是要以小见大。有些事情看起来是小事，但它与总体目标紧密相连。小事做好了，有助于领导工作达标。小事做得不好，也会酿成大事，“长尾领导”就有可能变成“龙头领导”了。

二是具体问题具体解决，重视“散装问题”是“长尾领导”的魅力所在。如前所述，“尾”集中了大量的事关群众切身利益的具体问题，每一个具体问题都很小，即使我们不及时去处理它，未必就能影响领导工作的绩效。正因为这样，有些领导者不会去重视这些“散装问题”。“长尾领导”以小问题为对象，强调具体问题具体处理，按照具体问题的个性化特点去采取不同措施。过去，我们对于具体问题具体解决的提法已经习以为常，但对具体问题进行怎样的具体处理等，却缺少范式。“长尾领导”所讲的具体问题具体解决，是指向实质性的，提倡主观性、片面性和表面性的“三性”分析法。领导者必须对任何的细小问题进行“三性”分析，然后给出解决方法。所谓主观性，就是不知道客观地看问题；所谓片面性，就是不知道全面地看问题，只了解一方，而不了解另一方；所谓表面性，就是不知道深入小问题的内部去精细地研究矛盾的特点。排除了这“三性”，我们才能解决好群众中存在的“散装问题”，把事情做到群众的心坎上。

“长尾领导”虽然是一种新提法，但并不是全新的领导方法和艺术。我们只不过是把“民生无小事”提到了“长尾领导”的高度。其实，“长尾领导”的理念已经被许多领导者所认识，然而，他们几乎是把它当作群众路线的工作方法来理解的，认为这是一个老问题，忽视了常讲常新。所以好多领导者都是根据自己对“长尾”的理解，在理论上见仁见智，在操作中各显神通。一个严重的问题是，许多领导者仍然把“为民办十大实事”等貌似“长尾领导”的东西当作“长尾领导”。显然，所谓“十大实事”的领导方法依旧是一种“龙头领导”。可见，如果不对“长尾领导”进行及时与科学的总结，在运用中还是会有许多误解的。

“公开、公正、公平”的领导方法与艺术

【深一度】说到“公开、公正、公平”，大家倾向于认为这是依法行政或行政许可的事情。其实，“公开、公正、公平”也是对领导工作的基本要求。党的十八届四中全会讲依法治国要公开、公正、公平；讲领导决策和领导工作也要公开、公正、公平。虽然依法行政与领导工作都强调“公开、公正、公平”，但是怎么去把握，两者是不一样的。前者大部分都是规定动作，行政工作必须依法规范；之于后者，“公开、公正、公平”只是一种主政理念，领导者可以创造许多自选动作，这种灵活性就表现为领导方法与艺术。不过，这种领导方法与艺术是在“公开、公正、公平”的法律意义层面上生成的。换言之，我们是借鉴“公开、公正、公平”的精神，并把它们解读为领导方法和艺术。

显然，领导活动中公开、公正、公平的含义，与法律上的理解是不尽一致的。前者比较严格地执行有关条文，后者忠于基本“精神”。在行政许可中，“公开”是指政府要真实、准确和完整地披露相关信息；作为领导艺术，则要具体情况具体分析，逐步、有限、有度地公开或透露。在行政许可中，“公正”是指监管机关对行政相对人要维护正义，公正的重心在于“正”；作为领导艺术，公正的重心在于“公”，在于普惠性，而不仅仅局限于“行政相对人”。在行政许可中，“公平”是指要保障人人平等和避免歧视；作为领导艺术，“公平”通常会理解为组织内部的一种平衡态势。在行政许可中，公开、公正、公平是一个相互联系、不可分割的统一整体；作为领导艺术，公开、公正、公平三者具有相对独立性，其中的每一项都可以成为一种领导艺术。那么，在领导活动中，我们应该怎样理解基于领导艺术，而不是基于法律的公开、公正、公平呢？

首先，作为开展工作的一个基本原则，公开、公正、公平，应该是依法行政与领导活动的共同要求。现代行政与领导活动，其实都是服务群众的工作。任何一种服务工作，它的基本面都是大部分的群众。要让大部分的群众相对满意，必须在工作中坚持公开、公正、公平。不公开，群众不知情，何来满意？不公正，群众的权益得不到保障，何来安全感？不公平，难以服众，何来凝聚力？所以，公开、公正、公平是一种行政工作与领导工作具有的共性要求。

其次，公开、公正、公平，在现代行政与领导活动中，是有区别的。公开、公正、公平在行政许可中是相互联系的。公开是一种手段，公平、公正是目的，公开促进公平、公正的实现；公平、公正必然要求行政行为公开，

“暗箱操作”是没有公平、公正可言的。公开、公正和公平都要通过程序来保障和实现,没有法定的程序,这些原则既无法实现,也没有判断标准。它们是一个相互联系、不可分割的统一整体。但是在领导活动中,三者之间具有相对的独立性。在行政中,“公开”是指有关的规定要公开,结果要公开。但是在领导活动中,“公开”是指领导工作的目标任务要公开,领导工作的举措要公开。在行政中,公平是指保障人人平等和机会均等,避免歧视对待。但是在领导活动中,公平是一个心理概念,不同的人有不同的理解。不同的组织、不同的群体有自己的公平观;不同的社会有不同的公平标准。在行政中,公正是一种价值要求, 要求分配公平合理,而且还要合法。但是在领导活动中,公正往往有相对性。领导者有时候可以定义什么是公正,并作为领导行为的依据。比如可以调节分配依据,在一定范围内根据工作需要调节每一个成员所得的份额。总之,在行政中,公开、公正、公平是各自独立且联系在一起的概念;但是在领导活动中,公开、公正、公平既可以相互独立,也可以作为近义词来理解。需要根据具体情况具体使用公开、公正、公平这三个词。

再次,公开、公正、公平在领导活动中,很大部分体现在领导者的素质当中。在行政许可中,公开、公正、公平主要体现在规则与程序中,同时必须靠程序去保障;但是在领导活动中,公开、公正、公平主要体现在领导者的计划职能、决策职能、组织职能、控制职能中,公开、公正、公平必须落实到具体的领导职能中去,落实到具体的事情中去。有些东西可以靠领导程序去保障,有些东西则必须靠领导者的素质去保障。怎样公开,必须按规则;怎样公平,最重要的是法律面前人人平等;怎样公正,是指公平正直,没有偏私。在行政中,这些东西都是以《行政许可法》用规则与程序来决定的;在领导活动中,这些东西往往要打上领导者主观性的烙印。领导者关于公开、公正、公平的观念,不是法定的,而是具体的;不是固定不变的,而是根据工作的需要不断地发展变化。领导者总是喜欢把是否公平、公正同领导工作的目标联系起来，同下属的心理联系起来，同下属对集体的感情联系起来。甚至对于“公开”，在什么范围公开，都会讲究。所以，在领导活动中，怎样实施公开、公正、公平，跟领导者的素质相关。

1.“公开”的领导艺术

在领导活动中，公开的重心在于“开”，在于增加组织内部的透明度。党的十八届四中全会提出全面推进政务公开，坚持以公开为常态、不公开为例外原则，推进决策公开、执行公开、管理公开、服务公开、结果公开。民主的基础是公开，公开是最好的监督。

实践表明，在领导工作中，公开的重要方式是公示，即公开展示。公示制度是人民群众享有的对国家政治和社会生活的知情权、参与权和监督权的有效实现形式。社会公示制度要求掌握国家和社会公共权力的机构，主要是指各级党政机关以及国有企事业单位，对那些除涉及党和国家机密之外的、与人民群众利益直接相关的各种事项和信息，向社会和人民群众告知，并且通过有效的方式，在公示之后收集人民群众反映的意见建议，给予解答和处理。事实上，暗箱操作容易滋生腐败，权力公开透明运行能够有效防止腐败。凡是经济社会发展重大事项、群众普遍关注事项、涉及群众切身利益事项、容易发生腐败问题领域和环节的事项，都要做到及时公开，提高权力运行的透明度。在政务公开方面，认真落实《政府信息公开条例》，深化财政预算决算、部门预算决算、重大建设项目和社会公益事业等信息公开。在各领域办事公开方面，包括企事业单位、群团组织、社会中介组织等，特别是教育、医疗、通信、电力等公共服务单位，都要结合行风治理，进一步深化公开工作。公开内容必须突出重点，挤干水分、拎出干货，让群众听到最想听到的，了解到最想了解的，不断提高人民群众的满意度。

2.“公正”的领导艺术

在领导活动中，公正的重心在于“公”，在于普惠性。第一，公正是一个关系概念。它不是就单个人而言的，而是就人与人之间的关系而言的，在一个组织内部，是就其所有成员而言的。第二，公正具有分配性质。公正问题总是由在人与人之间分配什么东西（如财富、权利、机会等）引起的。第三，公正所涉及的内容是组织资源与组织成员的角色及其权利和义务是否对等，要求对组织成员奖惩分明。

“公正”的领导艺术，要解决一个“惠及全体”的问题。怎样“惠及全体”，时下有两个词值得关注。这两个词最近经常出现在领导干部的各种讲话当中，按出现的时间来排，一个是“最大公约数”，另一个是“最小公倍数”。这两个词的使用频率非常高。“最大公约数”通常是指改革要以促进社会公平正义、增进人民福祉为出发点和落脚点，努力做到学有所教、劳有所得、病有所医、老有所养、住有所居，从而使改革得到更广泛的群众支持和社会基础。“最小公倍数”是指改革要增强发展的包容性和改革的普惠性，让发展和改革的成果更多更公平地惠及全体人民。任何一个领导干部，在处理各种各样与利益相关的决策时，都要考虑这两个问题，在思维方式上要确立改革绩效的最大化思维与改革风险的托底思维。这两种思维，不但高层领导要具备，基层领导也要具备。

3.“公平”的领导艺术

在领导活动中，公平的重心在于“平”，在于组织内部的平衡性。公平是一个“比较”概念。每个人都会自觉或不自觉地进行横向比较，同时也会自觉或不自觉地进行历史比较。当下属对自己的“所得”与“付出”进行横向比较或历史比较的结果表明收支比率相等时，他们便会感受到公平待遇，因而心理平衡、心情舒畅、工作努力。如果认为收支比率不相等时，他们便会感到自己受到了不公平的待遇，产生怨恨情绪，影响工作积极性。当认为自己的收支比率过低时，他们会产生报酬不足的不公平感；比率差距越大，这种感觉越强烈。这时下属就会产生挫败感、义愤感、仇恨心理，甚至产生破坏心理。少数时候，也会因认为自己的收支比率过高，产生不安的感觉或感激心理。

“公平”的领导艺术，要解决的不是“惠及全体”的问题，而是要帮助下属获得“公平感”。当下属感到不公平时，他可能千方百计进行自我安慰，如通过自我解释，主观上造成一种公平的假象，以减少心理失衡或选择另一种比较基准进行比较，以便获得主观上的公平感；还可能采取行动，改变对方或自己的收支比率，如要求把别人的“所得”降下来、增加别人的付出或要求给自己增加“所得”、减少付出等；还可能采取发牢骚、讲怪话、消极怠工、制造矛盾和弃职他就等行为。所以，领导者要引导下属形成正确的公平感。防止下属过高估计自己的贡献和作用，压低他人的绩效和付出；要引导下属多看到他人的长处，认识自己的短处，客观公正地选择比较基准，避免盲目攀比而造成不公平感。领导者要着力营造一种公平的氛围，让下属知道公平是相对的，是相对于比较对象的一种平衡，而不是平均。公平是一种合理体现差距的领导方法，所以在精神上，领导者要采用关心、鼓励和表扬等方式，使下属以多种形式体会到自己受到了重视，品尝到成功的欣慰与自我实现的快乐，让下属以多种贡献获得“公平感”。

其实，“公开、公正、公平”领导方法与艺术，可以在以上三种的基础上，派生出更多更丰富的东西。上述关于“公开、公正、公平”领导方法与艺术的研究仅仅是一种尝试，我们的主要收获不是在于上述的粗浅成果，而是在于我们对于这个研究过程的深刻感悟。我们借鉴公开、公正、公平的法律概念，研发相应的领导方法与艺术，有两点感悟：一是公开、公正、公平的法律概念虽然有一定刚性，但是在依法行政时，其实还是存在着弹性的，所以，我们会常常感到依法治国就好像是在开展领导工作。领导者是这种感觉，群众也是这种感觉，这都是错觉。一方面说明我们的领导者法律意识不强，常常把依法行政做成领导艺术；另一方面，说明领导者对“公开、公正、公平”领导方法与艺术研究不够，没有科学掌握，常常按自己的意愿，跨界使用“公开、公正、公平”去解决问题，结果是领导不像领导，行政不像行政。第二点感悟是，要把“公开、公正、公平”开发成为丰富多彩的领导方法与艺术，需要做大量的研究工作。一方面要基于公开、公正、公平的法理，借鉴依法治国、依法行政的路径，开发以“法律理解”为核心的领导方法与艺术；另一方面，要对公开、公正、公平做深刻的领导学解读，从领导学角度回答什么是公开、什么是公正、什么是公平的问题，丰富它们的内涵，拓展它们的外延，开发以“学科理解”为核心的领导方法与艺术。

“求实求是”的领导方法与艺术

【深一度】实事求是之所以难，因为它不是难在某些方面某个点上，而是难在认知和判断上，难在一些盲点上。要破解这个难题，仅仅从政治上要求领导干部是不够的，还要获得许多技术和科学上的工具性支持。从心理学上去认识这个问题就是这方面的一种尝试。实事求是首先要保证领导干部在认知、情感、意志、思维和社会心理等因素获得真实，并用“思想”和“作风”来统筹诸心理因素的作用，共同克服实事求是的心理障碍，做到实事真求是。

实事求是，一切从实际出发，既是我们党的思想路线的基本要求，也是各级领导干部的思想方法和工作方法。实事求是不仅是贯穿于全部领导活动当中的一根红线，也是对每一项具体领导工作的要求。所以，实事求是既是抽象的，也是具体的。只有在每一项具体工作中实现实事求是，才能把党的思想路线落到实处。以往的研究大都瞄准抽象层面上的实事求是，因而较多地从政治上和哲学上去强调这个问题。这是对的。但怎样具体地实现实事求是，也是非常重要的。从来没有一种实事求是可以脱离具体而得到抽象实现的。对于领导干部来说，怎样在具体的工作中做到实事求是，就是在贯彻党的思想路线。在具体层面上谈实事求是，我们发现影响实事求是的因素很多，有心理学的、管理学的、文化学的、社会学的，仅仅从某一个方面企图实现实事求是都是有困难的。这样的研究虽然缺乏理论原创，但是能产生实实在在的效用，是有价值的。这里着眼于心理学谈点看法，更具体一点，是结合心理学中的认识过程、情感过程、意志过程和社会心理过程中的某些心理因素谈点看法。之所以选择这些心理因素，是因为由它们构成的心理过程同时也是实事求是的过程。

我们认为，实事求是乃是一个过程。在这个过程中，存在着前后两个“求”。前一个“求”在于求实，把客观存在着的“实事”搞清楚；后一个“求”在于求是，把客观存在中的内在规律搞清楚。换言之，前者要搞清真相，后者要搞清真理；前者属于感性认识，后者属于理性认识。所以，只有在求实的基础上才能实现求是。我们发现，在实事求是的过程中，始终伴随着领导者的心理因素。按照认识顺序，形成感性认识的心理因素包括感觉、知觉、记忆等因素，大都分布在“求实”阶段；理性认识所必需的情感、意志、社会心理等因素,大都分布在“求是”阶段。所以,我们基本上以感性认识形成的线索来考察“求实”的心理障碍和盲点,以理性认识形成的线索来考察“求是”的心理障碍和盲点。当然,这仅仅是为了便于叙述。有些心理因素在求实和求是两个阶段都会发生作用,我们只是按其性质把它归到感性因素或理性因素中。

一、领导求实的心理障碍和盲点

领导求实,从实际出发,首要的问题是认准“实际”,找准工作的出发点。求实是实事求是的前提,处于每一项领导活动的最前端,时时处处影响着领导者求是的立场。出发点和立场的错误,不可能把领导工作引上正确的轨道,不可能求出“真是”。所以,求实必须克服以下一些心理障碍和盲点。

1. 眼见不为实,领导求实不能简单地以“看到”为依据

领导求实,就是要按照客观实际的本来面目来反映问题,而不附加任何外来成分。这是很难做到的。一方面,客观实际的多样性和多变性,使领导求实很难同步跟进;另一方面,领导求实的主要途径是观察,信奉“眼见为实”。其实,从心理学角度来看,人们在有些情况下,看到的不是事实。如果看到的东西与实际存在有出入,那么,由此而来的领导求实就不可能真的反映实际情况。在这里,我们要区别哲学上的求实与心理学上的求实。哲学上讲从感性认识到理性认识,透过现象看本质;心理学上讲看到的现象并不是实际的映象,它会因领导者的选择偏好、错觉和眼界高低而产生“折射”,从而歪曲地反映现象。这就是心理学上讲的“眼见不为实”。换言之,不同的领导者对同一现象会做出不同的“真”判断。因此,领导者不能简单地以亲眼所见代替实事求是。

“眼见”的选择偏好是指人们对看到的东西不会尽收眼底,而是有选

择地吸收,未吸收的东西即使存在,也会被当作不存在。这不是视而不见,而是见而无视。领导者往往要在同一时间内有选择地处理问题,对于被选择的对象,领导者可能有一个清晰的观察;而对未作为近期工作安排的对象,则可能未进入视野,即使被看到了,也会因未被重视而模糊。所以,“眼见”的这种选择性,会使一部分事情突出起来,而另外一些事情会被遮蔽起来;或者是事情的某些方面被突出起来,而另外的一些方面会被遮蔽起来。“眼见”在事实上只见到了突出的东西,并且以此代替全部,作为领导求实的结论予以运用,损害了领导求实的客观实在性。当然,有些事情本身也会在第一时间抢夺领导者的眼球,把领导求实引入歧途。

“眼见”的错觉是指同样的两个东西会让领导者感到它们是不一样的。特别是某些事物被置于不同的参照系或不同的时空条件下,就会让人产生错觉。两根一样长的筷子,如果把它们摆成 T 字形,我们就会觉得垂直线会比水平线长一些。同理,如果两个下属都做好了同样的工作,领导者也会因错觉而得出不一样的评价。“眼见”的错觉主要来自观察的背景、事物的排列组合和外来信息,这些东西会诱发领导者产生视觉错误,造成眼见不为实的观察效果。这种视角错误源自于人类的通性,有时是难以避免的。领导求实时务必引起注意,不能过于相信自己的观察力。

领导者的眼界是指领导者看问题的境界,大概包括观察的高度、角度、广度和深度。眼界是一种形成性的东西,与领导者的经历、资历、职位和岗位有关,长期的领导工作经历养成了领导者的眼界;此外,先天的素质也会影响领导者的眼界,比如,有些领导者善于从总体上把握事物的属性,他看到的东西往往会体现高度,而对细节却不敏感;相反,有些领导者对细节很敏感,他们在第一时间会看到局部和要素的重要作用,会以“盲人摸象”的思维产生观察结论。这说明眼界跟领导者个人先天对事物解构偏好有关,类似于我们在上面谈到的观察的选择性。一般而言,主要领导的眼界开阔一些，分管领导的眼界狭隘一些；综合部门的领导眼界高一些，业务部门的领导眼界低一些；块块领导的眼界全面一些，条条领导的眼界专一些。

2. 记忆不靠谱，领导求实不能简单地以“想起”为依据

这里讲的记忆主要指储存在领导者脑子里的东西，是一种神经记忆。我们说它不靠谱，主要是指这种记忆功能比不上人类其他类型的记忆，如DNA遗传记忆和免疫记忆就比神经记忆更靠得住。神经记忆体现在领导活动中至少有四个方面的缺陷和盲点，即健忘、分心、错认和暗示。这些方面对领导者的影响是不一样的。

健忘和分心是疏忽的过错。健忘是记忆的基本特性，在本质上是一种暂时性现象。领导者本应记住某些事实、事件和自己的想法，但往往会忘记一部分，导致领导活动的缺失。比如在做决策时，没有把应该考虑的因素吸收进去，导致决策不够周密，预后效果差，造成不必要的“再决策”和“亡羊补牢”；又比如在部署工作时，往往丢三落四，想到的东西反复强调，记不起的工作就被疏忽了、推迟了，影响整个领导活动的协调发展。分心是指领导者的注意力分配问题。有些领导者在关注某一工作时，往往因此忘记了同时发生而应该记住的事，致使这件被忘的事失去了最好的求实作用。这种分心往往需要领导者去弥补，不仅领导成本增大，而且也影响领导求真。因为此时的领导求实已经离开了当时的条件，情况发生了变化，是在新的条件下去求实去回忆。

错认和暗示属于记忆的指令性缺陷，会以错误的记忆妨碍领导求实。错认是把虚幻的东西误认为真实的东西。领导者比一般人更自信，包括相信自己记住的一些东西，容易把错认的东西作为依据来使用。比如，在领导决策时，就会错认群众需求，把非群众需求当作群众的迫切需求，而急群众所急，这样的领导求实，就必然脱离实际。于是，一些形象工程等不切实际的做法就会成为领导者的政绩。暗示是指领导者对某些观念的

记忆根深蒂固，一旦遇上能藕合上的人和事，会自然生出与记忆相关联的问题和意见，老套路会随时蹦出来，而代替领导求实的过程。在领导工作中，经常会因暗示而产生经验主义、主观主义和僵化等思维习惯，思想不愿再解放，严重妨碍了领导求实与时俱进。

3. 知觉有偏差，领导求实不能简单地把知觉当作“知道”

客观事物作用于人的感觉器官，就产生感觉，人脑对这些感觉产生的整体性反映，就叫作知觉。一般而言，当感觉变为知觉以后，很多人就会以为自己知道了该事物。其实，在这个时候，知觉还不能完全正确地反映客观事物及其属性，而且往往会歪曲地反映一些问题。所以，知觉不等于“知道”。知道是主观和客观相一致的反映，它是有过程的，而知觉则是缺乏过程的。知道的过程需要整合感性和理性、个别和一般、真理和谬误、绝对和相对等诸多矛盾，在感觉和知觉的基础上，揭示事物的本质属性和规律，变主观为客观，从而达成主客观相一致。可见，“知道”是知觉的后期产物，是对知觉“去歪曲”后的东西。在领导活动中，造成知觉偏差的心理学因素大致可归纳为先入为主、后入为主、成见和领导者的需求。

先入为主是指最先留给领导者的印象会影响领导求实，也叫第一印象作用。一个下属如果在第一时间或第一件事情上在领导者心目中留下了好印象，领导者就会由此及彼来看待和理解这个部下，爱屋及乌，容易看到好的方面；相反，如果这个下属在领导者心目中留下了负面印象，那么，即使该下属表现得较好，领导者对他的评价也会打折扣。

后入为主与先入为主相反，是指最近的某些事情留给领导者的印象会影响领导者的判断。我们常说 100－1＝0 就是这个意思。你做了许多好事，但最近却做了一件不好的事，那最后这件事就会抵消以前努力所积累的绩效。在领导活动中，我们坚持实事求是，一切从实际出发，具体问题具体分析，就是为了避免这种近因影响，用辩证的观点、联系的观点和历史的观点弥补知觉对事物的歪曲，变知觉的片面性为“知道”的全面性。

成见是领导者以自己的一些固化的观点，来代替对具体情况的判断。如有些领导者认为老同志墨守成规、缺乏干劲；认为年轻人嘴上无毛、办事不牢。其实老同志中不乏开拓创新者，年轻人中也有畏难不前的。这种成见的知觉用习惯性思维来看待不断变化的东西，把已经变化了的东西纳入自己的成见，自然会把不甚知道的东西当作知道了，失去了对事物评价的客观性。

领导者的需求也会对客观事物产生不同的知觉。能满足领导者当下需求的东西，往往优先被知觉。比如，领导者对工作中热点和难点很敏感，在处理这些信息时，就会从个人需要出发去知觉，或添油加醋，或七折八扣，使之尽量适合自己的“胃口”。换言之，领导者的需求会影响其动机和行为，会把客观的东西按主观需求来解释、取舍。比如，对上级政策的解读，会各取所需；比如，对“一票否决”的事情会盯牢，会产生强烈的知觉冲击；而对需要从现在做起的一些长远的事情会搁置起来。

综上所述，从领导者个体来看，类似于上述的领导求实的心理障碍和盲点，有些是人类的通性，较难避免；有些跟领导者的后天修养有关，可以改进。这就是说，克服领导求实的心理障碍是可能的，但要完全去除这些心理障碍是有难度的。从领导工作的特点来看，领导求实就是揭示和把握领导活动的客观性，防止自己的心理障碍成为领导活动参数，从上述“眼见”、记忆和知觉三方面来看，领导求实应求眼见之实、记忆之实和知觉之实。一是求眼见之实，就是要辅之以调研。眼见，其实是领导者的个人之见，不够全面。只有经过调研，才能消除片面性，把眼见的误差消化在调研的过程中，使眼见为实。二是求记忆之实，就是要做到历史的具体的统一。记忆是历史的东西，记忆中的东西要和现实具体事件紧密结合起来才有价值，才是记忆之实。三是求知觉之实，就是对知觉材料，经过去粗取精、去伪存真、由此及彼、由表及里的思考与分析，除去歪曲的知觉因素，存知觉之实，就是理性认识了。总之，领导求实对于领导者来说是一个永恒的课题，是一个常讲常新的课题。只有不断提高排除心理障碍的自觉性，才能在领导工作中真正坚持实事求是。

二、领导求是的心理障碍和盲点

当领导者通过“求实”获得了一个比较真实的客观实际后，还要通过“求是”来找出领导工作中的规律，从而完成“实事求是”的过程。这个过程受到情感因素、意志因素和社会心理因素的影响。情感因素伴随着求是过程而产生，同时产生了的情感又会反过来影响领导者求是的质量；意志因素有助于领导者克服求是过程中的困难，贯穿于求是过程的始终，没有良好的意志品质，就不可能求实求是；人是生物实体，也是社会实体，每一个领导者都生活在具体的社会关系中，积淀了一定的社会心理因素，同时，领导求是也是对各种社会心理因素的整合，这些因素必然影响领导者的判断和推理。当然，除了上述三方面，还有许多心理因素会对领导求是产生影响。

1. 情感对领导求是的影响

情感是人的一种态度体验，是人对客观事物符合其需要产生的内心体验。由于人的需要有低级和高级之分，所以，情感可以分为情绪和情操。情绪一般和人的低级心理需要相联系，与现实情景相联系；情操和人的高级心理需要相联系，与人的持久生活环境相联系。情绪和情操既有联系又有区别，它们对领导求是所产生的影响也是不一样的。情绪带有情境性，当某种情境发生变化，情绪也随之发生变化。这会给领导求是带来一定情绪影响，当领导求是符合领导者的需要，就有可能做出积极情绪反应，相反，就会做出消极的情绪反应。无论是积极还是消极，走向两极的情绪都会使领导求是失去客观性。情操与情绪相比，是较为稳定的态度，是情绪的本质所在，它表现为高级情感，即道德感、美感和理智感。这些东西在领导求是中不仅体现为求是质量，还制约着不良情绪对领导求是的影响，比如荣誉感、羞耻心、同情心及高尚情绪都会在领导求是中得到体现，还能起到统筹一些不良情绪的作用。从下面的分析可以看到，情感对领导求是的不良影响表现在情绪方面比较多。

激越情感影响领导求是。领导求是应该在平和的心境下进行，在激情和应激的情况下有可能使判断失误。激越情感是非常情感，包括三种情况。一是情感高涨。在这种情况下，领导者情感活动显著增强，沾沾自喜、自以为是。这时他会以过于轻松的状态对周围环境给予反应，会更多地看到有利的一面，而对不利因素予以轻视，夸大自己的能力，造成“实事求是”的缺失。二是情感焦虑。领导者一般在面临重大问题束手无策或不称心时，会出现焦虑。在这种情况下，领导者会以急躁或急于求成的心理对待领导工作，难以专心地研究问题，表现为惶然不安、坐立不宁，并伴有心慌和躯体不适应感。这种状态降低了领导处理信息的能力，处事不得要领，失去主见，也很难做出实事求是的结论。三是情感过激。表现为短暂的情感爆发，自己难以控制，往往做出与别人相反的情感表现。别人感到愉快的事，他却感到气愤，进而把这种情感带进领导求是过程，对面临的问题做出过激的肯定或否定，失去实事求是。

低迷情感影响领导求是。这里也有三种情况。一是情感淡漠，表现为道德感降低，对悲欢离合爱憎均漠然视之，对领导工作中需要搞清楚的问题漠不关心，对求是过程中的真理不敬仰，对违背道德标准的人和事也不谴责。二是情感迷茫，表现为美感降低，对领导活动失去应有的态度和内心体验，美的东西不赞赏，丑的东西不批评，高尚的情操在求是过程中得不到弘扬，整个单位因此而沉闷。三是情感脆弱，表现为失去理智，无法在领导求是过程中用理智的态度对待各种怀疑和困惑，看不到现象背后的规律，把现象当本质，总是解决不好问题，对自己失去自信。

错乱情感影响领导求是。领导者的情感有两极性，两极可以相互转化，但在领导求是过程中，领导者的情感一般都表现为两极性中的一极，或肯定或否定,或积极或消极。无论何种极性,在领导求是过程中的作用都会产生一致性。而情感错乱则是两极混淆,在同一时间内,两种极性的情感相互交替相互作用,造成情感错乱。表现为两种情况:一是情感倒错,即领导者在求是过程中,情感反应与内心想法不一致,导致表里不一,实事不能真求是;二是矛盾情绪,表现在求是过程中同时产生两种相反的情感,既爱又恨,求不出真“是”,得出非常模糊的结论。

2.意志对领导求是的影响

领导者的意志体现在求是过程中,就是坚定不移地实事求是。所以,领导者的意志总是与克服求是过程中的困难相联系的,也就是克服求是中各种主观因素和客观环境的影响,求出真“是”。从心理学讲,意志对行动的调节有“发动”和“抑制”两种功能;从求是角度来看,其实只有“发动”一种功能,表现为领导者为达到实事求是这个目的所采取的一系列行动。领导者在调动意志因素去“求是”时,会表现出不同的意志品质,即自觉性和坚持性,而与此相反的品质是被觉性和顽固性。如果一个领导者在求是过程中常常表现出意志缺乏、犹豫不决和意志倒错等行为特征,便是意志障碍和盲点。

意志高涨影响领导求是。意志高涨是指领导者集中力量探索其他人认为无意义或无价值的东西,并以此作为领导活动的依据。尽管这些“求是”毫无意义,领导者仍然一意孤行,把领导意志强加于人。

意志低落影响领导求是。意志低落表现为情绪低落,但与情绪低落又不一样。情绪低落是一种情操的表现,意志低落则认为没有必要“求是”,认为存在着的东西就是一种规则。所以,意志低落者虽然清楚自身的状况和周围环境的变化,但作为一个领导者,对“求是”兴趣索然,认为万物皆空,难以形成“求是”行动所要达到的目的。他们常常整日呆坐或独处一隅,对“求是”感到太吃力。认为“求是”不是领导工作的需要,而是一种“被强加”的意志行为,自己作为领导者仿佛是一部自动机器,是自己动作的旁观者。

3. 社会心理因素对领导求是的影响

领导求是并不是领导者一个人的事情，要受到环境、文化、体制和制度等方面的影响，这种影响又表现为两个层次：一是直接影响，比如，委任制会使领导者更重视上级的意见，导致求是偏差；二是间接影响，指环境、文化、体制和制度等东西已经沉淀为领导者的心理因素，自觉或不自觉地影响领导求是。比如，领导者不能直接觉察下属的需求，但能从下属对环境的反映上推论出他的需求，从而觉察到他的情感与思想。我们这里讲的社会心理因素对领导求是的影响，就是着眼于后者。一般包括关联性、角色心理、竞争心理、从众心理、一致性幻觉和时尚心理。前三者较多地体现领导者的个人特点，后三者则较多地体现领导求是的趋同性。

关联性是指领导者在求是过程中，会把工作与情感两件事情关联起来而影响求是。如果在领导求是过程中，以工作为中心来考虑，不加入个人的感情和人际关系，就事论事，一切从实际出发，求是就会客观一些；反之，如果在求是过程中牵入个人关系和个人得失，事情就会比较复杂，强势的领导会使求是失真，弱势的领导坚持不了真理。

角色心理是指领导者从事领导工作，使主体逐渐形成了一种领导者特有的习惯心理。领导者的处世原则、立场观点、习惯用语和习惯作风等方面，无不流露出角色心理的痕迹。这种习惯心理在领导求是过程会表现出来，有正负两方面的作用：当这种角色心理与求是内容相适应时，无疑有利于求是效率，保证求是质量；相反，当这种角色心理排斥求是对象时，会使求是发生偏差。

竞争心理是指领导者会自觉或不自觉地把求是过程当作竞争活动来对待，在求是过程中掺杂了领导者的好强心、进取心和个人英雄主义等心理因素。如果在求是过程中缺失这些因素，求是会变得缺乏精神动力，领导者会表现出颓废消沉和无所作为；如果在求是过程中竞争心理太盛，领导者则会失去客观性，把求是过程变成推行自己意志的过程，进而以个人意志代替客观规律。在这一点上，领导者与被领导者是大不一样的，领导者的竞争心理是有意识地表达自己的智慧，目的是实现自己的意志；而被领导者在求是的时候，一般是潜意识的表现，目的是为了适应环境。所以，领导者在求是过程中的竞争心理很少遭遇被领导者的对抗，这容易使领导求是走向片面。

从众心理是指领导求是会受到他人的心理暗示，也就是说领导求是会采取与大多数人相近的观点，这样“求”出的“是”似乎容易为大家所接受，领导工作的压力会减轻。显然，领导者在求是过程中，一般存在着两种心理影响：一是根据自己的感觉和知觉去判断；二是以本单位大多数人的判断为判断。对大多数领导者来说，当自己的意见与单位中大多数人的较为一致时，心理才能感到安稳，所以，大部分领导者在求是过程中都有过从众心理和行为，只有少数领导者会坚持自己的独立判断，但必须以损害拥护者为代价。

一致性幻觉是由从众心理发展而来的社会心理，这种心理认为在领导求是过程中能产生一致的集体意向。如果领导者所在的领导班子是一个团结的群体，那么团体的一致性会使其中的班子成员产生很大的压力，使个体很难表达不同的意见，而不敢实事求是。这里有三种情况：第一种是确实将多数成员的错误意见当作正确的；第二种是领导求是没有把握，而以保持一致求心安；第三种是领导者有自己的观点，但不愿标新立异，不愿讲出真相真理。这三种情况被当作一致的东西反映出来，就出现了一致性幻觉。所以在高团结的班子中，很容易在求是过程中产生一致性的幻觉，影响领导实事求是。

时尚心理是指领导者在求是过程中会对时尚的东西加以崇尚而影响判断的正确性。领导者追求政绩就是一种时尚心理。搞“形象工程”就是时尚心理在作怪。心理学认为，凡是新异的东西，都会引起人们的注意，又因为人们的注意而使标新立异者获得心理满足。所以,领导者往往会做“时髦领袖”,在他的带领和主导下,一般的群众产生了一种不假思索的行动,加入到时尚中去,随着领导的意志而转移。这也是“形象工程”能变为“群众运动”的原因。

从领导工作的特点来看,领导求是就是把握领导活动的规律性,防止把自己的情感、意志和不良的社会心理掺和到求是的过程中去,妨碍求是的真理性。从情感角度去看,求是要讲究“热情”。热情是一种有力而稳定的情感,它能启动领导者的立场、观点和生活经验去调和情感,能使领导者产生追求真理的持续推动力,热情的领导者总是以饱满的情绪去完成实事求是的过程。从意志角度去看,求是要讲究“有心”:一是有心追求真理,用意志驱使认知,求得“真是”;二是有心用意志去调节情感,控制情感对求是过程的不良干扰。从社会心理角度去看,求是要讲究“理性”。领导求是必然会受到社会环境的影响,不良的社会心理会以“客观环境因素”的面貌来干扰领导者,并以“集合”的形式压过来,而领导者往往也会认同这种“伪客观”。只有以理性的态度去对待,才能做到实事求是。

三、降低心理因素对实事求是的影响

要做到实事求是,从心理层面上看,就是以提升心理因素的积极作用来减少它对实事求是的损害;从人的生物属性来看,虽然实事求是的心理障碍和盲点较难克服,但可以用扬弃心理因素和良好的工作作风来突破,做到实事真求是。

1. 正确把握心理因素的两极性,以合适的态度,发挥心理因素的积极作用,克服心理因素的消极作用

知觉、情感和意志等许多心理因素都有两极性,也就是积极性和消极性。这种两极性表现在强度上,都存在从弱到强或从强到弱的相向变化,

在一定的条件下还可以互相转化。在转化的过程中会出现强弱的各种等级，比如情绪就有高涨和低落，而且在这两者中间还有激情、冲动、平和与脆弱许多等级。在领导求实求是过程中，总会存在某种等级的状态，比较有利于达到实事求是。比如，平和的心境是一种微弱而持久的情绪状态，有利于领导者完成实事求是的过程，达到实事求是的目的。我们说正确把握心理因素的两极性，就是要把握住这种等级，使心理因素处于某种有利于实事求是的等级区间上。极端的等级，过于积极或过于消极的等级都会损害实事求是。我们把这种处于区间上的等级叫作态，合适于实事求是的状态叫作度，合起来叫作态度。比如，在应激状态下，求是的态度比较偏，领导者的思维能力会降低，会做出一些不切实际的判断。这时候的领导者的行为是应激求是。应激求是，是在一种短暂而强烈的情绪状态下产生的，必然不会得出实事求是的结论。这就是没有以正确的态度去对待实事求是。

那么，怎样才能把握住诸心理因素的等级呢？关键是适度，即以适度的状态去求实求真，这也就是一个态度问题。合适的度是以一种“态”而存在的，是要变动的。在心理学上讲，态度是一个人对某一客观对象形成特定评价和特定反应的相对稳定的心理和行为倾向，也就是领导者在实事求是过程中所持有的态度。这里讲的客观对象就是实事求是的对象，包括领导活动中需要认识的事物，比如一个人、一组人、一事物、某种制度等。对这些东西做出实事求是的结论，有赖于领导者的态度。从心理学角度去理解，领导态度是认知、情感、意志和社会心理等因素交互作用后的立场和观点，是将与实事求是有联系的心理因素综合起来的“态度丛”。所以，态度是以认知做基础，情感、意志和社会心理三者相协调的实事求是机制。如果这些因素不和谐，领导者在实事求是过程中，就会把看问题的“态”置于不适当的等级，比如，当领导者心情过于激动，“态度不好”时，不仅有相应的行动，也不能冷静听取不同意见，导致不能实事求是。一般来说，我们说一个领导者态度很复杂的时候，就意味着实事求是的过程充满着心理矛盾。如果在这个时候，适当创造一种气氛，使领导者心理趋于和谐，使其恢复平静，减少极端情绪，其实就是调节态度，有助于实事求是。

既然实事求是与领导者的态度关系十分密切，领导者就应该调整好自己的态度，因为态度是认知、情感、意志和社会心理因素的统一体。调整态度有两种方法：一是调整上述四种心理因素；二是调整这四种因素的相互关系。调整认知因素，就是增加认知的准确性，增加认知的次数，征求群众对认知的认可度，减少认知的片面性；调整情感因素，就是要以平和的心态去求实求真，在“态度”不好时，应暂缓开展领导活动；调整意志因素，就是不要把领导意志强加于人，要坚持真理，修正错误；调整社会心理因素，就是要克服各种不良的社会顾虑，有事同群众商量，走群众路线，考虑大多数人的要求，因为大多数人的要求也是一种客观实际，也是实事求是的重要参数。这四种因素是交叉在一起共同作用的，因此调整态度时要综合运用。有时可能某一种因素是起主导作用的，其他的因素虽然也跟着变化，但抓住主导因素改变态度，可以收到更好的效果。

2. 把心理升华为思想，用思想扬弃心理因素和盲点，使实事求是得到心理素质和思想素质的双重保障

在心理学里，常常把意识活动称为思想活动。意识活动分为有意识的心理活动和无意识的心理活动。前者是指被人自觉了的心理状态，后者是指没有被觉到的那部分心理活动。那么，这些心理活动是怎样变为思想的呢？按认知过程来看，这些心理活动无论是有意识的，还是无意识的，都包括了感觉、知觉、记忆和思维。感觉和知觉是简单的认知，记忆则较为复杂，而思维就属于认知的高级阶段，到这个阶段，就产生了思想。可见，思想是心理活动的高级产物，是客观事物在人脑中概括的、间接的反映。换言之，思想不仅包括对客观事物的理性认识，也包括了感性认

识,还包括了感觉、知觉、情感、意志和社会心理因素等各种精神因素。可以说,各种心理因素经过“过滤”和升华才能变成思想。心理因素一旦变成了思想,心理因素对实事求是的影响就超越了心理的局限性,即不会以个别因素去影响实事求是。比如,在兴趣爱好未上升到领导者的思想层次时,某种兴趣爱好可能会加入到实事求是过程中去,影响实事求是。但当兴趣爱好被纳入领导思想之后,就会同各种因素结合起来,那么,它就不能以一种心理因素而只能作为思想的一个参数来影响实事求是。也就是说,作为单一的心理因素引发的行为可以直接损害到实事求是;而许多心理因素经过扬弃变成思想后,领导者的行为便会经由思想的指引,形成足够强度的动机而引发实事求是的过程。自然而然也就克服了个别心理因素的负面作用。当然,如果心理因素上升为错误的思想,对实事求是的损害也会远远超过个别心理因素。

当心理因素变为思想后,对实事求是的影响就受到思想特点的制约。一是思想的主体性制约知觉、情感和意志等心理因素。人的任何一种思想都是对客观现实的反映,这种反映不是镜面式的对称反映,而是带有主体性的特点。领导者由于观察问题的立场和观点、社会经历、工作范围、思想基础和思想方法的不同,对同一事物进行实事求是的评判时,会得出不尽一致的看法。也就是任何一种思想活动都带有主观性和主体的选择性,因而思想对心理因素的统筹作用是不一样的,对实事求是的影响也是不一样的。二是思想的深入性制约着比较肤浅的心理因素。心理因素因其作用直接而表现为肤浅,而思想则是领导者用自身的经验、观念和知识对心理因素进行加工的结果。所以思想能够透过现象深入到事物的初级本质、二级本质和更深层次。形于外的东西容易被心理因素所反映,但藏于内的本质,只有领导者通过调动记忆力、理解力和抽象力等心理因素,才能把握它的本质。可见,思想的深度会在实事求是过程中弥补心理因素的肤浅性。三是思想的质量会对实事求是产生影响。对心理因素经过多角度、多层次和全方位思考形成的思想与实事求是是互为促进的；相反，那些心理因素如果歪曲地、虚幻地反映客观事物，就会变成错误的思想。所以，要用正确的思想指导求实求是，还要懂得心理因素是怎样影响思想的，然后才能用思想反作用于心理因素，实现实事求是。

认知因素对思想形成的影响。这当中，“注意”是思想形成的门户，确定领导者实事求是的指向。在领导活动中，无数的事情摆在领导者面前，领导者会通过“注意”选择某些事物作为意识活动的中心，然后对它们产生情感和意志等心理活动。通过“注意”在领导者头脑中形成优势的兴奋中心，就会进入实事求是的过程。处于注意之外的事物会被领导者忽略，注意到的东西就容易被感知，所以，感觉和知觉是思想的来源。感觉是思想和外部事物的直接联系，知觉是感觉的复合，反映事物各方面特性的整体的感性形象。感觉越丰富，知觉越完整。这两种心理因素是物质世界转化为思想的第一个层次，是领导者思想的可靠来源。我们认为，思维是形成思想的核心。把上述心理因素的作用，通过分析和综合便形成了思想，换言之，通过思维，把其他心理因素整合起来，加以提炼和概括就是思想了。所以，这是影响思想质量的关键一环。当然，注意到的东西必须与实事求是所需的材料相一致，感觉和知觉必须正确反映客观实在。否则，可能会导出荒谬的思想，比心理因素对实事求是的损害更加严重。

需要和动机影响思想的性质和内容。领导者的需要比一般人更高，而某些需要一旦被意识到并驱使去行动时，需要就变成了动机。领导者的需要和动机离不开领导活动，首先在领导活动中产生了某种情感、兴趣和理想，在一定条件下，它们会成为领导者的愿景，这就是思想。领导者需要层次的高低、追求需要动机的强弱，决定着领导者思想的性质和内容，同时也决定了领导者如何去实事求是。所以，领导者的情感、兴趣和理想等心理因素对实事求是有很大影响。只有上升为思想，才能对实事求是产生综合作用，排除某些因素对实事求是产生不好的决定作用。

综上所述,心理因素经过扬弃变为思想后,对实事求是有两个作用:一是作为心理因素的负面作用减少;二是思想能调控心理因素。但这两种作用是建立在领导者的素质基础之上的。心理素质好的领导者容易形成好的思想,有利于实事求是。心理素质差的领导者,即各种心理因素不够稳定和平和,也能形成好的思想而克服心理因素的负面作用;当然,也有可能形成不好的思想而加剧心理因素对实事求是的破坏。所以,我们应该在改进心理因素和心理素质的同时,把它们升华为好的思想,确保实事求是得到领导者心理素质和思想素质的双重保障。

3.用良好的作风来弥补心理因素的损害,在理论与实践层面上做到实事求是

实事求是,一切从实际出发,既是我党的思想路线,又是一种思想方法和工作方法,它虽然受到心理因素的影响,但能否实事求是的决定因素不是心理因素,是作风,是体现思想方法和工作方法的作风。所以,克服心理因素对实事求是的影响,应该坚持求真务实的作风。

要用科学理论武装头脑。理论功底浅的人,往往对一些重大现实问题吃不准,对一些似是而非的观点说不清,对一些新事物的实质和发展趋向看不透,因而难以做到实事求是;往往缺乏抽象思维能力和综合概括能力,总结经验教训总是停留在就事论事的层次上,不能上升到理论的高度,因而难以做到实事求是;有时在思想上、工作上出偏差,从一个极端到另一个极端,就在这样那样的片面性之间摇来摆去,因而难以实事求是。只有学会用马克思主义世界观观察问题,用科学发展观分析问题,才能在主次杂糅、互为因果、纷繁复杂的情况面前,头脑清醒、是非分明、抓住关键,把握事物发展的必然性和发展方向,注意事物发展的质的规定性,科学地掌握事物发展的“度”,避免一种倾向掩盖另一种倾向,不断开创工作的新局面。因此,领导干部“最笨”的办法、也是最聪明的办法,就是有计划地、见缝插针地多学点理论和现行政策。

要经常深入实际调查研究。能否把握客观实际，乃是做到实事求是的大前提。有的领导者天天接触实际，但不一定完全了解实际，因为实际有表层和深层之分，深层的实际蕴含在事物内部。实际有局部和全局之别，如果从局部的实际出发，而无视大局的实际，往往会脱离实际。客观实际总是处于不断变化发展的状态之中，今天的情况和对策未必适应明天的客观要求，如果用“刻舟求剑”的思维方式或遇事只会找“本本”，就会导致思想与实际相脱节，受到心理因素的干扰，主观和客观相脱离，阻碍事物的发展。可见，能把握客观“实际”，一切从“实际”出发，不是简单的，而是复杂的，需要系统的而不是偏狭的调查研究，在求知、真知、深知上下苦功，需要用理性的思考才能把握它。

要坚持群众路线。实事求是也是广大人民群众改造自然、改造社会的具体活动。如果脱离了群众，也就脱离了实践，那么实事求是根本做不到。群众中蕴藏着无比丰富的真知灼见，有着无穷的智慧和力量。因此，要坚持实事求是，就必须坚持群众路线。只有真正做到从群众中来，到群众中去，才能保证决策正确，提高领导水平。正如古人所言：“目贵明，耳贵聪，心贵智。以天下之目视，则无不见也。以天下之耳听，则无不闻也。以天下之心虑，则无不知也。辐辏并进，则明不可塞。”（《管子·九守》）领导干部广泛接触群众，同群众打成一片，广开言路，兼听群众意见，集中群众智慧，才能防止偏听偏信、排除心理障碍。群众中提出不同意见和反对意见，常常是独立思考的产物，是正直、忠诚、负责、勇气的表现，因而不要反感，应注意听取。心中没有群众，不把群众放在眼里，对群众批评、建议不屑一顾，判定和执行决策就容易主观、武断、唯上、唯书。这时候，各种不良的心理因素就会起作用了。

实事求是难，求实难，求是难。同样的“实”可以求出不同的“是”；不同的“实”也会求出相同的“是”。而对这种实事求是的结果，还需有人给出对错的判断。下判断又是一个实事求是的问题。于是问题又回归到了实事求是。所以，要破解实事求是难的问题，坚持实事求是的思想路线，光有一个政治愿望是不行的，还要有技术上或科学上的支持。通过这种工具理性来找出容易失实失真之点，比如管理漏洞、文化陷阱和人性使然等，从而提高实事求是的质量。考虑到心理学关于认知和判断中的心理因素与实事求是的关联性比较大，可探讨的问题比较多，所以，我们觉得首选心理学角度进行思考是对的。当然，心理学与实事求是的关系，远远不止上述所论，这里仅仅是破了题，讨论了一些心理因素，还有大量的心理因素和盲点未涉及；而且除了心理因素之外，由这些心理因素所构成的心理过程和心理机制与实事求是的关系更重要更复杂，所以，还有大量的课题值得挖掘和深入探讨，存在着诸多理论创新的契机和潜在的研究价值。

“5 序”的领导方法与艺术

【深一度】任何领导活动都会产生一定的秩序，这些秩序在一定程度上体现了领导者的“秩序安排”，从这些“秩序安排”中，可以发掘出基于“序理论”的领导方法。我们按照比较常见的制序、差序、逆序、浑序和超序这“5 序”，初步阐述了条块领导方法、轻重缓急领导方法、倒逼机制、“无因管理”方法和超级领导方法这些领导方法。

任何领导活动都会产生一定的秩序，比如，有些地方出现了热火朝天、大干快上的景象，有些机关部门营造了团结、紧张、严肃、活泼的氛围，有些企事业单位形成了先进带后进、后进赶先进的局面，有些组织塑造了亲民爱民的公众形象，当然，也有些地方和组织存在着懈怠和颓废的现象，等等。这些景象、氛围、局面、形象和现象，都是一种秩序。如果对这些秩序进行分析，我们可以发现它们体现了领导者的“秩序安排”，这些秩序有的是因“制序”而产生的，有的是因“差序”而产生的，有的是因“逆序”而产生的，有的是因“浑序”而产生的，有的是因“超序”而产生的。换言之，这些秩序的形成，虽然呈现的是一种状态，但是其中包含着丰富的领导方法。如果我们去追溯领导者“秩序安排”的意图，还原领导者“秩序安排”的初衷，就有可能给这些领导方法赋予一定的内涵，赋义显性、赋性显形，从中抽象出基于某种“秩序”的领导方法。

一、引言：“秩序”中隐含着领导方法

在很多场合，领导者常常会提到诸如“开创新格局”“打开新局面”“建立新秩序”等口号，并且会以这些口号为题目，做长篇的工作部署，旨在构建一种符合领导意图的“秩序”。这当中，包含了领导者的思想方法、工作方法和全面安排，只不过是以报告、讲话或文件等形式“打包”起来。其实，领导者不仅仅时时刻刻面对着既定的“秩序”，而且时时刻刻都想着怎样营造有利于组织发展的“秩序”。所以，研究“秩序”的规律，探讨怎样去改变“秩序”，就值得领导学关注了。这个课题很大，我们选择其中的一个

子课题进行研究,研究方向是对“秩序”进行分形,从多种多样的秩序中寻找隐含着的各种各样的领导方法。分形是对类似性的秩序进行归纳和定义,形成一个比较完整的“领导秩序”系列。显然,我们不可能对“领导秩序”实现完全彻底的分形,但是完全可以凭经验分出比较常见的“秩序”,比如制序、差序、逆序、浑序和超序。尽管这“5 序”分形有交错,却仍然不失其相对独立性。

二、基于“制序”的条块领导方法

“制序”是“领导设计”的产物,是领导者人为设计的一种秩序。“制序”这个概念,来自于哈耶克,他是一位博达通雅、独辟蹊径的西方经济学大师。他在研究“扩展秩序”时,提到了“制序”这个概念,指的是人为设计的社会秩序。他认为这种显见明确的秩序是缺乏效率的,并不遗余力地对那种滥用理性而刻意设计和建构整体社会经济秩序的做法进行抨击。但是“制序”这个概念,对于领导学来说还是有意义的。

在领导学中,有一种普遍存在的“制序”,就是条块结合的组织结构。“条”是指具有垂直领导或指导关系的组织系统,俗称“系统”或“条条”;“块”是指构成属地领导关系的平面系统,俗称“地方”或“块块”。大部分的组织机构,既是“条条”中的一个环节,又是“块块”中一个职能部门,是条块的交汇点,是条块双重关系的表达点。“条条”和“块块”对处于双重关系中的组织机构的要求,是有区别的:在资源配置上,“条条”希望该组织从“块块”中获得更多资源和支持,“块块”希望该组织从“条条”那里争取到“地方外”资源;在职能上,“条条”要求该组织侧重于系统的业务,“块块”则要求该组织更多地服务于地方。

面对这样的条块关系,很多领导者感叹心有余力不足,然而,我们也看到了相反的现象,有些地方的领导工作有声有色,实现了“条块合璧”。

“条块合璧”的重要环节是要做到反身合璧。反身合璧是一种条块互换位置的领导方法。作为一个组织，既要站在“条”的立场上来看“块”的问题，又要以“块”的角度去审视“条”的问题。显然，处在条块关系中的组织，总希望能从条和块中增加自己的“所得”，发展自己。这种愿望必须符合反身合璧的要求，才能获得条块的同时支持。反身合璧告诉我们，条块关系虽然只有条、块和组织自身三个方面，然而一经反身，就产生了四个角度：一个是“条条”眼中的组织；一个是“块块”眼中的组织；一个是组织眼中的“条条”；一个是组织眼中的“块块”。这四个角度产生的价值观一般较难吻合，而且它们总是相互影响和相互作用的。所以，作为一个组织，需要用反身合璧的思维来把握自身。反身合璧要求条块关系中的组织尊重“条条”、尊重“块块”，以自己的有效作为来提升自己在条块关系中的地位。而不能与“条条”结盟来牵制“块块”，也不能以“块块”为借口，排斥“条条”的领导。条块关系始终是互相依存、互相关联，你中有我、我中有你，不存在超越这种关系的组织，任何组织都要用反身合璧的思维去争取条块的支持，促进“条块合璧”，从而发展自己。

三、基于“差序”之轻重缓急的领导方法

我们这里所讲的差序，是从“差序格局”这个词中引申而来的。“差序格局”是费孝通在《乡土中国》一书中提出的一个社会学概念。“差序”指的主要是中国传统社会等级秩序上的“序”，其次才是横向亲疏关系上的“差”。在人际交往中，纵向来看，爱有差序，就是爱有“差等”；从平面来看，一般是关系越靠近“己”，就越容易形成亲密的人际关系，否则，就会形成疏远的人际关系，好像水的波纹一般，“一圈圈推出去，愈推愈远，也愈推愈薄”。把这个社会学概念引入到领导学中，“差序”的意义在很多方面可以展开，既可以在人际关系方面展开，也可以在处理事务方面展开。在

这里,我们试着以领导工作中的“轻重缓急”来构建一种差序。

轻重缓急之间存在着重要性与紧迫性的差序,它们分别以“重点”与“急事”为中心,“一圈圈推出去”,到了最外圈,就变成了“轻”与“缓”。领导者处理事务要分别轻与重、缓与急,还要兼顾重要性和紧迫性两个方面,使各种矛盾着的“差序”能在领导活动中得到统一,形成领导工作的合力。轻重缓急的领导方法坚持“着眼于重要性,着手于紧迫性”的原则。着眼于重要性,是指领导者在处理事情时,要站得高些,看得远些,善于在总体上把握事物的轻重缓急。怎样着眼于事物的重要性呢?就是要善于从大看小,把握重要性。领导者要把自己置身于更大的范围去看问题,站在圈外看问题,站在第三者、第四者的立场来看问题,用总体的观点来审视圈内的事情。因为领导者是分层次的,不同层次的领导者有不同的环境、不同的局限性、不同的本位,往往容易陷入“只见树木,不见森林”的误区,看不出、分不清事情的重要性。站在圈外看问题,就能对事情的全貌和矛盾的方方面面看得比较清楚,事实上也就是提高了自己的领导层次。那么,又怎样着手于事物的紧迫性呢?就是要善于抓好各种关键的少数,把握住事物紧迫性的部位。我们知道,事物的重要性是通过许多重要部分、重要因素、关键环节体现出来的,是这些“小处”有机结合而成的。因而“小处”往往是紧迫性的发生部位,所以解决紧迫性问题要善于从小处着手,善于以小见大,以“张”见“紧”。有些事情看起来是小事,但非常紧迫,做不好,不做好,就会酿成大事,就会损害事物的重要性。

四、基于“逆序”的倒逼机制

“逆序”是一种依据领导目标来进行“秩序安排”的领导方法。通常讲的“倒逼机制”就是比较典型的一种。“倒逼机制”的概念在国内最早是由经济学家钟朋荣在《中国通货膨胀研究》一书中提出的，是对我国经济中超额货币量供应形成原因和过程的概括和描述。“倒逼机制”的源头是国有企业对信贷资金的无限度的需求，并不断向国有银行施加压力，而国有银行通常会对国有企业的借款要求做一定程度的让步；国有银行总行最后又向中央银行申请再贷款，迫使中央银行不得不扩张货币供应规模。这种起源于国有企业借款要求的自下而上的货币供给扩张过程，就是所谓的“倒逼机制”。这里的“倒”，就是最后的目标；“逼”就是从目标出发来逼迫行动。

领导学中的“倒逼机制”是对上述概念的一种泛化。比如，工作成果倒逼法，这是以适度超前的终极目标和严格的奖惩措施，倒逼各部门与相关人员发挥主观能动性，提高工作效率，逆向推动工作成果的完成，实现工作成果最大化。“倒逼机制”与目标管理是不同的。一是目标来源不同。目标管理的目标是领导者决定的；“倒逼机制”的结果虽然也可以看作一种目标，但这个目标通常来自外部，或来自上级领导，或来自人民群众。二是推进方法不同。目标管理是层层分解目标，顺序推进；“倒逼机制”是以成果来倒逼，逆序推进。三是监督与考核不同。目标管理的监督与考核，基本上是组织内部的事情；“倒逼机制”在监督与考核上，不仅有上级和下级的参与，还有相关的社会机构和人民群众参与。

近几年来，“倒逼机制”被广泛运用在各种领导活动中，但是做法比较简单：预定一个结果，再定一个完成日期，并没有形成规范性的领导方法。一般地，“倒逼机制”包括这样几个“倒逼”。(1)时间倒逼程序。就是根据目标任务时间进度，科学合理地制定工作程序，用时间进度倒逼各部门与相关人员，让他们最大限度地简化或优化工作程序，谋求法律和政策的最佳对接，为群众提供方便、快捷的良好服务。(2)社会倒逼部门。目标任务及完成情况全过程公开，接受社会的监督，促进领导机关不断提升工作效能,扩大工作成果。具体做法是对各部门的目标任务,以及工作进展情况,定期在一定范围内披露和通报,营造全员“比学赶帮超”的良好氛围。(3)下级倒逼上级。通过任务分解,逐级对目标任务承担责任。上级在交办和督察下级的同时,要切实帮助下级解决具体问题,形成一个全过程的和逆向的监督链和全员的目标责任体系,以此倒逼上级减少会议文件,深入基层调查研究,针对存在的问题及时进行会办,帮助下级解决问题,集中精力抓落实。(4)督察倒逼落实。加强过程性和动态性的督促检查,督促相关单位与人员按照序时进度完成目标。具体做法是对工作落实不力的单位和个人,责令整改并要求上报具体措施;对影响目标进度的因素进行详细分析,采取有针对性的措施进行有效控制。

五、基于“浑序”的“无因管理”方法

秩序的概念已经深入人心,所以人们会孜孜不倦地以机械的或分割的角度来观照并建构某种秩序。好的领导者相信自己能营造出一个可操控自如的组织,以为只要在某处拉起某根操纵杆,就可以得到预期而分毫不差的结果,只可惜预期出现的机会少之又少。反倒是在一个组织中,常常会发生有些事无人管的现象。组织中出现管理真空是一种必然现象,即使最周密的制度安排和高明的领导者也无法杜绝这种真空。这就是一种“浑序”。笼统地说,“浑序”就是“混沌”和“有序”之间的一种状态。

涌现是“浑序”中会经常产生的一种原因。领导活动中的许多事情是由小到大、由简入繁、由少变多的,这就是“涌现”。“涌现”现象是组织中相互扯皮推诿逐渐放大并在组织中相互作用的结果。一种相对简单的涌现可以生成更高层次的涌现,不断的涌现,使整体行为比各部分行为的总和更为复杂。面对浑序的涌现,领导者往往找不到原因,即所谓的“无

因”。这时候,领导的方法与艺术是活用理智而非死守规定,依靠多数人的判断而非少数人的权威,激活内在的自觉而非外在的控制。这要求领导者努力摒弃机械性的思考,代之以复杂性和整体性的辩证思维。所以,在浑序组织中,领导者不需要去找具体的机械原因,而是要着眼于大面积的“整体无因”进行“无因管理”。

所谓“无因管理”的领导方法,是指对无因行为的管理。无因行为是指那种未被制度预设和领导者预料的行为。无因行为导致管理意外。显然,发生无因行为并不是指人们的行为产生缺乏原因和动机,而是指原因在于组织的管理漏洞。可见,无因行为其实是有原因的,只是原因在制度和意料之外。因为很难预知,可见,无因行为的原因是多种多样,比如,职责不清、分工交叉、制度缺陷和领导人的预见性不强,都是原因,这些原因一经“涌现”,就成了“整体性”原因,导致大面积的无因行为。

大面积的无因行为往往发生在衍生工作上,需要领导者高度重视。衍生工作,是组织在运转中生成的一些事务,虽然不是员工的本职,但需要全员共同分担。在一个单位中,有一些人厌恶公共事务,事不关己,高高挂起;有些领导对这类工作也不重视,应付了事。这不仅导致这块工作紧不起来,还导致了组织纪律松散。衍生工作对个体虽然显得多余一些,但对组织、领导者是十分重要的。领导者必须重视和落实衍生事务,让员工知道衍生工作不是可有可无的东西,长远来说,它关系到每个人的利益。此外,还应该把衍生工作纳入工作考核机制,用制度的刚性促使衍生工作的顺利进行。

六、基于“超序”的超级领导方法

所谓“超序”,就是打破现状的时间序、空间序、功能序、权力序和人事序的界限,重新构建一种置于原来秩序之上的新的秩序。简单地说,就是通过设立“超级秩序”来摆脱既定的“制序”。比如，一个单位里闲人太多，无所事事，就会无事生非。用“超序”的方法解决这个问题，就是要求领导者创造事情，让下属有事干，使闲人不得闲。这里的“创造事情”就是一种“超级”，体现了超序的含义。也有一些领导者会在职责分工和奖勤罚懒上去下功夫，这种做法还是围绕原来的秩序去维护“秩序”，并没有超级。超级领导方法用来解决争端和激励员工是非常有效的。当大家都在一个蛋糕上争取份额时，领导者可以设立一个更高的目标，建立一个新的“超序”，化解过于激烈的竞争；当员工都“很自我”的时候，领导者应该为他们设立“超我”的目标，让组织获得永续发展的动力。这里就介绍一下这种超级领导方法。

一个组织的活力，来自于每一个成员。组织中的人，其偏向自身的心理可以理解为“自我”，相对，其偏向集体的心理便是“超我”。可见，“超我”是一种更高级、更不易达到的心理层面。如果基层领导只以经济杠杆来调动员工的积极性，那么就会强化员工的个人利益观念，“自我”得到扩张，“超我”遭到排挤。这时，员工面对建立在“超我”基础上的组织利益漠不关心，组织就会失去凝聚力和人力资源。总存在着一些高薪的单位，用利益来猎取各种人才，用扩张“自我”的方法来调动员工的积极性。所以，高层领导要用组织的价值观去整合员工的“自我”和“超我”，使“自我”与“超我”产生合力。“自我”与“超我”的矛盾，通俗来讲，就是成员与组织的矛盾。这种矛盾是可以化解的。挖掘员工的“超我”动力，就是要使成员通过达成组织目标才能满足个人需要。例如，员工希望成才，组织需要人才，高层领导就应该想方设法让员工从成为组织需要的有用之才中得到满足，从而使“自我”与“超我”合一。

七、结语：领导学呼唤“序理论”

在引言中我们曾经提到，研究“秩序”，改变“秩序”，是领导学研究的一个大课题。上述基于“5 序”的多种领导方法，只是从领导方法和艺术的层面所做的初步探索，也没有对这“5 序”之间的相互关系做进一步的分析。我觉得应该从学科的角度，把“领导秩序”当作研究对象，全面而深入地去开发“领导秩序”，搞清楚“序”的类型、结构与功能，搞清楚“序”与“序”之间是怎样相互作用的，搞清楚构建领导工作新秩序的基本规律，搞清楚“序领导”的方法与艺术，逐步形成领导学的“序理论”。

“6 度”的领导方法与艺术

【深一度】在一次讲学中，有领导向我提出了一个值得琢磨的问题，他说自己看了不少关于领导的书，听了不少领导学的讲座，深感领导科学博大精深，领导艺术丰富多彩，越学越听越感到领导工作难做，需要讲究的东西实在太多了。他问我：“能不能用一两个字把领导艺术的精华提炼出来？”言下之意是灌输太多反而不得要领。我觉得这个问题提得好，学习领导艺术就是要精要管用，特别是对于经验丰富的领导者，用一两个字来点化领导艺术是非常必要的。我觉得用一两个字来概括领导学或领导活动规律是很难的，但是用一两个字来概括领导艺术之要，还是有可能的。我曾经想到过“道”“慧”“和”等字眼，最后还是觉得“度”字能体现领导艺术要义。无论是刚柔相济、方圆结合、软硬兼施、恩威并济，还是统筹兼顾、对立统一、相辅相成、进退有序，都离不开一个“度”字，所以，把“度”字理解透，能用好“度”，也就差不多把握了领导艺术的精髓。成熟的领导者都知道“度”，都会用“度”，但不同的领导者因其个性和阅历的差别，对“度”的理解和运用而表现出各种各样的偏好。这些偏好不仅减少了“度”的用武之地，而且也导致领导艺术缺乏精密度，使领导效能大打折扣。怎样正确理解和把握“度”，不仅要研究“度”的定义、定位问题，还要确保用“度”能到位，能适度。

什么叫“度”，不是一两句话能概括清楚的。

从哲学的意义上讲，世界上的一切事物，由于其内部的矛盾和斗争，都是处于不断的变化和发展的状态中，这里面既有量变又有质变。从量变到质变的过程中，存在着一个“度”。这个“度”，就是决定事物发生质变的数量界限，即事物量变的限度，不超过这个限度就不会引起事物质变；超过这个限度，就会启动事物的质变的动因。所以，这里讲的“度”，是事物质和量统一的一种界限。它告诉我们要不失时机地抓住事物变化的转机，处理和解决问题，既不过头，也无不及，恰到好处。

从数学的意义上讲，特别是模糊数学认为，任何事物都可用隶属度来说明相关性，来判断可能性和正确性。比如，风险与保险的关系，可用三七开或二八开来表达，也就是说，保险系数为 **0.7** 或 **0.8**。再比如，我们要处理一起突发性事件，由于这个事件与曾经成功处理过的事情具有类似性，我们就可以用“老套路”去处理。那么，这个老套路成功的可能性有多少呢？在这里，主要是取决“类似性”有多大。如果有 **90%** 的相似度，那么成功率就为 **0.9**。上述的 **0.9**，**0.8** 就是隶属度。隶属度这个概念告诉我们，用“度”要搞清事物的隶属度和可能性，把握事物中各种因素的比重和态势，具体问题具体分析，有针对性地处理问题。

从物理学的意义上讲，任何事物都存在着某种能量，其中有一种能量叫作势能。它告诉我们物质的势是随着空间位置的变化而变化的，其能量大小与位置有关，故又称为位能。它是物质运动的状态，处于相对静止的势，蕴藏着能量，处于动态的势放出能量。这种能量，可以起破坏作用，也可以为领导者所用。在领导活动中，势往往表现为组织外部环境变化给领导者带来的机会和挑战,通常叫作形势、态势、趋势和大势等。势从静到动、从小到大,有着蓄势、造势和审时度势等过程。这里面存在着一个对事物的结构、要素的调整和形成蓄势待发的条件问题,这个条件就是一种“度”,过度就会势不可当或势不两立,不足就会导致势不可及或势均力敌。

从控制论的意义上讲,动态系统的可持续发展,必须保持平衡,否则,事物就会向其对立面转化。关于动态系统在变化的环境条件下,如何保持平衡状态或稳定状态的研究,就被称为控制论。领导活动是一个动态系统,符合控制系统的四个特征:一是领导活动有一个预定的和谐状态;二是领导活动过程中有经常性的变化,在内部必须进行调整,是动态系统;三是从领导活动的外部环境到内部运行有一种信息转移;四是领导活动中存在着一种可以自行调节的机制。这些特征保证了领导者使用信息和规章制度进行控制的可能。在这里,“度”的概念有两层意思:一是使用信息和制度的数量界限,信息或制度不对称,会导致失序,比如对突发重大事件的披露,如果留有太多的猜疑空间,就可能因为信息不对称引发公众恐慌;二是自由度,即控制的结果或秩序的范围,允许事物在一定限度内偏离标准。所以,在这里,“度”在于控制领导秩序。

从对策论的意义上讲,“度”就是一种策略选择与投机,含有“多角度”的意思。对策论是研究对抗局势的理论。人们在决定实际问题时,必须分析局势。往往存在着两个或两个以上的矛盾方面,每一方都有一定策略可供选择。因此,一方采取策略的结果,取决于其他各方采取什么样的策略。如果每一方都强求最大所得,这种对策称为不结盟对策,后果是导致行为过度。如果每一方都指望问题得到解决,追求全局的利益,这种对策称为结盟对策,结盟对策中存在着明显的“度”,这对于全局都有好处。在某个局势中,某个个体的行动可能只对其自身有利,也有可能对其他个体有利,从而对另一些个体是不利的,在这种情况下,个体的利害有时会相同,而且总是有相同的,这就不可避免地会出现结盟的情况。结盟中将形成每个人都可接受的局势,这个局势叫平衡局势。如果这个结构是最佳的,那么任何一个个体,若改变行为后,得到新局势,会使大家的可接受性降低,因此没有一个人愿意离开他已经选定的有“度”做法。

综上所述,“度”是一个内涵非常丰富的概念,不同学科由于研究对象不同,对“度”的阐释都有自己的个性。我们之所以要多学科、多角度地来阐释“度”,只是为了拓展“度”的外延,从而更深刻地理解和运用它。哲学是建立在其他学科基础之上的,它对“度”的抽象会舍去一些丰富性,但它对“度”的概括应更能体现其内涵:第一,“度”是事物本身的质和量之统一而形成的一种界定;第二,“度”是事物赖以存在的一种秩序;第三,“度”的标志物是多种多样的,不同事件的“度”的标志是不一样的,有的看得见,有的只能靠“感受”,主要有数量界限、空间位置、力量、局势等;第四,“度”是客观的,用度是主观见之于客观的一种领导艺术。

正确把握度用好度必须确定一些基本观点,以下这些观点反映了“度”的精神实质,对把好度、用好度具有重要的指导意义。我们虽然不能穷尽用度的所有方法和艺术,但必须把握其本质性的一些观点。

1. 高度

高度是指看问题的层次,是用总体观点去看问题,以站在问题之外的高度来看问题的思维方式。总体观点认为,无论全局或局部、系统或要素、对立面之间,都是“总体”中的一个“部分”,必须统筹考虑。其不同于全局观点或系统观点。后面两者可见,总体观点是有高度的,高于全局观点或系统观点,其考虑问题的容量要比它们大得多。相比之下,全局观点或系统观点的这种层次差就不那么明显了,考虑问题比较狭隘,也就容易以全局或系统来代替总体,而忽视“部分”的作用,失去了高度。

2. 态度

态度是度在变动中的一种“态”,即度是以一种“态”而存在的,是要变动的。也就是度的动态性。动态观点就是用联系、发展的眼光去看问题,认为“运动”是“度”的根本属性。事物的多边矛盾性,再加上背景的模糊性,就孕育了问题发展的多种可能性。任何一个问题都是包含着各种矛盾关系的综合统一体,它总是处在对立统一运动的状态之中。这种状态因诸事物的“势”的均衡而相对稳定,一旦其中的“对立”有所变化,就会产生新的“势”而统一起来。因此,度的随机性是很大的。它的“势”的变化,是形成随机性的依据;而外部背景力量的消长,又往往使用度艺术无所适从。这两方面构成了“度”的区间变化和“度”的点的移动:或在特定的条件下徘徊,或有所进化扩大,或有所缩小。这就要求我们在处理问题时,必须确立动态观点,跟踪它的变化轨迹,使“度”的运动明晰化,便于调度,实现适度。

3. 弯度

这是指“度”往往以“折射”方式来形成的,有一定“弯”度。折射观点是指事物诸要素之间存在着非线性的相互作用,而且这种作用随时空条件的变化有所侧重。这种侧重或表现为非均匀性,或表现为非对称性。折射观点就是要根据这些特性来把握“度”。在这里,所谓非均匀性,是指“度”由于时间、地点和条件的不同会出现不同的结果、不同的效应,舍此便会发生性质的变化。这个观点要求我们具体情况具体分析,把事物置于一定的环境中去考察,因地因时因势地加以处理,而不能简单地用原则去套。所谓非对称性,是指事物的各种因素所处的地位、所起的作用是不同的,在支配与从属、策动与响应等不对称关系中,其中某种因素会起到推动整个问题演化的作用,而另外一些因素则在这种相互制约、相互干扰中失去了自身运动的独立性,从而使“度”发生较大变化,并形成某种整体的效应。折射观点要求我们始终注意事物诸因素的地位和作用，预测其可能发生的某种整体效应，从中把握住用度的时机。

4. 角度

这是指“度”乃由多角度视野来确定的，单一的视角不能构成“度”。在领导活动中，各方都会较多地考虑自己的“所得”，扩张自己。角度观点告诉我们，领导活动中虽然只有双方主体，但有六个角度：有一个客观存在的甲方，有一个甲方自我意识的甲方，还有一个乙方评估的甲方；同样，也有类似的三个乙方。这六方的角度都有可能不吻合，并且总是相互影响、相互作用的，结果使领导活动更加具有客观性，更加理性。角度观点要求我们在领导活动中遵循“三个尊重”的态度，即尊重事实、尊重对方、尊重自己，而不能单方面地扩张自己的欲望。这也是上面“弯度”观点的基本要求。比如，在工作中，各个单位和个人相互协作的行为，就需要角度观点来指导。如果我们自觉地认识这个观点，并贯彻到工作中去，在工作中就会左右逢源、得心应手。我们知道，现代社会具有一个分工精细的结构，各个单位和个人不仅有各自的职能和需要，而且你中有我、我中有你，互相关联、互相依存，不存在那种越出这种关系的单位和个人，这就需要协作。只有协作，才有互补互惠，才能充分实现各自的职能和需要。角度观点要求各协作方面在工作上提供适度的方便，工作才能卓有成效，如果不是这样去看问题，某一方面倾自己全部能力一味给别人提供帮助，而使自身的工作得不到协作，那么协作也就会走向反面，异化为拆台；某一方面由于过于热心的协作行为，而削弱了别人的职能，也会招致别人的反协作心理和行为。只有适度，才能有效地实现领导职能。

5. 尺度

“度”是一种衡量的“尺”，显然，尺寸有大小，具体问题有具体的度。尺度观点认为不要用“大度”去解决问题，“大度”可分解为若干“小度”，也就是要树立综合适度的观点。在领导活动中，双方都要本着“扬弃”的思维去否定对方的利益，而不能简单地否定。应该用辩证的否定观去看待对方的利益和要求，肯定合理的，否定不合理的；肯定双方都能接受的，保留双方有分歧的。否定和肯定是用度过程中的两个方面，对对方利益的否定过程，就是对自己利益的肯定过程。如果把对方的合理要求也否定了，不仅不能使领导活动维持下去，而且会导致关系双方失衡；如果把己方的不合理要求当作正当利益肯定下来，不仅不能使对方服气，还会破坏用度赖以存在的载体。所以，扬弃要注意“度”，尤其是对不合理的要求，要善于肯定其中的合理成分，不过度。过度就会使领导活动走向失败，而过度往往就是尺度太大。

6. 适度

指的是做任何事情都要注意到质和量的界限，善于根据质和量的关系，把握最佳的度。我们常说的“乐极生悲”“物极必反”“欲速则不达”等，说的就是事情超过了一定的限度，就会改变原来的状态，就会走向自己的反面，发生根本性质的变化。所以有经验的人都懂得，说话办事不可不注意一定的“分寸”“火候”。列宁在《共产主义运动中的“左”派幼稚病》一书中提出了一个著名的论断：“真理只要再多走一小步，仿佛是向同一方向迈出的一小步，真理就会变成谬误。”谨防多走这“一小步”，这是共产主义运动历史经验的科学总结，也是一项高超的领导艺术。斯大林也指出：“领导艺术是一件重要的事情。不能落在运动后面，因为落在后面就要脱离群众。但是也不能跑得太远，因为跑得太远就是失掉群众而使自己孤立。”斯大林说的也是这个道理。要取得最佳的度，就是摸着石头过河，走一步看一步。这是人们探索未知领域、进行开拓性工作时，边实践、边认识，以求注意“分寸”，把握“火候”，防止多跨“一小步”的生动形象的概括。对许多事情，一时难以做到胸中有“数”，更难以选取最佳适度，就需要摸。“摸”字表明人们认识和实践过程的探索性、实践性。每块“石头”，好比客观事物的一个方面、一个层次。每“摸”一块“石头”，也就是对客观事物的认识的一次深化、飞跃。“摸着石头”才能逐渐由此及彼、由表及里、由浅入深，找到搞好某项工作的“火候”“分寸”，最后达到“过河”的目的。走一步看一步也是边实践边总结，逐步做到心中有“数”的好方法。只走不看，不回顾、不总结，或者不研究前一步对后一步的影响，就会失度。

以上所论及的六个度，是关于“度”自身的一些性质。显然，“度”的性质比较广泛，我们只能逐渐认识“度”，而不能穷尽“度”。我们所认识的“度”越多，就说明我们对事物的认识越到位，我们的行动就更加准确。当然，行动中还有一些度是需要考虑的。比如，体现为执行力的硬度、力度和调度；比如，体现为松紧度、透明度和繁简度；等等。水平高的领导者会兼顾较多的“度”，领导艺术就比较高超；领导工作不得要领，主要是缺乏对“度”的把握。所以，领导艺术的精髓在于认识度和用好度。

常数原理的领导方法与艺术

【深一度】所谓常数领导艺术，严格意义上是指组织中的某一人或事的正负能量（按互不抵消计）之和是一个常数时，领导可以用此消彼长的方法，突出其正面作用，抑制或弱化其负面作用。这种领导艺术的理论依据是对立统一规律，特别是其中关于事物内部的矛盾结构所提示的对立双方相互依赖和相互转化的原理。其原理可以表述为：相斥相依关系的双方必然会在一定发展阶段形成某种相对平衡的常量；双方在领导活动中的质或量的消长被限制在这个常数内，而且服从对立统一规律。常见的常数领导艺术包括领导用人二八律、领导决策二八律、决策风险三七律、领导理事二八律、领导授权二八律。

一、常数原理

在一些领导活动中，我们会发现一种独特的领导艺术，这里把它叫作常数领导艺术。比如，在用人时，面对该人的长处与短处，我们会采取扬长避短的做法；又比如，在领导精神文明建设时，我们一方面弘扬与倡导好的精神文化，另一方面又注意治理社会上流行的不良风气，这是扬弃的做法；再比如，在领导反腐败活动中，我们极其注重正面宣传和表彰廉洁奉公的典型，同时，又坚决地打击各种腐败现象，惩治贪污腐化行为；等等。这些领导艺术有一个共同的特点：或肯定和发扬正面的东西，或否定和克服负面的东西，或“双向”同时进行，从而实现领导目的。

使用上述领导艺术是有条件的。首先，这种艺术所施加的对象具有正面和负面之分，而且，它们之间必须有明显的对立性质。其次，正面与负面必须发生在同一个统一体中。这个统一体可以是一个人、一个团体、一件事，但不能分解为两个以上的载体。再次，这个统一体呈暂时静止、不发展的态势，即存在着一个相对稳定的质、量总和，这个质、量总和应该是一个常数。有没有这个常数，是我们能不能使用这种艺术的重要判断标准。因此，这种领导艺术便被我们叫作常数领导艺术。

严格地说，所谓常数领导艺术，是指人或事的正负能量（按互不抵消计）之和是一个常数时，我们可以用此消彼长的方法，突出它的正面作用，抑制或弱化它的负面作用。上面列举的用人问题就是这种艺术的典型体现。一般而言，瓜无滚圆，人无十全，一个人的长处和短处是并存的。但是在一定的短时期内，这些长和短在量上反映为一个常数，亦即长处加上短处等于某个常数。在这种情况下用人，让其充分发挥长处，就能减弱或抑制住他的短处，负能量难以发挥。用人理论中所强调的“取长原则”，其基本依据也就在这里。当然，这里所讲的常数，是就事件而言的，不同的事件应当有不同的常数，它是由事件的内在因素决定的。比如，人的常数就是因人而异的。每个人虽然都有相对稳定的常数，但它的大小是不一样的。常数大的人一般能量较大，或者贡献较大，或者潜藏着较大的破坏性；常数小的人一般能量较弱，所发挥的作用也较小，默默无闻，不易引人注目。常数的大小，是由这个人的品德、知识、经验、能力、资格、地位、性格等因素所决定的。

常数领导艺术的理论依据是对立统一规律，特别是其中关于事物内部的矛盾结构所提示的对立双方相互依赖与相互转化的原理，直接为常数领导艺术所用。我们把此称为领导活动中的常数原理。用领导学的语言加以定义，可这样表述：常数原理是指含有相斥相依关系的双方必然会在一定发展阶段形成某个相对平衡的常量；双方在领导活动中的质或量的消长被限制在这个常数内，而且服从对立统一规律。

有必要对这个原理做进一步的阐释。第一，在领导活动中，确实存在着大量的相斥相依的事件，正如俗话所说，不是冤家不聚头。作为相互排斥的对立面，一方的发展就会在本能上压制另一方的发展，即此消彼长；作为“相聚”的“冤家”，一方与另一方可以相互转化。第二，上述的矛盾运动只有在常数条件下才能顺利实现。我们知道，矛盾双方的运动并不仅仅是“此长彼消”与相互转化，它可出现另两种情况，即一方的发展，会推动另一方也发展；或一方的削弱，会引起另一方也减弱。这样一来，两方面都可能得到发展或减弱，常数便会破坏。所以，这类事件不宜用常数领导艺术。第三，关于事件的常数是否存在的问题。回答显然是肯定的。因为根据对立统一规律，任何事件在一定的发展阶段上必然存在着一个相对平衡的态势，这种相对平衡的态势就是事件在该阶段的常数，或称为能量。这个常数在该阶段的变化，原则上服从能量守恒定律，这是物理学上的一个概念，这里是指该事件的正负两方面的绝对值之和(正量加上负量，不能互相抵消)是一个常数，在这个常数控制之内，以量的变化为表现形式，但这里的量所依托的质也会发生变化。

正质与负质不仅在质上而且在量上会同步发生变化，含有正质的量能转化成含有负质的量，从而加入负质行列，反之亦然。

关于事件常数就是“平衡态势”的说法，还有必要做一些说明。根据对立统一规律，所谓平衡态势是指存在于事物的正面和负面之间的暂时统一，是对立面之间协调一致的关系，或者就是对立面之间和谐关系的表现。无论是怎样的平衡态势，其中必存在着一个正面和负面双方都承认的主从关系。主从关系，或者说是正负关系的内部调整，如果依着事物的既定方向进行，一般不会引起事物的根本变化，常数也就不会有什么显著变化。这里面的“既定方面”，就是事物内部正负关系的指向。一般来说，正面代表着事物的方向。比如在用人时，长处应该是方向。突出长处，弱化短处，便是与“既定方向”相吻合的做法。

二、常数领导艺术

常数原理一旦贯彻到具体活动中，便会变成各种各样的常数领导艺术。

1. 领导用人二八律

怎样用人？富有经验的领导者认为，应该让**20**%的骨干去主持**80**%的最重要工作；而让另外**80**%的人去做那些大量的不重要的具体事务。显然，**80**%的重要工作做好了，便会形成一个工作链条，定下工作格局，其他的一些具体事务也就不会纠缠起来，在若干重要工作的主导下迎刃而解了。这是用人上的一种二八律。二八律还有与之相类似的多种运用。比如,怎样用一个有缺点的人。二八律认为,只要这个人具有某种长处,根据“取长原则”,就应该用其所长,而不是先看他有些什么短处而否定之。我们用人,就是用其所长,应该先把他的长处肯定下来,即使他有**20**%的不足乃至毁誉参半,也可以通过一个具体岗位,让他 **80**%的长处得以实现,从而抑制他的短处。

2. 领导决策二八律

领导者在决策中往往追求理想化决策,这种决策又叫客观性决策,属于决策的最高境界。决策之前必须通盘考虑所有的行为及其后果的可能性(包括客观事物、人的想法、外部环境变化等方面),这些可能性不仅设想不全,而且在数量上也大得惊人。可见,追求理想决策的领导者显然是幼稚的,因此,在事实上所做的决策都不是理想的,而是一种满意决策,或者叫作有限理性决策。人们认识事物的局限性和人为的非理性(感情上的、利益上的、世俗上的因素等)是决策理性变为有限的主要原因。有限理性决策要求我们在做决策时首先应该画定一个“合理圈”,把有限理性定下来,然后可在“圈内”做些必要的折中。这是确保决策既正确又可行的一条重要经验。这里的“合理圈”是确定决策中客观理性与有限理性之间比例关系的重要参数。一般可用二八律表征之,即决策有限理性必须在 **80**%以上,而那些非理性的东西应该尽量减少,不宜超过 **20**%。任何领导者决策时,必然会采取调和与折中的办法来解决一些十分棘手的问题。然而,无论怎样去调和或搞折中,都不许损害有限理性,而只能在“合理圈”内搞,否则就会“出格”,把决策引向歧途。“将一个苹果分成两半”是合理的,而把“一个婴儿劈成两份”便超出了“合理圈”。在有限理性决策中,“折中”不过是手段,“正确”才是目的。领导者是否有魄力,就表现在决策时,能够不怕任何人的反对,保住这 **80**%的有限理性,画出明确的“合理圈”,谁都不能逾越这个临界线,应当旗帜鲜明地捍卫之。

3. 决策风险三七律

决策是一种多方案的选择行为。正确的决策，往往是在许多风险各异或多个优劣互见的方案中产生的；卓越的决策，更是以互相冲突的意见为基础，在不同的风险判断中取舍而定的。对同一件事情，不同的决策将会承担不同的风险。风险越大，收益也越大；风险越小，收益也就越少。寻求风险较小、收益较大的决策便是领导者的愿望。然而，客观现实变化多端，领导者不可能料事如神，面对缺乏把握却存在着成功概率的决策，怎样把握概率，在决策执行过程中提高概率，减少风险，便是决策艺术。在这里，领导者应该遵循“七分把握，三分冒险”的定律。在弄清情况的基础上，权衡得失，审时度势，随机应变。

保险决策人人会做，而风险决策则需要水平。因为在“似是”与“似非”之间、保险与冒险之间进行选择是艰难的；三七定律的“七分把握”也是不容易捉摸的。

4. 领导理事二八律

作为一个单位的领导者，每天都会面临各种各样的事，但并不是遇到什么就处理什么，而是应该根据轻重缓急原则，先处理重要而紧急的事，再处理重要而有时限的事，然后处理其他状况。一般地，列入前两项的事需要花费较大的精力和较多的时间，这类事不宜超过工作数量的 **20**%；大量的 **80**%的日常事务可用较少的精力和时间去解决。在理事的时间比例上，两者的关系可为“倒二八”。这里的“二八”，也只是一个相对的参照比例，可根据具体情况有所调整。比如，天津新港船厂厂长王业震就讲过这样的理事之道：“有人说我领导六千多人，其实我主要是抓九个人，即副厂长和主管计划经营、质量检查等负责人。坚持分级经营，分理事务。我只拿出 **30**%的精力和时间处理眼前的事，而用 **70**%的精力和时间处理长远的事。”

在具体工作中，领导理事二八律还表现在多处。比如在完成具体任务时，灵活性和原则性之间也有一个二八律问题。执行党的路线、方针和政策，必须有很强的原则性，忠于决策的基本精神不走样。但是到了某一项任务上，客观情况又是千差万别的，有各自的特殊性，所以在执行时不能照本宣科，生搬硬套，而要有一定的灵活性。这种灵活性也不宜太多，不能超过**20**%。

在改革开放的年代，许多问题尚在探索阶段，许多客观的方针政策也不尽完善，有些还很粗放，部分内容不符合各地、各部门的具体情况是常有的事。这就要求领导者在工作中必须有所创新。然而，任何创新都不允许脱离对上级指示的“再现”，而要在“再现”的基本精神下或者沿着这个基本精神方向进行创新。创新突出的是别开生面、标新立异，是在没有现成规范可循情况下进行的工作探索；而“再现”则重在贯彻基本精神和基本要求，在主要做法上应当不折不扣，是对上级精神的“骨架”进行有血有肉的“再现”。在这里，“血肉”与“骨架”就存在着一个二八律。变通、创新的做法不宜太多，否则会损及“基本精神”，也会失去群众基础。

5. 领导授权二八律

所谓授权，就是领导者授予直接下级以一定的权力，让其自主地对本职工作进行决断与处理。授权是一种权力配置过程，如果授权过分，就意味着领导者放弃了必要的权力；如果授权不足，领导者将仍被杂乱事务所困扰，下级事事被动，样样请示。这样，就存在着一个比例问题。原则上讲，应该大权集中、小权分散，即使对于那些属于自己工作范围但下级能办的事，也可以授权。领导者应该抓住影响**80**%但为数只有**20**%的工作，要把这部分权力牢牢抓住；而另外的**80**%的日常事务尽可能放手让下级去干。这样，领导者不仅能腾出时间考虑更多的重要问题，同时也能增加下级的工作积极性与主动性。

在领导活动中，诸如上述适用常数领导艺术的事情是很多的。比如调查研究与决策的关系，就有一个“一九”比例。毛泽东同志曾把调查研究比作“十月怀胎”，把决策比作“一朝分娩”；陈云同志曾提及，领导干部要用**90**%以上的时间搞调查研究，用不到**10**%的时间去做决策。又如，在奖惩时，存在着一个奖惩关系的常数，奖功必须罚过，奖勤必须罚懒，奖能必须罚庸，奖与惩必须在一定的比例关系上达成平衡。如此等等，不一而足，只要我们在领导活动中处处留心，常数领导艺术将会大有可为。

履行社会责任的领导方法和艺术

【深一度】领导者不仅要对所在的组织和本人的行为负责，还应当对公众和利益相关者负责，这就是领导者的社会责任。这些责任主要来源于三个方面，即基于领导职权的社会责任，基于地缘业缘的社会责任，维护党和政府形象的社会责任。领导者履行社会责任的着眼点是处理好公共利益和公共关系，为领导活动的顺利展开创造条件。所以，“公关”是领导者履行社会责任的必要方法，用好社会权力是领导者履行社会责任的关键艺术。

关于领导责任，有组织行为学的狭义界定，也有领导学、政治学和党建理论的广义界定。前者着眼于领导者对本职工作负责，讲究对内对上对下的纵向负责，显然是领导工作的题中之意，领导者是自觉的；后者则讲究横向的社会责任，领导者不仅有维护党和政府形象的责任，还要对公共利益和公共关系负责，在这方面，领导者是被觉的。最近，许多媒体报道了各种各样的“见死不救”事件，然后对各种各样的社会冷漠心态进行了抨击，给人的综合印象是：我们的社会私心有余，而社会责任的缺失。那么，谁应该首先承担起社会责任呢？是领导干部。现在的问题是，提到社会责任，政府官员就会想到企业的社会责任，企业家应该来为社会责任的缺失“买单”。我认为，这恰恰是领导者的一种责任错位。社会责任是指一个组织对社会应负的责任，企业有，政府也有。政府的社会责任，其责任带头者应当是各级各部门的领导者，领导者不仅要对自己的组织和行为负责，也应当对公众和利益相关者负责。由此，产生了一种基于社会责任的领导方法和艺术。

一、正确认识领导者的社会责任

社会责任有组织和个体之分。前者是指一个组织对社会应负的责任。一个组织应以一种有利于社会的方式开展各项工作，并要对社会做出人们预期的奉献。所以，社会责任通常是指组织承担的高于组织自己目标的社会义务。如果一个组织在履行本职工作时，还承担了“对社会有利的义务”，我们就说该组织是有社会责任感的。后者是指个体对社会应负的责任。我们每一个人都植根于社会的“土壤”之中，每一个人都能够从社会上获得学习、工作和生活的基本条件，包括各种社会资源和政治、经济、文化、法律等保障制度。我们有权利从社会上获得这些东西，但是也有义务反哺社会，承担起相应的社会责任。不管是组织的社会责任，还是个体的社会责任，都有“积极”和“消极”之说。积极责任也叫作预期的社会责任，它要求责任主体采取积极行动，促成有利于社会的后果，或采取行动，防患于未然；消极责任是在责任主体的行为对社会产生有害后果时，要及时予以补救。

那么，领导者的社会责任有些什么特殊性呢？领导者的社会责任是一种个体责任，又兼有组织的成分。领导者虽然是个体，但他不是一般意义的个体，他具有组织上赋予的责权利。在很多场合，他是组织和个人的复合体。因此，领导者的社会责任比一般公民的社会责任要高一点：高就高在领导者履行社会责任的着眼点是处理好公共利益和公共关系，而一般人只要处理好相互关系就可以了；高就高在领导者履行社会责任既要负起积极责任，又要负起消极责任，而一般人只会偏重于消极的善后。这“两个高”说明领导者在履行社会责任的时候，是不能把组织与个人区分出来的。但是在理论上，我们仍然可以从这个角度，把领导者的社会责任分为公共责任和道德责任。

从组织的角度来看，领导者的社会责任主要是一种公共责任。组织是因为社会需要而建立的，也是因为社会需要而存在的，所以，组织除了致力于自身发展以外，还有满足社会需要的公共责任。在企业界，有一个SA8000，能够体现企业的公共责任。它是依据国际劳工组织条例所建立的国际性社会责任标准。过去，企业非常重视 ISO9000 和 ISO14000 国际认证，现在众多企业积极履行社会责任，努力获得 SA8000 国际认证，不仅可以吸引劳动力资源，激励他们创造更多的价值，更重要的是，通过这种管理可以树立良好的企业形象。作为党政机关，理应对社会的公共责任有更高更严格的要求。更高的要求是指领导者在进行领导活动时，不仅要给组织带来好处，而且还要造福所在地的民众；更严格的要求是指领导者在进行领导活动时，应该将自身置于所在的环境之中，尊重社区内各种地方团体、政府部门和社会组织，通过共赢合作来实现组织利益。

从领导者个体的角度来看，领导者的社会责任主要是一种道德责任。如前所述，领导者履行社会责任的着眼点是处理好公共利益和公共关系，为领导活动的顺利展开创造条件。这就对领导者的道德责任提出了更高更严格的要求。更高的要求是指领导者在进行领导活动时，不仅不能违背社会公德，还要坚持社会公德，敢于同各种歪风邪气做斗争。领导者在处理人与人、人与社会、人与自然之间的关系当中，要率先垂范，大力倡导以文明礼貌、助人为乐、爱护公物、保护环境、遵纪守法为主要内容的社会公德，鼓励人们在社会上做一个好公民。更严格的要求是指领导者在职业道德方面和家庭美德方面的自律。领导者要把自己的工作当作一种职业，而不是当作一种特权，在处理与服务对象的关系中，要有良好的职业态度，遵守诚实守信、服务群众和奉献社会为主要内容的职业道德。在家庭美德方面，领导者要率先修身齐家，以高尚的情操影响人，以模范的行为引导人，大力弘扬尊老爱幼、男女平等、夫妻和睦、勤俭持家和邻里团结等传统美德。

二、领导者社会责任的三个主要来源

领导者的社会责任到底有多少？这是一个很难回答的问题。不同的视角显然会给出不同的答案。如果作为一个课题，那就是领导者的社会责任的分类研究。有社会、组织和个人的维度，有高层要求和群众诉求的维度，还有权力、道德和义务的维度，等等。在这里，我们围绕“领导者履行社会责任的着眼点是处理好公共利益和公共关系，为领导活动的顺利展开创造条件”的命题,去探索领导者的社会责任的主要来源。

基于领导职权的社会责任。政府的职能是公共服务,领导者的社会责任就是要利用组织赋予的职权广泛地为人民服务。领导者所在的部门或多或少地涉及文化、教育、科技、体育、卫生、民政、发展和改革等职能,每一个职能部门都要结合实际,积极承担起应有的社会责任。社会责任是一个体系,这个体系中的责任分布是不均匀的,有许多社会责任是交错在一起的,也有许多职能部门的权力是交叉存在的。这种情况给领导者履行社会责任带来了相互推诿的可能。这里的关键是怎样积极主动去做好服务。在这里,行之有效的做法是三部曲:政府领导承担分管部门的社会责任,负责建全协同承担社会责任的长效工作机制;谁为主谁牵头,负责出方案,联合其他职能部门,整合社会各方资源,形成齐抓共管的良好格局;谁缺位谁负责,追究由此产生的一系列责任。

基于地缘业缘的社会责任。地缘关系是直接建立在人们空间与地理位置关系基础上的社会关系。此种人际关系是因生活和工作在共同的区域,以地域观念为基础而形成的社会关系。这种关系以一定的心理纽带和区域色彩,结成社区或社团,对社会的作用和影响十分广泛。可见,从社会责任来看,地缘关系对领导者的要求主要来自社区。领导者的工作和生活离不开社区的支持,反过来,社区的一些事务也需要领导者的支持。所以,领导者必须反哺社区,承担起来自社区的各种各样的社会责任。业缘关系是以人们广泛的社会分工为基础而形成的社会关系,现代社会业缘关系的结构复杂,分工体系庞大。领导者的业缘关系,不同于通常意义上的同事关系和师徒关系,而是以事业、志趣和领导工作的需要为纽带,建立起来的法人或自然人之间的关系。这种关系在社会关系中所占的比例最大,对领导活动最有影响。领导者在业缘关系中获得公共权力,也要负起相应的事业发展的社会责任。基于地缘业缘的社会责任虽然重要,但是对领导工作的影响是滞后的,所以,许多领导者并没有认识到位，以为与本职工作关系不大，属于衍生的社会责任，甚至可能会被领导者视为分外的事情而不予重视。

维护党和政府形象的社会责任。领导者虽然是在一个组织之中，但是在社会上，一个领导者需要承载的东西很多。一滴水可以折射出太阳的光辉，同理，一个领导干部是否履行好社会责任，事关党和政府的形象。党和政府的形象不是抽象的，具体体现在每一个领导者身上。在老百姓心中，他们所接触到的领导干部是什么形象，我们的党和政府就是什么形象。所以，每一个领导者要时时处处维护好党和政府的形象。那么，领导者靠什么去维护好党和政府的形象呢？靠对人民群众的无限热爱，真正视百姓为父母，待群众如家人，怀着对群众的真挚感情，服务群众，为群众谋利益，从而赢得群众的认同和拥护。靠对党的事业的无限热爱，不仅要珍惜自己的岗位，珍惜自己的形象，坚持把形象当生命，还要敢于同社会上损害党和政府形象的言行做斗争。

三、“公关”是领导者履行社会责任的必要方法

领导者履行社会责任的方法是多种多样的，但“公关”是一种必要的方法。因为领导者履行社会责任事关一个组织的公众形象，离不开构建良好的公共关系。从领导者社会责任的角度去看，“公关”领导方法的出发点和归宿是以“形象”为核心的。形象当然是指组织的形象，但是这个形象大部分体现在领导者身上。领导者如果在公众面前有良好的信誉，有不错的口碑，是一个真正能做事的人，周围的资源才会愿意围绕着你来建立，否则，避之尚不及，还何谈“公关”？这还不够，领导者要利用组织的形象找到具有“公关”价值的事情，组织中如果缺少一个有价值的事，各种资源就像水流在各处，没有一个水池可以蓄水，水四处流动，不会蓄在你处。如果你没有一个大家认可的事情在操作，“公关”就失去

了桥梁和纽带。

1. 珍视信誉，塑造组织的形象

领导者积极履行社会责任，旨在追求良好的公共关系，而这种良好的公共关系状态又具体表现为一个组织机构在社会公众心目中享有良好的信誉和形象。不珍视信誉，就难以树立形象。组织的社会形象是组织的无形资产，有了良好的社会形象就会赢得理想的社会舆论，为社会各界的了解、信任与合作打下基础。组织在社会公众中信誉卓著、形象美好，就能因此而吸引更多的公众，从而增大组织的凝聚力，增强成员的向心力、归属感和自豪感，领导者及其组织也能够成为所在社区的依赖力量，受到居民的爱戴和拥护，有利于组织在社会上赢得信誉，开展工作。这里的关键是，领导者要及时输出信息。根据对象公众的居住地区、职业、教育程度、社会经济地位等特征可以大体上判断出他们喜欢或习惯阅读的报刊、收听的广播和收看的电视节目等，并查明上述报刊、广播电台、电视台的情况及有关编辑、记者的情况，以便根据这些情况开展宣传活动，使领导者所在的组织信息能通过适当的媒介为对象公众所接收。

2. 搞好双向沟通，实现内外结合，突出组织的形象

领导者要履行好社会责任，需要知己知彼。这就要求领导者一方面应迅速准确地收集来自各方面公众的信息，了解社情民意以调节和改善自身；另一方面，还应及时地将组织本身的信息传给有关公众，以求公众对组织的了解、同情和支持。这就是双向沟通、内外结合。只有确立了双向沟通、内外结合的公关思想，才能有效地监测和适应本组织赖以生存和发展的环境；才能实现组织上下、内外的信息交流，准确地预测未来，防患于未然。这里的关键是明确公众权益。领导者履行社会责任是以互利互惠关系为前提的，所以，要确定公共关系的目标和计划，就必须明确各类公众对组织的权益要求是什么，以便为下一步工作奠定基础。我们可以根据组织的要求以及公众对组织的重要程度，将其分为：首要公众，比如人大代表和政协委员等;次要公众,比如社区、政府、新闻媒介等;边际公众,比如竞争对手等。并进一步明确他们的权益要求。值得注意的是,要尽可能全地列出本组织所面对的公众对象,尽可能详细地标明公众的权益要求,切不可误解和忽视,确保领导者履行社会责任的有效性。

3. 找到社会责任和组织利益的结合部,避免“平均形象”

在前面,我们曾经提到基于地缘业缘的社会责任。这些社会责任离不开一定的利益关系。任何一个组织的公众对象,无非是对发展具有一定利益关系的个人、群体和组织。这种以一定利益关系为纽带的双方关系,特别需要平等相待,互利互惠。因此,领导者在履行社会责任和确立公关方案的时候,一定要兼顾多方利益,恰当地选择组织利益和公众利益的相交点,取得组织利益和公众利益的平衡与融合,既履行了社会责任,又为自身发展创造了条件。这里的关键是选择好组织所面对的主要公众。各类公众由于所处的社会地位、承担的社会角色不同,利益要求也就不同。如果领导者对公众的要求不分轻重缓急,只是一味地为满足而忙碌,看上去面面俱到,八面玲珑,实际上最多也只能是平均地兼顾各类公众的不同要求,而使组织在所有公众中仅仅享有一种“平均形象”。这种“平均形象”的产生意味着组织在部分特定公众心目中的实际形象的下降。尤其当各类公众的利益要求相悖时,就会给组织的工作造成麻烦,往往顾此失彼。

四、用好社会权力是领导者履行社会责任的关键艺术

这里所说的社会权力,其实是一种公共关系的影响力,是特指在领导者的职权之外,在社区或群众中拥有的权力。这种权力是领导者担任的一定的职务后,群众所赋予的,但本身并不是领导者的职责范围之内的权力,较之领导者的职位权,领导者的社会权力不是法定的,而是派生的。

这种权力有一个非强制性的特点。领导者在很多情况下,自然而然地成为群众的代表人或“领袖”,但没有法律或行政上赋予的强制权,领导者不能依照某种指令随便组织群众,而应尊重群众。

所以,领导者履行社会责任,行使社会权力,有不同于行使职位权的方法与艺术。

1. 履行社会责任,要注意倾听批评和建议

领导者行使了社会权力之后,是否起到了维护群众利益的作用,往往不能由领导者自身来回答。有时领导者自认为是符合群众利益的事,群众却不这样看。为了保证做到维护群众的根本利益,领导者应该经常了解群众的批评和建议,按照群众的批评和建议合理地改进工作,正确地行使社会权。领导者行使社会权,还有一个相信多数群众的问题,多数人的意见一般是对的。有时,即使多数群众的批评和意见是不对的,也有一个相信多数的问题,要相信多数群众迟早是会觉悟过来的。在他们未觉悟之前,要做细致的思想工作,耐心地等待其思想觉悟,而不能勉强其履行社会责任,从而把好事做成坏事。

2. 履行社会责任,要通过社会协商

这是指领导者利用协商对话的方式来沟通信息和协调社会关系,从而使自己的社会权能行之有效。协商对话,能使领导者随时听到群众的呼声,让群众的批评建议有地方提,委屈和愿望有地方说,困难和需要能及时得到解决。这样,群众就会和领导者同呼吸、共命运;同时也让群众知道领导工作中的困难,取得群众的谅解,消除群众的不满情绪,而且有利于群策群力,使领导者减少履行社会责任的阻力。

3. 履行社会责任,要正确对待各种“势力”

我们这里所说的“势力”,是指由于不同的内部和外部条件,由于各种关系和联系而形成的各种组织所产生的影响力。领导者在履行社会责任的时候,不要小看这种“势力”。有的领导者能力水平并不低,可是因为处

理不好同各种“势力”之间的关系，导致社会责任干扰了日常，不仅工作非常吃力，而且往往容易出现干不下去的局面。领导者同各种“势力”打交道，用的是社会权力，缺乏权威性，所以在相互关系的处理上，只能求“合理”。道理很简单，“合理”关系尽管有时会令各方不愉快或不满足，但是由于领导者处置“合理”，大家也无理可争。相反，领导者如果追求“最佳”，尽管赢得了各方的一时满意，然而其中却包含着诸多“不合理”因素，甚至是以牺牲某项原则和规范为代价的。这样做，不仅使“最佳”关系逐渐变为“最差”关系，而且容易给事业带来不可估量的损失。

随着经济与社会的发展，民众诉求的多样化和社会化的程度越来越高。现在，各行各业的领导者都感知到了来自组织以外的社会责任。然而，在履行社会责任这件事情上，大多数领导者是被觉而不是自觉的，是应付而不是主动的，更谈不上思考基于社会责任的领导方法和艺术。既然履行社会责任是领导活动的应有之义，而且越来越受到社会的关注，我们就应该去研究这个问题。事实上，现在的领导者对于社会责任的理解是见仁见智的，在操作中也缺少章法，一个严重的问题是把社会责任当作“包袱”，进而把履行社会责任当作“分外的事情”，有的领导者甚至不恰当地拒绝履行社会责任，损害了党和政府的形象。所以，我们认为，有必要探讨基于社会责任的领导方法和艺术，把它作为一种领导学的理论与方法加以研究，借以指导领导者正确地履行社会责任。

让下属“闲不住”的领导方法与艺术

【深一度】我们所说的闲人，并不是指社会上的闲杂之人，而是指体制之内单位之中比较空闲之人。闲人的概念具有贬义，至少有三层意思：一是工作轻松而被动，工作量小贡献少；二是因为比较空闲使组织张弛失度，管理失序，降低组织的效率；三是闲人会说闲话做闲事，给做事的人带来负面影响，也不利于组织营造奋发向上的氛围。这种贬义，我们称之为闲人现象。显然，一个组织、一个单位或一个领导者，都不会喜欢闲人。然而，闲人是一种客观存在，大部分单位都有闲人现象。管理学中关于人性假设的X理论认为，人因为天生有惰性，喜欢做闲人，大部分人的工作和努力是为了谋生；Y理论认为，有一些人具有天生的工作热情，不喜欢做闲人，他们愿意在工作中获得快乐。领导学在讲到二八律时，把这个X与Y做了量化，指出在没有任何外部压力的情况下，有80%的人喜欢空闲一点。换言之，在组织中，闲人是肯定存在的；即使领导者致力于消除闲人现象，也只能减少部分组织中的闲人，难以保证全员非闲人。除了人性使然以外，闲人层出不穷的另一个原因就是领导者消除闲人的方法，会逐渐被闲人破解掉。闲人有一种“抗体”，他们总能在组织中找到做闲人的技巧，领导者的方法跟不上他们的技巧。所以，组织中的闲人是“滚动”存在的。

可以说，怎样让闲人“闲不住”，是领导者常讲常新和常做常新的一个课题。

那么，组织中到底存在着哪些闲人呢？我们注意到这样一种现象：即使在非常忙碌的单位中，总有一些人是闲人；相反，在一些人多事少的单位，也总有一些人是忙人。换言之，闲人或忙人并不与组织的忙闲程度成正比，闲人之所以是闲人，主要的原因在个人，组织仅仅是一种外因。这个道理提示我们，寻找闲人要着眼于个体，要循着个人因素去发现闲人。接下来，我们根据个人的能力、品德和性格这三个因素来确定闲人的情况。

1. 能力问题造成的闲人

一是“逆才闲人”。所谓“逆才闲人”，首先是一个逆才，其次才是闲人。逆才是指那些才能超群，个性独特，桀骜不驯，敢给领导挑毛病、出难题，甚至当面顶撞领导，让领导心意不快的人。大部分领导者喜欢部下顺从自己，对那些爱自作主张、不好管的“逆才”常有意疏远，从而导致一大批确有才华、有作为、有发展潜力的“逆才”得不到发现和使用，甚至遭到压制，最终变成闲人，造成人才资源的浪费。

二是爱发牢骚的闲人。一个人的能力有大有小，能办的事情有多有少。爱发牢骚者则与之相反，认为自己无力改变自己的命运，一切都只能听天由命。爱发牢骚者留心观察社会现实，对单位中出现的问题不断地发牢骚。当没人回答爱发牢骚者提出的问题，或者爱发牢骚者只得到领导者的一点点安慰时，他们就只好承认自己什么也干不了，不去采取建设性行动，以此来证明自己的牢骚与抱怨是正确的。与这样的人共事，就必然成为他们发牢骚的对象，况且还要得罪领导，一事无成。谁愿意呢？所以，常发牢骚的人注定要成为闲人。

三是“万事通”闲人。这种闲人能力平平，却高估自己，希望时时处处给人留下无所不知、无所不晓的印象。他们把一切问题都加以绝对化地肯定和否定，不允许别人猜疑，甚至别人不明确他们的意图也不许询问，使别人感到自尊心受到很大伤害。一旦发生问题或失败了的时候，“万事通”把错误的责任推给不该承担者。让人感到气愤，引发同事的不合作行为。久而久之，大家都不愿意与这样的人共事了，这种人便没有了合群性，失去了合作者，变成了闲人。

2. 品德问题造成的闲人

一是损人利己的闲人。这种人不讲政策规定、不讲条件是否允许、不讲本人要努力争取，只是与这个比与那个比，认为领导者对别人都是公正的，就是对他不公。一旦私人目的达不到，就愤愤不平，认为是领导者与他过不去而使出无赖手段。对于这样的人，领导者真是无可奈何，既不能与之讲道理，动之以情，晓之以理；又不能使用党纪国法让其受到制裁。遇到这种无赖之人，可以说是领导者的不幸。所以，领导和群众对这样的人都有一种戒心，尽可能与他们保持一定的距离，他们因此也成为无所事事的闲人。

二是“有城府”的闲人。这种人在领导者需要得到回应的时候毫无反应，显得深沉或“有城府”。他们以毫无反应的方式，含混地处理面对的问题，“深思熟虑”地与领导者过不去。如果领导者想控制这些闲人，泰然自若的风度会受到威胁。“有城府”是他们的一种自我保护的方式。口头语言，无论是对别人讲的，还是对自己讲的，都能将具体的思想和情感表现出来，而一声不吭，则可以把所有事情都严密地遮挡住，掩饰住复杂的情感，这是多么安全啊！这个空白，让别人去填充内容吧。这让同事不得不去做各种各样的猜想，而猜错了的后果是相当严重的。由于“有城府”的人心计太重，给人们带来很大的交往压力，导致人们疏远他，领导者也就不会交给他们更多的任务，自然也就成为闲人了。

三是虚伪的闲人。受人喜欢、爱戴和尊重是人们的共同需要，而虚伪者则希望时时、处处、事事都得到领导者的赞扬，这实际上是不可能的。虚伪者最害怕失去赞同和尊重。如果生活很简单，没有矛盾，虚伪者就没有必要表现出虚伪来。但是，领导活动通常是复杂的，工作的成败、社会地位的得失、生活中的乐趣痛苦，都奇怪地纠缠在一起，这就产生了矛盾。虚伪者千方百计地要回避这些矛盾，来获取好评。这就使虚伪者难以和别人表里如一，坦诚相处，不仅要有“阳一套”，还要有“阴一套”，经常给别人不能实现的承诺。虚伪者一次次让别人充满希望，又一次次让别人失望，最终失去了领导者的信任和同事的友谊，这时，他们就会把自己与人们隔离开来。在他们看来，与人们隔离要比受冷落更容易忍受，所以他们选择了做闲人。

四是泼冷水的闲人。每个人既有积极的一面，又有消极的一面。泼冷水者能把人们的消极因素与潜在的失望情绪激发出来。在一个组织中，大多数人总希望领导者能解决一切问题，而现实并非如此，这迫使部下怀疑领导，就为泼冷水者的产生提供了土壤和气候，也为泼冷水者的活动提供了市场。倘若大家都有失望和痛苦之感，成为泼冷水者的人就更多了。泼冷水者为了使自己的悲观想法站住脚，就收集最好的理由来加以证明，用自己找到的论据来论证自己观点的正确性。所以，领导者非常讨厌这样的人，但是又说服不了他们，只好退避三舍，让他们成为闲人。

3. 性格问题造成的闲人

一是性格坦直的闲人。性格坦直本来是一种优点，但是如果用之不当，在一些特定情况下，这种优点也可能引出坏的结果来。这种人一般性子急，直肠子，心里想什么嘴上就说什么，直通通的不拐弯，在工作中往往不看场合，不管人家愿意不愿意听，只管往外倒，有时揭了人家的疮疤，搞得人家不高兴，得罪了人还不知道。这样的人往往让人在面子上过不去，叫人尴尬下不来台，以致使人恼火记恨。也许说者并无恶意，但是由于他们的直率冲撞了人家的自尊，使人家感到难以忍受，其结果就会好心得不到好报。这样的人虽然没有恶意，但是人们对他们难以把握，所以不愿意靠近他们，而使他们成为闲人。

二是古板固执的闲人。有些人过于自信，在认识上又有片面性，而且一旦认定了的事就坚持到底，谁也不能改变，遇到不同意见他们很少能听得进去，甚至到了顽固僵化的地步。这种人如果把固执用在坚持原则上，处事大公无私，对不良行为不讲情面，还是值得称道的。然而，如果把这种固执劲儿用在相互协作中，对于本来可以加以灵活处置、随机变通的事情，却在那里死搬条文，不从实际出发，拒绝接受他人的意见，这样不但影响工作，而且也会影响人际关系，造成难相处。总是难相处的人，必然是一个闲人。

三是性情暴躁的闲人。这种人修养差，性情火爆，遇事不冷静，好冲动，动不动就发脾气。他们发起火来，不讲道理，甚至还动拳头。他们在处理问题时，常受情感的支配，而不是理智的支配，这样就难免做出一些蠢事，闹出乱子，难相处。这种人一般头脑简单，事过之后并不总结教训，再遇到事情还是照此办理。有一句话叫作“惹不起，躲得起”。当这些人失去了发脾气的对象，也就成了闲人。

除了上述列举的这些闲人，缘于个人因素的闲人应该很多。因为个人因素是多种多样的，所以，我们不可能用枚举的方法去穷尽它。此外，组织因素也会制造某些闲人。

4. 组织因素造成的闲人

一是领导缺位造成闲人增加。有些领导者认为自己是“上层建筑”，把自己定位在出主意想办法上，忙于外联而疏于内部管理。我们以为，大中型组织的高层领导这样做或许是可取的，但小单位的领导和低层次的领导就要走群众路线,在执行方面下功夫,否则,就会造成领导缺位。一旦领导不到位,管理就会失之宽松,闲人便有了更多的自由度,闲人与闲人的交往也变得很方便,促进了闲人的增加和闲人群的形成。

二是单位人多事少和能者多劳造成的闲人。虽然现在许多单位都实行了定编、定岗和定责的“三定”管理,但是单位之间存在着不平衡,有些单位人多事少,容易滋生闲人;一些单位领导鞭打快牛,能者多劳,忙的人永远忙着,处于超负荷的工作状态,由此导致另外一些人工作量不足,产生了闲人。

三是组织的体制和制度老化造成的闲人。体制和制度老化容易使组织中的人员产生惰性;容易让人找到组织的管理漏洞而做闲人;容易在组织中滋生闲人文化。此外,形势和任务的发展,要求体制和制度不断跟进,与时俱进,保持一种相适应的状态。如果组织长期在两者不相适应的状态下运行,就会造成职责不清,管理失序,最明显的漏洞就是老的任务已经消失,新的任务难以落实。老化了的体制和制度没有能力整合组织中的责权利,致使一部分人失去任务与责任,变成了闲人。

5. 激励缺位造成的闲人

任何人都知道,组织中的激励不可能包罗万象,包治闲人,所以激励员工的事情,往往存在着漏洞或空白,也就是我们所说的激励缺位。激励缺位必然会产生闲人。在博弈论中,“智猪博弈”是一个著名的纳什均衡的例子。假设猪圈里有一头大猪、一头小猪。猪圈的一头有猪食槽,另一头安装着控制猪食供应的按钮,按一下按钮会有十个单位的猪食进槽,但是谁按按钮就会首先付出两个单位的成本,若大猪先到槽边,大小猪吃到食物的收益比是 **9∶1**;同时到槽边,收益比是 **7∶3**;小猪先到槽边,收益比是 **6∶4**。那么,在两头猪都有智慧的前提下,最终结果是小猪选择等待,大猪只好亲力亲为。在这里,小猪注定是一个“闲人”。实际上,在一个单位中,强者对绩效的贡献很大;弱者即使努力工作,对集体绩效的贡献微乎其微，人家看不上，所以弱者会选择等待，让强者去控制“按钮”，而自己选择“搭便车”，总之，等待还是要优于行动。这就必然产生了“搭便车”的闲人。

我们在分析这些闲人的成因时，觉得原因不是单纯的，比较复杂。所谓复杂，就是这些闲人具备多种成因，而每一种成因都有可能引出闲人新品种。所以，闲人的成因远远不止这些，闲人也远远不止这十几种。这就给我们研究治理闲人的对策带来了一定的难度。我们不能仅仅从这十几种成因出发去考虑“一对一”的对策，而是要拿出几条带有根本性的对策。那么，什么是根本性呢？一是着眼于总体治理，在整个组织中开展治闲，使闲人失去攀比对象；二是着眼于组织行为，通过组织发展与制度设计，不断地铲除闲人得以存在的土壤；三是在个体层面上，综合利用领导艺术和领导技术，注重在心理上解决问题。我们试着在下面的五条对策中尽量体现这种根本性。

第一，用“变局”的方法减少闲人。一个单位通常是在既定的体制和制度下运行的，体制和制度就是一种“局”，这个局面总是不变化，人们就会产生惰性。所以，领导者需要“变局”。每隔三五年来一次机构人事改革，经常性改变单位的各种制度，使之每时每刻都适合单位的情况，从而发挥其应有的作用，不至于成为一个摆设。“变局”的常态在于变制度。一般来说，制度一旦定下来了，就不应随意改变，否则会给人以朝令夕改的感觉。那为什么还要不断地去改变制度呢？这与下属的认知有关，下属常常只认合理，合理的制度他就遵守，不合理的制度他就不理会，办事时我行我素。另外，任何制度都是建立在一定的环境基础上的，环境变了，它的先进性也就消失了。而如果它不再先进了，就会让闲人找到休闲的机会。那么，我们该如何来“变”制度呢？一是制度不能乱变，不能随意地去变，否则就真的给人以朝令夕改之嫌了。二是变制度要有一定的权限要求，每一级都只能改变其本级权限范围内的制度规定，不能越权行事,高层和基层要互相监督。同时形成一种机制,就是在制度实施的过程中,不断记录制度的执行情况,掌握各种情况,看有没有闲人钻制度的空子,或想出规避的方法等。三是定期对制度的合理性进行分析,定期对制度的有用性进行分析,定期对制度运行的环境进行分析,看有没有发生较大的转变。总之,要以“变”的思想来定制度,制度不要多年一成不变,也不能随意改变,要根据环境的情况不断调整制度,铲除产生闲人的制度环境,限制闲人的“滚动”出现。

第二,用领导“搅局”的方法促动闲人。闲人有一点惰性,需要在“运动”中克服。有一个理论我把它叫作“铲子理论”,这种理论把一个单位比作“一个锅”,锅里的米啊、菜啊等东西就是单位中的任务和人员等组织要素,而领导者就是一把铲子,需要不断地在“锅”中搅动,使这些组织要素运动起来,带动闲人一起工作,让闲人闲不住。这叫作“搅局”,也就是我们通常讲到的“一线工作法”。这就要求领导者提升执行力,把“执行”作为所有行为最高准则和终极目标。搅局就是要改变领导者乐于做决定而疏于执行的情况,防止在执行环节上的领导缺位导致任务难以落到实处。由于领导比部下掌握更多的信息和资源,领导者就不仅仅是一个起到监督作用的警察角色,而是一个教练兼教师。就像是指挥一个新手开车一样,教练要想将自己的经验、智慧和要求传达给学员,必须陪着新手上路,指导他如何加减挡,如何踩油门。所以,领导者必须参与到具体的组织运营过程中,才能对单位的闲人状态有全面综合的了解,才能找到执行中具体情况与预期之间的差距,才能施以一种强大的监督措施和奖惩力度。领导者要搅动自己手中的这把“铲子”,促使每一位部下全心全意地投入到自己的工作中,最终使团队形成一种注重现实、目标明确、简洁高效、监督有力且团结、紧张、严肃、活泼的工作氛围。

第三,创造事情,让闲人有事做。在领导活动中,存在着这样一些共识:领导者的价值不是体现在自己做了多少事情,而是让下属创造了多少价值。一线人员是直接创造价值的人员,领导者要提升一线人员,而不创造价值的人员会影响到创造价值的人员的工作积极性。这些道理对我们有两点启示:一是领导者的贡献在于让下属创造价值,让下属有事可做;二是如果单位里闲人太多,无所事事,就会无事生非。这两者又是相互联系的:只有让下属有足够多的事情可做,让下属忙于工作,才能铲除闲人产生的时空条件,闲人才能闲不住。所以,作为一个领导者,必须让每一个人都满负荷工作。如果下属的工作量不够,领导者就要创造事情,让部下有事干,使闲人不得闲。领导者创造的事情有向内和向外两种指向。最常见的指向单位内部的方法有三种,即设立专项工作、开展调查研究和建设学习型组织;指向外部的方法有下基层、挂职锻炼和进修学习等。可见,治理闲人的过程,同时也是提升和激励下属的过程。

第四,用“诱导”方法改变闲人的个人诱因。诱导是指领导者采取诱发和引导的方式,改变被领导者的闲人状态的认知的一种方式。诱导可分为说理诱导、情感诱导、行为诱导和利益诱导等形式。说理诱导就是领导者对闲人晓之以理,以理服人,改变他们对工作的认知。以理服人就是要讲道理,讲假话、空话、大话只能引起闲人的反感,根本不可能起到良好的诱导作用。情感诱导就是领导者对闲人动之以情,以情感人。动之以情就要求领导者要以同志式的诚挚、关怀与热爱去感动闲人,以引起他们感情上的共鸣,激发他们的理智感、道德感和美感,化消极情绪为积极情绪。行为诱导就是领导者对闲人导之以行,以行带人。导之以行就是充分发挥领导者自身的影响作用,带动闲人一道前进。因而,领导者必须以身作则,率先垂范,鞠躬尽瘁。利益诱导就是领导者对闲人示之以利,以满足他们的正当利益来改变他们的闲人心理,从而改变其行为。每一个人都有自己的切身利益,领导者在对闲人进行诱导的过程中,必须考虑他们的切身利益,让他们认识到实现领导目标能给自己带来的利益。

第五,破除闲人的心理防线。闲人有“好胜心理”,不过,这种好胜心理与一般人的“好胜心理”是有区别的。闲人完全是为了维护自己的尊严而争强好胜。当然，这种“好胜心理”，只要引导得当，利用充分，就能及时转化为工作动力。有经验的领导者常常为此制造出闲人与忙人之间在物质待遇和精神待遇上的某些“不平等”，来激发前者的好胜心理。闲人有“参与心理”，领导者要积极吸收他们“参与”各项管理活动。对于领导者从事的各项管理工作，许多闲人都很关心，这也是他们能够说闲话的资本。显然，这种“参与心理”，正是领导者“求之不得”的，充分满足闲人的“参与心理”，并不需要领导者“支付”什么，相反，却能使闲人加入到团体中来，让闲人不闲。闲人有“取悦心理”，领导者要热情鼓励他们取得更多的实绩。作为下属，不仅希望上级能够“看到”自己在工作中取得的成绩，而且希望上级能够和自己一起“分享”胜利的喜悦。只要领导者脸上露出满意的笑容，或者为下属取得的成绩表示“高兴”，闲人就会从心理上得到某种满足。否则，不是闲人的人也有可能变成闲人。闲人有“惰性心理”，这是闲人用以“自卫”的一种本能。闲人比起其他人，更容易产生“到此为止”“见好就收”的惰性心理。他们认为“不干也不会失去什么”，所以领导者要及时帮助他们消除滋生惰性心理的“内因”，另一方面要创造一种“不进则退”的工作氛围，有效消除诱发产生惰性心理的“外因”。

我认为，闲人是多种多样的，闲人是不能穷尽的，闲人现象会随着形势与任务的变化而变化，因而治理闲人的对策应该是与时俱进的。不同层次、不同大小和不同性质的单位，都应该有不同的治理方法。我觉得，这些都是技术层面上的东西，可以去丰富，去探讨；作为领导者，更重要的是，要树立“闲人有害”的理念，以积极的态度去对待“治闲提效”。

“唤醒”麻木下属的领导方法与艺术

【深一度】下属，因其所在的单位不同，会养成各种各样的心态与行为习惯。有一些较稳定单位的工作人员，虽然不是领导人，但是有待遇、有权力、有能力、有相对稳定的业务工作，面对的是没有挑战、没有创新和最熟悉不过的办事程序。由此，他们逐渐失去了对别人痛苦的敏感性和反应能力，变得无动于衷，滋生出一种“麻木”心态，就是他们知道怎样把工作做得更好，却不愿意改进，得过且过。久而久之，这种“麻木”心态成了机关中的一种消极文化。

导致下属“麻木”的因素是比较广泛的，我们在这里只探讨跟组织或工作有关的情形，而忽略缘于个人性格等方面所产生的“麻木”。这样，下属的“麻木”心态与行为大致可以归纳为四种类型。

1. 淡漠性麻木

淡漠性麻木是指下属对自己所在的组织漠不关心。“人在曹营心在汉”就属于这类麻木。当下属对组织缺乏感情依恋时，就很难站在组织的立场上去考虑问题，而对个人利益则更加精打细算，并常常将个人利益凌驾于组织利益之上。因此，当下属考虑到自己的建议不能给自身带来好处甚至有时可能会削弱自身利益时，就会主动保留观点，显示淡漠性麻木。表现在工作中就是“平庸”和“散漫”。“平庸”，主要表现为低水平、低标准，不重视学习，缺乏与时俱进的业务知识，靠“吃老本”过日子，能力素质跟不上形势，面对新情况、新问题，缺思路、缺办法；“散漫”，主要表现为见事慢、反应迟钝、办事拖拉，贯彻落实不坚决、不迅速，遇事互相推诿。

2. 关系性麻木

关系性麻木是指下属为了维护人际关系而表现出的麻木。在单位中，工作与感情往往是分不开的，发表不同的见解，往往会引起感情隔阂。这种隔阂既可能发生在同事之间，也可能发生在上级和下级之间，但是，这种隔阂的发泄对象却是弱势的群众，表现出来的是面对群众的麻木态度。关系性麻木是下属为了自身的“安全”而采取的自我保护，尽量不得罪本单位的人，如果需要得罪，首先得罪外人和群众，以维持单位内部的人际关系。一旦谁打破这种人际关系，不但会造成组织内关系紧张，常常还会带来组织内的惩罚，被排挤和孤立，被“边缘化”。表现在工作中就是

“畏难”与“狭隘”。“畏难”，主要表现为灰心丧气，怨天尤人，认识不到自身的机遇、条件和潜力，办事情首先想到的是困难，束手无策；或者按部就班，循规蹈矩，唯上、唯书、唯文件，不求变通，窒息了组织的活力。“狭隘”，主要表现为“本位主义”的狭隘利益观，办事情先考虑本单位和个人的得失，缺乏“一盘棋”思想，特别是多部门联办的事，协调难、效率低。

3. 旁观性麻木

旁观性麻木是指下属由于顺从或屈从，有意地隐瞒有关的意见或信息而呈现麻木。这实际上是下属疏离组织，不愿介入群体的行为。根据期望理论，行为倾向的强度取决于个体对于这种行为可能带来的结果的期望强度，当下属预期到组织或上级已经决定了此类问题的做法，而自己的观点和建议对决定的影响微乎其微时，自然会选择沉默并保留观点。表现在工作中就是“自满”与“忘本”。“自满”，主要表现为小进即满，小富即安，沾沾自喜，坐井观天，夜郎自大。“忘本”就是忘了服务人民群众是机关工作的根本。有些下属没有真正树立以人为本的理念，群众工作不扎实，没有站在群众的立场想问题、做决策。对于涉及群众利益的问题，不用心解决，能躲则躲、能推则推，甚至与群众对立，事不关己，麻木不仁。

4. 防御性麻木

防御性麻木是下属明哲保身的一种选择。领导行为是造成下属麻木的一种因素。下属比较在意领导者的反馈与评价，通常在接收到负面反馈时会感到郁闷，因此下属总是试图避免负面反馈。当负面反馈来自同事或群众时，这种信息经常会被他们视为不合理；但是当反馈信息来自领导者时，下属就会“识相”，就会产生自我保护意识，为了远离是非而远离工作，从而引发了防御性麻木。另外，我国的文化讲究“和为贵”；这样的文化，更容易引发防御性麻木。“和为贵”导致同事之间很难容忍异己分子出现，当一个人感觉到自己有可能属于少数人时，可能会担心意见不一致而被视为异类，担心对他人造成负面影响，担心破坏与同事或与组织的关系，担心日后被惩罚或报复等。此时，防御性麻木就成了一种自我强化的结果。

下属的“麻木”心态与行为严重地影响了组织的效能和组织的健康。其一，下属的麻木会影响领导决策的效能。在决策中，多样化、有分歧的观点对于提高决策质量十分必要。下属掌握着大量的第一手信息，他们的麻木会阻断这些信息的传递，或者传递的仅仅只是表面的信息，势必影响到决策的质量。同时，下属的麻木使得组织缺乏负面的反馈信息，很容易使领导者误将“麻木”当成组织的和谐，不利于组织及时有效地发现和纠正问题。其二，下属的麻木对个人也会产生不利影响。“麻木”意味着下属对组织有异议，从而感到压力、不满意，但无可奈何，只能顺从，对组织的忠诚度降低，直接后果是降低了下属的满意度和参与工作的积极性，从而降低了组织的输出效能。其三，下属的麻木不利于形成健康的组织氛围。“麻木”阻碍了人与人之间的信息和情感的交流，组织很难形成平等、团结、信任、互助的人际关系的环境。

更为严重的是，下属的这种“麻木”心态与行为具有“感染”的特性，如果任其发展，“麻木”的心态与行为就会在组织里流行开来，成为一种严重的组织病。这不仅使组织失去功能，还会使组织异化为社会发展的障碍，比如“门难进、脸难看、事难办、话难听”，就是很自然的结果了。所以，对待“麻木”心态，要以预防为主，决不能让它蔓延开来，变成组织病。一旦“麻木”成为组织的常态，那就积重难返了。可见，下属的“麻木”心态需要及时“唤醒”。“唤醒”就是不能让下属在麻木中得过且过，唤起他们的责任心和事业心。“唤醒”是在“麻木”没有在组织中流行的情况下所采用的一种领导艺术。一旦流行了，仅仅靠“唤醒”是解决不了问题的，这个时候我们就需要对组织“动手术”了，变革组织或者进行组织创新。

“唤醒”的领导艺术是多种多样的，这里只能抛砖引玉。

1. 用“诱导”唤醒“麻木”

诱导是指领导者采取诱发和引导的方式，改变下属对“麻木”的认知。诱导可分为说理诱导、情感诱导、行为诱导和利益诱导等形式。说理诱导就是领导者对闲人晓之以理，以理服人，改变他们对工作的认知态度。以理服人就是要讲道理，讲假话、空话、大话只能引起下属的反感，根本不可能起到良好的诱导作用。情感诱导就是领导者要对下属动之以情，以情感人。动之以情就要求领导者要以同志式的诚挚、关怀与热爱的感情去感动下属，以引起他们感情上的共鸣，化消极情绪为积极情绪。行为诱导就是领导者对下属导之以行，以行带人。导之以行就是充分发挥领导者自身的影响作用，带动下属一道前进。因而，领导者必须以身作则，要求下属做到的自己就要率先垂范，鞠躬尽瘁，并满足他们的正当利益，来改变他们的麻木心态，从而改变其行为。每一个人都有自己的切身利益，领导者在对下属进行其他形式的诱导的过程中，必须考虑他们的切身利益，让他们认识到实现领导目标能给自己带来的利益。这就是利益诱导。

2. 用“荣誉”唤醒“麻木”

这种领导艺术的关键是建立荣誉型组织。一个以荣誉的方式来提升所属成员的欲望的组织就是“荣誉型”组织。前者着眼于用下属的物欲来激发工作热情；后者着眼于下属的荣誉感和成就感，让下属在组织中能发挥能力、实现理想，让下属总能看到更高的目标，获取更大的荣誉。人有一种归属感，会将组织的荣誉视为自己的荣誉，成员会主动为组织贡献自己的聪明才智。在荣誉型组织中，存在着一种令人不甘落后的机制，在这种机制下，下属不可能滋生麻木心态。但是，荣誉型组织需要领导者的呵护，否则这个组织就会退化。如果一个下属为组织的荣誉而工作，领导者就要给他应有的尊重、地位、表扬、赞誉、称号等；同时，领导者应该及时地把组织获得的荣誉化为下属的工作动机，把下属的工作融入组织的荣誉之中。

3. 用“超我”唤醒“麻木”

组织成员都有两个“我”，即“自我”与“超我”；后者为“组织之我”。“自我”倾向于从组织中谋取属于个人的利益，而“超我”则相反，倾向于为组织奉献，先有组织，再有个人。两个“我”是一对矛盾体。领导者需要处理好两者的关系，使之相辅相成，让下属在获得“自我”利益的同时，实现“超我”的价值。若领导者只强调贡献而忽略员工的切身利益与自我实现，下属会因此而消极怠工或阳奉阴违，表现为麻木状态，从而使整个组织失去活力；若其只满足下属的欲望，以此调动其积极性，那“超我”就会被边缘化，下属就会无视建立在“超我”基础上的工作。

“微妙决策”与“虚践”的领导方法与艺术

【深一度】领导者在许多时候没法摸清事物之间的微妙关系，却不得不对其中的微妙问题做决策。在这种情况下做决策难免基于“猜想”，这样的决策就是微妙决策。由于我们并没有把它作为一种相对独立的决策类型来研究，所以，微妙决策对于我们来说乃是一种熟悉的“陌生”，甚至把它等同于“经验决策”，这种理论上的缺陷，把有些领导者带进了决策误区。其实，微妙决策是指在信息、心态与环境等因素难以捉摸的情况下所做出的决策，它的特质是领导者的自我博弈，与之相适应的是“四阶六问”的领导艺术。

一、微妙决策面面观

微妙决策并不是那么容易定义的。因为它不是一种比较纯粹的类型,既有一般决策的理性,又有经验决策的感性;既不是追踪决策,也不是连锁决策,同时还夹杂着我们尚不清楚的其他因素。所以对它进行面面观是十分必要的。我们尝试着从三个方面给出直观的定义、描述性的定义和理论上的定义。

领导者对处于微妙关系中的某个微妙问题进行决策叫作微妙决策。这是比较简单的定义。这里面有三个关键词需要说明。一是微妙关系,这是指领导活动中的各种因素构成的一种关系网。在这个网中,存在着一种平衡生态。如果这个网内的任何一个因素发生变化,微妙关系的生态就会重构,可谓牵一发而动全身。二是微妙问题,这是指决策所涉及的问题不是单一的,无论在内容上还是形式上,都具有很大的交叉性。涉及一个人,就会涉及上下左右;涉及一件事,就会涉及前后左右。三是微妙决策,这种决策不同于其他决策,它是随着微妙关系与微妙问题的变化而变化的,具有很大的不确定性。微妙关系有时候是很主观的,有些领导喜欢通过“绕圈子”,把简单的问题说得很微妙,人为造成微妙关系。另外,很多问题不一定在开始的时候就显示了微妙,它可能因某个微妙问题的演变而引起,也可能因某些人为的缘故而引起微妙。

从上面的情况来看,微妙决策跟领导者的直觉有关。直觉具有迅捷性、直接性和本能意识等特征。直觉作为一种心理现象贯穿于人们的日常生活中,它类似大自然中的空气,当你想捉到它的时候是无影无踪的;当你不在意的时候,它会像神来之笔给予你意想不到的意外和惊喜。直觉对于突然出现在我们面前的新事物、新现象和新问题及其关系,能够给予一种迅速敏锐、深入洞察和直达本质的理解,并做出整体判断。

微妙决策是一种信息不对称条件下的决策。我们用比较通俗的案例来描述一下:一个富人与一个穷人一起去吃饭,实行 AA 制,他们会点贵些的还是便宜些的菜呢?如果信息不对称,两人并不了解对方的财富状况,都认为对方与自己是同阶层的。富人可能会主张点自己喜欢的、比较贵的菜,而穷人的心情就比较复杂了。他至少有两种可能的选择:第一,赞同富人的观点,点贵一些的、也许自己并不喜欢的菜,希望由此掩盖自身的贫困,这样做大多是作为社会人、从自己的社会角色出发来考虑的;第二,点便宜些的菜,并声称自己喜欢这些菜,这样做大多是作为家庭成员、从自己的经济能力出发来考虑的。如果穷人选择第一种方案,两人会取得一致的决策;选择第二种则会有分歧,而这种分歧表面上看来是各自偏好的结果,并非财富差距导致。因此,在信息不对称的情况下,微妙决策取得一致的背后,每个人的出发点可能是迥异的;而如果不能取得一致决策,也未必是表面上个人所言的原因,也许还有背后的深意。

从上面的情况来看,微妙决策跟领导者的信息感知有关,其实这也跟领导者的直觉有关。可见,微妙决策并不是一种很客观的决策。对参与决策的人来说,目标是清晰的还是模糊的?是单一的还是多重的?是长期的还是短期的?不同的人会给出不同的答案,有时甚至会相互对立。微妙决策的水平在于领导者对于各种模糊因素的把握,在于领导者对于各种“损益值”的直观“计算”,所以,主观的色彩非常浓。

至此,我们可以引出“微妙决策”较为理论化的定义。所谓微妙决策,是指在信息、心态与环境等因素难以捉摸的情况下所做出的决策。在这里,准确理解“微妙”一词很重要。所谓微妙,表示为:只有深入了解才能弄清楚的；只有细心体会才能觉察的；必须细心掌握，否则随时都可能出差错的。此外，它还表示决策中方方面面的关系暧昧莫名，难以言喻。微妙一词也可以拆开来理解。微，不是指“小微”，而是指稍微、微调、微情、微意、微动、微行。妙，就是美好、精妙、巧妙、高明。“妙者，微之极也。”如：妙旨即精微幽深的旨意；妙言要道即精到的言论、中肯的道理；妙绪即精妙的思绪；妙思即精妙的构思；妙演即精妙的阐述；妙说即意旨精微的言论；妙法即巧妙的办法或权宜之计；妙计即构思新颖独特的计策；妙算即神奇的计谋；妙用即奇妙的作用或用处；等等。显然，微妙决策并不是一种微决策，而是指“微妙”的东西影响了决策。那么，这些微妙的东西主要有哪些呢？

1. 性格

比如，外向性格的领导者很少考虑决策结果反过来给自己带来的后果，就会一意孤行；而内向性格的领导者常常思考“决策后的决策”。

2. 领导者的特长

领导者的某些特长，也会体现在微妙决策中。不同的知识结构，可能会做出不同的决策。比如，对于企业是否走多元化发展的路子，擅长市场风险防范的领导者认为有助于分散单一产品的市场风险；而善于统筹资源的领导者则认为此举将影响主业。

3. 领导者的信息量

掌握全局信息的人，在做微妙决策时会考虑更多的因素。比如一个组织的中层部门评优，上级领导会从部门绩效、利益平衡或补偿的角度考虑；而该中层部门的领导则会侧重个人业绩。

4. 外部环境

领导者对政治、经济、科学技术和社会状况及其变化趋势领悟不同，在决策中所持的观点也就不同，所以，微妙决策会影响到一个组织的发展。

5. 道德伦理

微妙决策之所以微妙，在于它会波及其他权益相关者。微妙决策一般向强者倾斜，因此，微妙决策明显存在道德伦理问题：如何维护弱者的权益？在微妙决策时，采用什么样的指标体系，以及不同指标的权重如何设置等，都体现着领导者的道德。

二、微妙决策的特质

微妙决策的特质是什么，这是微妙决策区别于其他决策的依据。我们认为，自我博弈是微妙决策的特质。换言之，领导者的自我博弈使决策变得“微妙”，而领导者不断地自我博弈，使决策变得“微妙再微妙”，以至于妙不可言。我们来看看吧。

领导者的自我博弈是基于其他领导行为的假设之上的，是领导者根据所掌握的信息、对自身能力的认知和对别人的判断，做出有利于自己的决策的一种微妙行为。下面是两个兄弟单位领导之间关于“获取信息”的微妙决策。

在领导活动中，兄弟单位往往有某种共性，兄弟单位的领导之间需要彼此之间的交流，以扩宽信息的来源，加强领导工作的针对性。如果甲有一条信息，乙有一条信息，那么两个领导交换之后，每人都拥有了两条信息。但是现实生活中，双方皆能得到两条信息的现象并不常见，还受到多种因素的影响。

参与博弈的两个领导，假设甲的信息量为 a，乙的信息量为 b，他们可以选择的策略是告诉或者不告诉。交流需要双方都同对方交换自己的信息。因此只有甲乙都告诉对方自己的信息时才构成交流，双方分别得到 $(a+b,b+a)$ 的信息量；而若只有甲告诉，乙不告诉，则甲乙分别得到 $(a,b+a)$ 的信息量；反之分别得到 $(a+b,b)$ 的信息量；若两人都不告诉，则他们都只能得到原先(a,b)的信息量。

从其中一方看，不论他是否告诉对方信息，他得到的信息为$a+b$或者a的概率都是50％，因此在这种情况下每个策略组合都是均衡的。这就是一种微妙决策。

但是领导者如果追求“微妙再微妙”的决策效果，我们就可以对上述决策进行“追踪决策”。可以假设，一方告诉另一方信息的同时，还可以加强自己的交际，即产生正的效用c。如果两个领导都选择告诉对方，那么他们的收益就都是$a+b+c$；如果甲方告诉，而乙方选择不告诉，甲、乙的收益分别为$(a+c,b)$，反之则为$(a,b+c)$；如果甲乙都选择不告诉的话，则各自只能得到原先的收益(a,b)。从以上分析可以看出，双方都在选择告诉对方信息的策略时，能获得较大的收益，于是这个微妙决策就变成(告诉，告诉)。

如果再假设这个信息事关领导者本人的声誉和隐私，那么告诉对方信息得到的支付将增加负效应$-c$。双方都选择告诉对方则收益为$(a+b-c,b+a-c)$；而若只有甲告诉，乙不告诉，则甲乙分别得到$(a-c,b+a)$的收益量，反之分别得到$(a+b,b-c)$的收益量；若两人都不告诉，则他们都只能得到原先(a,b)的收益量。可以看到甲乙双方选择告诉对方信息，其收益不见得会比不告诉好，可能还会更糟，于是这个微妙决策又变为(不告诉，不告诉)。

微妙决策的本质是博弈，是对许许多多的微妙关系进行博弈，根据领导决策的一些要求，以下五对关系需要博弈。

1. 是与非的关系

微妙决策不是对微妙问题的全盘否定，而是通过扬弃，使微妙关系得以升华。微妙决策必须对问题进行认真分析，要找出其微妙的地方和可以吸收的东西，在此基础上对问题做出微妙的调整。

2. 功与过的关系

领导者在做微妙决策时是不需要评价业已存在的微妙关系的，否则就会因为牵涉复杂的人际关系而掩盖了事实真相，甚至被歪曲，使微妙决策失去客观性，变成是非功过的大讨论。

3. 旧与新的关系

微妙决策与一般决策不同，这就是它必须以微妙问题为起点，以微妙关系为背景，所以在决策时，不能一味追求微妙，而必须结合实际情况，将微妙问题已造成的结果考虑进去，制订切合实际的决策目标和方案。

4. 事与人的关系

由于微妙决策会引起微妙关系的变化，这就必然会给一定的人们造成心理上的影响，因为这些人已经处在了舒适的微妙关系中，包括各种利益关系和情感关系。这种心理影响又会反过来影响微妙决策的进行，这就要求我们在做微妙决策的过程中正确处理好事与人的关系，防止有关人员的消极心理影响微妙决策的进行。

5. “自成功”与“自失败”的关系

微妙决策因为是一种博弈，所以有“自成功”与“自失败”的可能。微妙决策做出以后，至于决策的结果能否成为现实，还取决于参与决策的人采取何种应对措施，有人希望决策方案能够实现目标，有人则不希望。决策过程与决策效果之间的自反馈作用关系，决定了微妙决策的“自成功”与“自失败”特征。不管怎样，领导者都应该预料到这一点，这也是微妙决策的微妙之处，领导者要关注微妙决策的“再微妙”，以实现自己“正确的”预期目标。

微妙决策需要博弈，而且必须通过博弈才能发现微妙之处。但是，有的领导者在处理微妙问题的时候，把博弈的事情看得太重，总是习惯于将它想得很难解决。实际上并不是所有的微妙问题都难以解决，也并不是所有难解决的问题都是微妙问题。对微妙问题要有正确的认识。如果认识不正确，就会给自身增加心理暗示，从而影响问题的解决。把一般决策当作微妙决策，徒增问题的微妙性。因为当我们认为它很难解决的时候，就会想方设法从难处入手来寻求解决之道，从而忽略了最容易、最简单的解决方法。不仅如此，将问题想得过于复杂与微妙，想得过于难以解决，还会影响我们解决问题的信心。因此，领导者在做决策时，不仅要看到它的复杂性，看到它的难度，更要看到在它那复杂性的表层下所具有的简单性本质，以及解决的易度，而不是先入为主，把它当作微妙决策。

三、微妙决策之“虚践”领导艺术

微妙决策需要一种特殊的领导艺术，这就是“虚践”。我们知道，实践是主观见之于客观的活动，重在客观。它虽然同主观有联系，但却又超出了主观的范围。那么，如果没有超出主观范围的活动是什么呢？是理论吗？不是，因为这种活动虽然联系着客观，但并未揭示本质。是空想吗？不是，因为空想很少考虑“见之于客观”的因素，容易落空。是思维吗？也不是，但有点接近，因为思维以概念为载体，而“见之于实践”的东西往往还不是概念。到底是什么呢？我曾用“虚拟”“模拟”来表达，认为这个“拟”字确实是从主观到主观，后来觉得这两个词太倾向于思维的运动，虽然能见之于客观，但却不是着眼于领导实践及其活动，不甚合适。于是，我创造了一个新的名词叫“虚践”，我觉得这个词能把这种活动的性质反映出来。虚践跟实践的最大区别在于前者是“虚”的活动，后者是“实”的活动、它们的共同点是一个“践”字。不过，实践是践行，虚践是“践想”。

虚践是一种普遍存在的运动状态。我们都有这样的经验，就是在实践某个项目之前，会在头脑中反复考虑这个项目展开的各种场景和行为。这就是虚践，因为这在事实上并没有付诸行动。比如，你在实施某项决策之前，你会在头脑中浮现出实施决策过程中的种种情景，有哪些薄弱环节，将怎么去处置，就像在头脑中放映电影似的。比如，你在向重要人物反映问题之前，有可能在心里面把要说的话说过几十遍，但事实上你还没有说出来。当真的面对时，也许你说出来不完全是你预备好的，甚至相反。比如，唱歌之前，你在心里可能觉得某首歌好唱，在心里也“唱”顺了，在真实情景中引吭高歌时，说不定破绽很多。所以，虚践与实践不同，它是未见之客观的，但虚践对后面的实践有帮助。有一则报道说，某高尔夫爱好者被监禁七年，七年中，他虽然没有打球的实践，但他天天在头脑中想象着打高尔夫球，想象着怎样提高技艺。获得自由后，第一次去打高尔夫球，就取得了非常好的成绩，令人惊讶。类似的情况非常多。也就是说，虚践虽然没有实践的直接现实性，但它却能更好地为实践服务。不是任何事情都可以虚践，它的前提是经验。没有经验，即使有理论指导，也是不能完成虚践的。

虚践能力在一定程度上反映了领导者的微妙决策能力。经验丰富的领导者都有这样的体会，即每当遇到微妙问题和微妙关系时，运用决策理论觉得无从思考，这时就要依靠虚践。尽管虚践是朦胧的、粗略的，甚至是下意识的，但却是极其重要的。因为在错综复杂的领导活动中，不可能允许领导者在做出每一个决策之前，都进行周密的科学验证，而只能发挥虚践的作用，以此来帮助领导者在复杂的决策活动中省略许多思考的程式，迅速做出决策。

对微妙决策进行虚践，我们提出虚践的“四阶六问”领导艺术，即虚践必须经历的四个阶段，并确定这四个阶段以后的行动问题。

第一阶段，估量。要正确估计微妙决策中各内在因素与外部因素在量上的对比。要大体上区分出各种因素的强度。仅仅知道谁强谁弱，搞平衡应向谁倾斜，是不够的。如果把强的因素估计过高，超过它在问题中的分量，而把弱的因素估计过低，忽视了它在问题中应有的作用，就不可能求出平衡点，也就不可能在处理问题时进退有度。

第二阶段，悬机。悬机是指有利时机尚未明确时的情形，是引而待发的一种状态，看准了马上决策，使尘埃落定。或快人半拍，占得先机，形成先发优势；或迟人半步，后发制人，不是急流勇进，而是让急流到下游变成平缓之势，再“设机”超越。机不可失，并不是机不可“设”。迟人半步，让人家先行就是一种“设机”。在这个过程中，领导者可以借用别人开出的思路，总结别人的经验教训；利用这半步的时间差积蓄力量，寻找超越的时机，发挥后发优势。

第三阶段，慎微。微妙决策的慎微就是决策要关注细节。在领导决策中，细节是小事情，但可以演变为大问题，所以我们讲“细节不细”。因为细节不是孤立的，它附着在千头万绪、彼此牵连和相互制约的事物中，处理好了不见得有什么成就，处理不好就是一个“病灶”，细节就变为大事，所以，细节不细。慎微就是善于以小见大。细节虽然小，但处理细节问题，却不能只见树木，不见森林，要站在“大”的角度来看细节。脱离了整体，细节将失去依据，细节的整合将失去方向。如果没有磁场，指南针就会摇摆不定；如果没有整体的统帅，细节将会相互矛盾。

第四阶段，慎人。微妙决策既要见物更要见人。之所以要强调这一点，是因为微妙决策更加需要当事人关注。大的事情有方针政策、规范规程来定势，而微妙决策中的依据是不规范的，需要领导者的判断，往往是凭领导者的直觉采取行动的。所以，在处理微妙问题时，更应强调人的因素第一，见物乃要见人。

在经历了以上四个阶段的虚践以后，在进行微妙决策之前，还有六个问题需要领导者自问自答。

第一问：我有过处理类似问题的经验和教训吗？通过这一问，调动自己的“内存”，在头脑中给出处理问题的初步思路和大致要达到的目的。

第二问：这个问题为什么在这个时候出现？通过这一问，把握问题的来龙去脉，了解是新问题还是老问题。如果是老问题，弄清为什么前任领导没有解决;如果是新问题,弄清“新”在哪里,解决问题的时机有没有成熟。

第三问:这个问题有什么特殊性?通过这一问,把握个性,避免陷入经验主义。

第四问:这个问题是个案还是具有普遍性?通过这一问,考虑解决这个问题是利大还是弊大,扩展思路,避免陷入连锁反应的纠缠中去。

第五问:我将用哪些原则、观点和方法去解决这个问题?通过这一问,使处理方法建立在理性之上,突破难点时有理有据有节。

第六问:可能会出现哪些意外?通过这一问,做到心中有数,处变不惊,泰然应对。

当完成以上虚践六问之后,接下来就可以做微妙决策了。显然,做出微妙决策之后,还会碰到新问题,还不能离开虚践。事实上,微妙决策是一个虚践与实践同时存在的过程,我们在研究时可以把它们分开论述,在实际工作中,它们则更多地处于胶着状态。

正职履新的周期、心态与艺术

【深一度】每一次履新都是一个领导干部成长过程中的里程碑。怎样起好步，开好局，是每一个领导干部履新时要思考的问题。一个领导干部，只有把握了履新所包含的普遍规律，才能顺利地完成履新。而正职领导干部的履新，事关新单位的繁荣和发展，更应该把握好履新的周期、心态和艺术。

一、正职履新的周期

一个领导干部到一个新单位任职并完成履新过程,我们称之为履新周期。这个周期包含试探、适应与创新三个阶段 。当然,每个阶段的划分是相对的,每一个阶段中都可能穿插着另一个阶段未能完成的东西。

1. 试探阶段

新任正职到任后,一般会就群众期望和人际关系、班子成员态度和单位影响力等方面做一些试探和调研,从而对新单位的复杂性做出初步判断,做到心中有数,并以此作为履新期间的行动指南。试水阶段的主要行为特征是“摸底”和“掂量”。摸底,就是掌握新单位的人际关系、工作关系和各种资源。在这里,新任领导的所有活动,都带着“摸底”和试探的色彩。其中以走访和谈话为主要形式,通过这两种形式来“掂量”新单位中各种人和各个部门的分量,逐步调整并确定相互关系的“度”,为今后的工作打好基础。

2. 适应阶段

经过试探,新任领导逐渐感受了本单位的“组织文化”,已经知道怎么做,从而更适应新单位。所以适应阶段主要是解决一个“认同感”问题。这个阶段的主要行为特征是“接纳”和“凝聚”。接纳就是要使自己的行为能得到新单位最广泛的配合,使新单位接纳自己,形成“自己人”效应;而凝聚就是要发展班子成员和广大群众的凝聚力,在领导班子中,迅速完成从组织任命的“班长”到班子成员内心认同的“班长”的转变。以上试探阶段和适应阶段，要经过访谈和感悟等环节，一般需要历时三至六个月。

3. 创新阶段

经历了上述两个阶段后，新任领导基本上完成了履新的思想准备与人际关系准备，可以在工作中逐步贯彻自己的思想，进行一定的开拓创新。这个阶段的行为特征是“开拓创新”和“个性化”。所谓开拓创新，就是新任领导在继承前任思路的基础上，逐步形成了新的工作思路，并着手把整个单位的工作逐渐转移到新的轨道上来；个性化的含义也是这样，就是用自己的领导风格来代替旧格局，从上任之初沿袭前任套路，到逐步彰显自己的个性，并要求大家认同自己的工作作风。至此，正职履新的过程就完成了一个周期，履新过程基本结束，逐步转向成熟期。

二、正职履新要具备的三种心态

心态决定状态。如果自我感觉很好，踌躇满志去履新，就很容易滋生激进的工作状态，表现在行动上，就是过早地搅动了新单位的既有秩序，在新单位中引发对新政“高期望”和“高排斥”两种现象，使新单位过早地进入了分化过程。结果是什么呢？既有秩序遭到损害，新的秩序来不及跟进，新单位被弄得无所适从。所以，正职履新时要把握好心态。我以为，无为、主动、依靠三种心态值得倡导。

1. “无为”但不是无所作为

新任领导想有一番作为的心情是自然的，但“作为”是有条件的。新任正职必须等到条件具备后，或者创造完备的条件后，才能大有作为。在刚刚上任时，应当以“无为”率先，把无为当作为，把无事当做事。老子说：“无为，故无败；无执，故无失。”（《道德经 · 六十四章》）也就是说，无为，所以不会把事情在一开始时就搞坏；不把持，才不会招致无故的损失。显然，这里讲的无为，并不是无所作为，而是一种领导心态和一种领导艺术。

其主旨是,“为”而示之“不为”,“能”而示之“不能”,“取”而示之“不取”,防止急于作为而引发各种阻力,使问题更加复杂化,更加难以解决。可见,此时“无为”胜“有为”,“无为”正在帮助“有为”积蓄力量和创造时机。

2. 主动但不是“为主而动”

新任正职到任后,新单位的员工急切盼望领导出些新招,打开局面。履新正职不能拂群众之意,所以,主动与否是一个不可回避的问题。怎样迎合群众的心态,以怎样的心态迎合群众的心态,是见仁见智的问题。我认为,在群众面前,新任正职不能被动,被动就是无能的代名词,而是要以主动的态势回应民意。当然,这里的主动并不是要新任正职拿出施政纲领,全面主动;这里的主动是局部主动,解决个别问题上的主动,而且也不是“为主而动”。那么,谁为主呢? 群众为主,新任领导要顺应群众的要求,有理有利有节地采纳他们的意见,选择可以解决的问题做几个决策,让群众感受到新领导的锋芒,化被动为主动,快速树立威信。必须指出,正职履新之初至少要解决一两起矛盾,办成一两件事情,否则,就会在上任之初失去一些威望,甚至影响到日后的权威性。我们虽然不提倡“新官上任三把火”,但正职履新总要办几件事,让群众充满希望。

3. 依靠但不是依赖

正职履新之时,虽然是一个单位的主要责任者,但这时他并不具备一个正职的能量,必须要依靠副职开展工作,要做到依靠而不依赖。副职是正职的左膀右臂,对于新任正职,这一点尤为重要。新任正职要处处依靠副职出主意、想办法;依靠副职克服困难,渡过履新难关。所以,正职履新之初要给副职两个方面的权力:一是协助正职考虑全面工作的权力;二是重新确认分管工作方面的权力。让他觉得他手中的权力不是假的,不是虚的,这样的副职才能成为正职的依靠力量。当然,依靠不等于依赖,履新的正职必须有主见。没有主见的依靠就是依赖。履新正职要在领导活动过程中坚持运用和充分发挥自己的主见，使自己的主见对于正确的异议具有相容性，对于错误的异议具有排斥性。

三、正职履新的领导艺术

正职履新有高调与低调之分，高调履新的主要特征是表决心和许承诺，低调履新的主要特征是表态度和谈感受 。前者适用于突击性任务组织，后者适用于一般组织的人事交替。这里介绍的是低调履新的领导艺术。

1. 统一思想的领导艺术

正职履新后，这个新单位的各种活思想就会多起来。这种情况要辩证地看，好的方面是便于新领导统一思想，不好的方面是容易出现短暂的思想混乱。所以，正职履新之初最需要统一思想，把各种想法归一化。归一化就是归到真理上去，而不是简单地推行自己的价值观，以我为核心去否定前任的价值观。只要服从真理，思想就比较容易统一，即使有些抵触情绪，终究也会在真理和实践面前统一起来。

2. 打伞护身的领导艺术

在烈日当空或雨天，人们都会打伞护身。新任领导一旦到岗，就处于各种矛盾的中心，各种棘手的问题也接踵而来。新任领导如果着手解决，马上就会陷入窘境；如果不解决，就会招致种种非议。这时的领导者需要打伞护身，用这种领导艺术去解决一两起难排难解的问题，以安慰干部和群众，树立履新威信。这里的“伞”通常是“时机”和“规范”，领导者要善于抓住上级出台各种政策的时机，引入上级的各种规定，把本单位存在的问题置于其对立面，从而解决和清理本单位的“积难”。

3. 合理的领导艺术

正职一旦履新，就会产生各种新的人际关系和利害关系。怎样处理这些关系？事实上，坚持合理的相互关系，有时会令别人不愉快，就无法满足别人的需求，但是由于坚持了合理性，别人也是无理可争；相反，最佳关系尽管能令人一时满意，但由于其中包含着一些不合理因素，留下了让别人批评指责或让事情恶化的隐患。所以追求最佳关系是危险的，最佳关系必然会变成最差关系。这一点，必须引起履新正职的高度重视，否则，履新之时就是失败之始。

总之，对于履新问题，每个人因其经历不同，都会有自己的体验和规律，见仁见智是很自然的。重要的是，我们要进行统计分析，从这些体验和见解中提出规律性的东西，让领导干部科学地履新。

领导者科学运用自己能力的方法与艺术

【深一度】对于怎样正确地运用权力，我们已经耳熟能详；但是如何正确地发挥能力，我们却知之甚少。这也是领导学研究的一个空白点。我们知道，领导者的能力是一个能量与能质的整合性概念，在量的方面有大小，在质的方面有特点。作为一个领导者，必须在这两个方面正确地发挥自己的能力。所谓正确，就是根据组织需要，恰到好处地发挥能力。领导者在共事时，有一种现象值得注意，就是能力强的领导者在一起往往是对手，能力弱的领导者在一起往往是朋友。一个人能够成为领导干部，肯定有着较强的能力，但是这种能力不能自由自在地随意发挥，因为发挥失度，会影响其他领导的积极性，降低集体领导的合力。

一、正确发挥能力要讲究“抑扬顿挫”

为什么要提出这个问题呢？因为在实践中，许多领导者不能正确地发挥自己的能力，以是否“尽力”为标准，盲目地发挥个人能力，以为“我尽力了”，就问心无愧了，就万事大吉了，不讲究“抑扬顿挫”。殊不知，领导的能力既是领导者个人的一种能力，也是领导班子成员的复合能力，这里面也存在着一个“个人服从组织”的关系。不是每一个人想怎么发挥就能够随意发挥的，这种发挥是要受到“能力场”的制约的，有某种“节奏”或“节制”的。有的领导者尽力而为，把自己的能量发挥到极致，却茫然不知已经得罪了别人；有的领导者“量力而行”，把自己的特长发挥过度，却茫然不知已经损害了全局。所以，领导者要正确地使用能力，必须在组织的视角下，有限地发挥能量，有序地发挥能质，讲究“抑扬顿挫”。

“抑扬顿挫”这个成语，一般指声音的高低起伏和停顿转折，形容音乐悦耳动听或阅读声音高低起伏等节奏。“抑”为降低，“扬”为升高，“顿”为停顿，“挫”为转折。把这个成语引入领导学当中，让领导者正确地发挥自己的能力，也是有启发意义的。一是告诉领导者发挥能力必须有高低起伏和停顿转折，有某种“节奏”或“节制”，不能尽兴而为。二是告诉领导者发挥能力必须掌握抑、扬、顿、挫的艺术，“抑”要求领导者适度“无能”，把表现的机会让渡给更加重要的角色；“扬”要求领导者尽力而为；“顿”要求领导者有节奏地发力；“挫”要求领导者寻找发挥能力的最佳机会。

如果领导者把握不好“抑扬顿挫”，多个领导者的能力相互作用就会产生内耗。所谓内耗，它是事物存在和发展的一种普遍属性，是指事物或系统内部各个组成部分之间的作用相互干扰、相互冲突、相互抑制，从而使各种有用能量产生相互削弱和相互抵消的现象。这就是我们上面提到的“能力强的领导者在一起往往是对手”，互不服气，互不通气，各想各的，各干各的，商量讨论时又沉默无语；工作没力量，局面难打开，领导集体各成员之间心理不相容、思想行动不协调，成员会以损害他人为代价来追求人们对自己的肯定，来维护自己的权力，捍卫他们认为正确的立场，从而降低了领导集体的效能。

二、在组织的视角下，领导者要有限地发挥能量

在这里，“组织的视角”是什么意思呢？对于领导者个人在何时何地何事发挥多少能量，组织上是有某种分配的，不能笼统地冠之以“发挥主观能动性”。

在一个组织中，每一个领导者的能量是有大小的，存在着一个“能级结构”。一般地说，能级比较高的人担任主要领导，能级相对低一些的人担任副职。主要领导可以比较自由地发挥自己的能量，副职则需要有限制地发挥自己的能量。如果副职不论时间地点“尽力而为”，就会损害主要领导的权威性。所以，能量比较大的副职要注意这个问题，要根据自己在组织中的“排位”，有分寸地发挥自己的能量，不能争当主角；要做好“拾遗补阙”的工作，要做好默默无闻的工作，为组织打好“补丁”，这些都是配角应该做的事情。

副职可以在工作出成果之前充分发挥自己的能力，把工作做扎实，确保成功；当即将出政绩的时候，副职要适当“退后”，让主要领导或者上级领导站到前台，把最后发力的机会让给他们，让他们成为成功的载体，或者成为成功的标志性人物。如果上级领导下基层考察，你把一大堆难题目搬出来，让他发挥作用，解决问题，事实上就是为难领导，把领导“吓跑”

了。如果你充分发挥自己的能力,把难题解决得差不多了,让上级领导来最后发力,彻底解决问题,就皆大欢喜了。

作为组织人事部门,要把能量最大的人安排在主要领导的位置上。一般地说,一个人能够成为领导者,都是“带能量”的,都是不简单的。当这些人集中在一个领导班子中,就会发生竞争。这种竞争有一个特点,就是一个人的能力发挥会限制别人的能力发挥。如果主要领导的能量逊色于副职,就不可能让副职听话。相反,副职会“喧宾夺主”,不尊重正职,自作主张。所以,组织上要在人事安排当中,坚定不移地贯彻“能级原则”,避免人为地造成领导班子不团结。

三、在组织的视角下,领导者要有序地发挥能质

在这里,“组织的视角”是什么意思呢?领导者之间不仅存在着“能级”方面的排序,而且还存在着“能质”方面的个体差异。组织上要根据这种个体差异进行工作分工,不能简单地让每一个领导者按个人意愿去发挥特长,要“量力而行”,有序发挥。这里的“力”,不是能力结构中的“能量”,而是能力结构中的“能质”。

领导班子必须具备多种功能,因此领导班子是一个多种“能质”的结合体。从个体来看,不存在全能的领导者,但是作为领导集体,应该避免领导成员的同质化,把领导班子建成一个全能的班子,这就需要不同能质的人来组成班子。既然班子是这样建成的,领导成员就要按自己的“能质”定位和分工来发挥作用,在其位谋其责。特别是副职,在分管工作中,要当好主角,而不能在何时何地何事上都去当主角。**2012**年的伦敦奥运男足决赛,巴西对阵墨西哥。墨西哥首次闯入决赛,不被看好;巴西队都是巨星球员,队员身价超过两亿美元。比赛一开始,巴西队人人想当主角,后防漏洞百出,进攻毫无建树,结果以失败告终。为什么会出现这种

意想不到的结果呢？一位体育评论员认为，足球不是两个人的决斗，而是一场集体的战争。用领导学的话来说，每一个人都想把自己的“能质”发挥出来，人人都想当主角，结果谁都不能成为主角。如果每一个人都想把自己的能质发挥到极致，而不加限制，就会以自己的个人偏好妨碍领导集体有序地发挥全能的“能质”。

领导者要注意“同质能质”中的差异性。组织上选拔领导干部，会讲究德能勤绩廉，这里面，有些素质和能力需要同质，有些素质和能力需要不同质。比如政治素质，要求高度同质化；而对于业务素质，则要求差异化；还有一些素质和能力，虽然组织上强调的是同质化的高标准，但是事实上，在一个领导班子中，总存在着梯度的差异，比如组织能力、协调能力和执行能力，每一个领导者都是不一样的，而且是各有特色的。其中，某些领导者会过度发挥这些能力，而影响其他领导者。

四、领导者正确发挥能力的例外情况

上面讲到领导者要有限有序地发挥自己的能力，不是以自己“尽力”为衡量标准，而是要以大家认可为标准。“功高盖主”不好，“老酒园在碉里，能力园在腰里”也不好。但是，领导者有限有序地发挥能力也有例外情况，这就是正职有时候不能尽情地发挥能力，副职有时候需要超能力地加以发挥。

正职有时候不能尽情地发挥能力。一般地，一个单位的主要领导能够比较充分地发挥自己的能力。这里之所以说“比较”，是指不能尽情发挥。因为即便为一个单位的主要领导，要发挥自己的能力，也是有某种局限性的。比如，理念方面的局限性：如果主要领导的立场和观点，不能够成为领导班子的共识，就会制约他的能力发挥，或者会通过“统一思想”的方法，推迟实现他的能力。当然，还有领导成员分工的局限性，权力分割的局限性，责任分担的局限性，利益分享的局限性，等等，都会影响到主要领导发挥自己的能力,也是主要领导做决策时需要考量的因素。

副职有时候需要超能力地加以发挥。我们强调领导者要有限有序地发挥自己的能力,特别是副职,更应该注意这一点。但是,在有些情况下,副职要尽力而为,甚至可以超能力地发挥自己的作用。我们知道,一个单位经常需要改革和创新,这涉及人们的权力与利益的再分配,显然,这是一个必然会发生矛盾的事情。那么,这件事情谁去主持,如果矛盾发生了,谁出头去解决?是正职,还是副职?我觉得,这件事情让副职去主持比较好,当然,怎么解决这个矛盾,是主要领导的责任;但是出头出面的应该是副职。为什么这样说呢?因为一个单位里面的矛盾是分级别的,顶级矛盾是主要领导与群众的矛盾,次级矛盾是副职领导与群众的矛盾。如果顶级矛盾发生了,周旋的余地比较小,本单位一般难解决,矛盾要上升;如果是次级矛盾,主要领导就有周旋的余地,可以在本单位内部把矛盾解决好。根据这个道理,当单位里发生类似事情的时候,副职要走在前面,超能力地发挥自己的作用,把矛盾引向自己,把成绩归于正职,为主要领导解决问题创造条件。

五、“重”与“急”是领导者充分发挥能力的“两点论”

这个“两点论”,是指领导者在发生重要的事情和紧急的事情时要优先发挥自己的能力去解决问题,要充分地“扬”自己的能力之长,而不是采取抑、顿、挫的方式方法。领导者在运用自己的能力去解决问题时,要把能力用在“重点”和“真急”的事情上,“着眼于重要性,着手于紧迫性”。

重点是一种客观存在,重点工作要重点抓。着眼于重要性,是指领导者在处理事情时,要站得高些,看得远些,充分发挥自己的能力。怎样着眼于事物的重要性呢?就是要善于从大看小,把握准重要性。领导者要把自己置身于更大的范围去看问题,站在圈外看问题,站在第三者、第四者的立场来看问题，用总体的观点来审视圈内的事情。因为领导是分层次的，不同层次的领导者有不同的环境，不同的局限性，不同的本位，往往容易陷入“只见树木，不见森林”的误区，看不出、分不清事情的重要性。站在圈外看问题，就能对事情的全貌和矛盾的方方面面看得比较清楚，事实上也就是提高了自己的领导层次。

所谓紧急的事情，有真急和假急之分。什么是真急？真急就是迫使领导者必须立即办理的事情，不办就会造成较严重后果，办了就立竿见影。真急通常有两种情况：一是突然发生，情况紧急，如各类突发性事件；二是有关联性的中心环节或关节点卡住了，整个工作链条带病运转，摩擦力突然增大。领导者要充分发挥自己的能力，透过现象看本质，不能把貌似紧急的琐事、孤立的事件当作急事来处理。如果把假急当真急来办，就会破坏工作的常规性，在时间或空间上就会产生一系列矛盾，很可能引发一连串的真的或假的急事来。着手于事物的紧迫性，就是要善于抓好各种关键的少数，把握住事物紧迫性的部位。我们知道，事物的重要性是通过许多重要部分、重要因素、关键环节体现出来的，是这些“小处”有机结合而成的。因而“小处”往往是紧迫性的发生部位，所以解决紧迫性问题要善于从小处着手，善于以小见大，以“张”见“紧”。有些事情看起来是小事，但非常紧迫，做不好，不做好，就会酿成大事，就会损害事物的重要性。

六、“喜欢别人”是领导者活用能力的性格基础

许多领导者之所以不能够正确地运用自己的能力，是因为混淆了素质与能力这两个概念。前文中，我们把领导者的能力分解为能质和能量，其实也是注意到了能力的结构问题。现在的许多领导学论著，在谈到领导者的素质与能力时，往往是加以罗列，在素质方面，一般会考虑政治素质、性格特征和专业素质等；在能力方面，会考虑决策能力、创新能力和组

织协调能力等；而不去区别素质与能力在功能上的特性。我们可用“筷子理论”来说明这个问题。

所谓“筷子理论”，就是“素质”与“能力”像一双筷子，虽然谁也离不开谁，但是这两根筷子在使用时，其中一根是相对不动的，另一根则是以动为主的。用易经的话说，一根为阴，一根为阳，构成太极。领导者的素质为阴，而领导者的能力则为阳。所以，领导者要活用自己的能力，必须以素质为依托。依托什么素质呢？一般来说，主要是依托性格方面的素质。

领导者是否能够活用能力，要具备一种“喜欢别人”的性格，就是要善于“肯定”与“欣赏”别人的能力。这就要求领导者首先必须控制自己的嫉妒心。人人都有嫉妒心，一个领导者可以嫉妒另一个领导者的某些方面，比如人际关系、个人素质、出身与经历，但不能嫉妒他的能力。一旦嫉妒别人的能力，就不会喜欢别人，就会失去“肯定”与“欣赏”之心，否定与苛求的情绪就会油然而生。在这种情况之下，别人要么“不配合”，要么不敢发挥自己的才能；要么逼着其他领导者去“对付”你，制约你正常发挥自己的领导能力。因此，作为一个领导者要表现出海纳百川的气度，欣赏其他领导做出的任何成就，要为其他领导取得成就而高兴。其实，任何一种领导政绩，都是一种复合功劳，是领导集体的功劳。能力与素质不一样，能力有大小、方向和作用点三个要素，每一个领导者的能力三要素的交互作用，要比素质之间的交互作用来得复杂。作为一个领导者，总是或多或少跟其他领导的工作有关系。肯定人家的能力，也就是肯定自己的能力；嫉妒人家的能力，也就是让人家反过来嫉妒你的能力。还有一点是，作为一个领导者，其内心有一种使自己的做法必须正确的需要。如果其他领导都是有才能的人，你的正确性就会增大，少犯错误；如果其他领导能力弱，那么你也不可能有大的政绩。如果领导者能将“肯定”与“欣赏”作为一种心境，那么，所有的否定、苛求和嫉妒都会渐渐离开组织。

主政小单位的领导方法与艺术

【深一度】有些小单位的领导者，特别是正职，愿意把自己的工作单位和下属视为一个大家庭，并以家长关爱家的方式方法来处理单位里的人和事。这种领导者热情高，责任心强，爱护单位，其中不乏把单位工作看得比家还重要的领导者，他们全身心地投入工作，想把单位建设得比家还好，他们通常会提出诸如“爱厂如家”和“爱校如家”等口号，来营造单位的“家文化”。

正因为领导者像爱家一样地爱单位，所以他们对工作单位特别有感情，人人事事总关心，一枝一叶总关情，家长情结油然而生。根据这样的描述，家长情结首先是指领导者藏在心底的那种当家人意识，在行动上就是把关于家的一套理念贯彻到领导工作中去，单位即家庭，同事即兄弟，人事即家事；其次是指领导者显露在外的当事人意识，单位里的大事小情都有他的份，时时处处都是当事人，往往心太软，有求必应，记着这个挂念那个，想把单位里的所有事情都扛起来。所以具有家长情结的领导者在单位会充当家人和当事人两种角色，下属和员工往往会称他们“老大”或“老板”。这对小单位的科学治理是非常不利的，所以，去“家长情结”是主政小单位的基本遵循。

产生家长情结有多种原因。从文化上看，家长情结是东方领导者的通病，西方国家虽然也有这种情况，但不是一种普遍现象。在我国，领导者具有家长情结，是常见的现象，也算是中国特色。因为在我国的传统文化中，把治家当作从政的基础，“齐家治国平天下”的观念和“君臣父子”的观念已经深入人心。不仅领导者愿意当家长式的领导，属下员工也愿意把自己当作单位这个大家庭的一员。在这种文化背景下，领导者稍不自觉，就会滋生家长情结。

从心理上看，具有家长情结的领导者是有特定心理需求的。他们常常认为自己是被人需要的角色，部下离不开他。他们通过被属下员工的需要来提升自己的价值，但意识不到家长情结是一种领导者靠奉献来获得自身心理满足的自私行为，换言之，不是部下需要家长情结，而是领导者自己需要这种情结。

从成长角度看，家长情结可能与领导者年少时的生活经历有关。如果在家中受到家长的器重，在兄弟姐妹中总是扮演着“小爸爸小妈妈”的角色，便会在年轻的心灵里形成心理定式，即通过对弟妹的关爱才能得到父母的赞美，才能适应所处的家庭环境，才能体现自己的重要性。因此，他们内心就滋生了被爱的欲望，最害怕的是自己不被别人接纳。当了领导以后，就会把这种家长式的关爱带到工作中来，让下属接纳自己，拥戴自己。

从行为上看，具有家长情结的领导者，通常会将自己的奉献和爱心视为领导者的最高境界。在行为上，表现出极大的热情和过度的友好，对单位里的任何人和事都充满了善意，以此来获得属下的认同。但他们在为单位和员工做事时，并不关心他们需要的是什么，常常因为过度服务让人产生一种负债感。典型的行为是，这种领导者不仅会制造下属的需求，而且会对这种需求大包大揽，让别人感到亏欠而依附于领导者。

家长情结看起来是领导者的好心、关爱和奉献，但在领导工作中弊多利少。有一句话颇有哲理：世界上很多的坏事，其实都是好人干的，有些“爱”会让人窒息。的确，家长情结这种“爱”会损害领导工作的正常开展。家长情结可以使本单位员工的思想和行为产生肯定性的反应，甚至对领导者不妥的思想和行为也给予包容。领导者对单位的一致性期望很高，员工个体的独立思考和批判性被抑制了。首先，家长情结使单位弥漫着迁就的气氛。对领导的不妥做法，明知不对，不仅不提出意见，反而给予支持和迁就；不仅如此，同事之间也视迁就为常态，愿意放弃自己的观点和思想去迎合别人的意见。其次，家长情结使领导班子具有遵从性。家长情结会产生一种“家长压力”，以致班子成员在说话和办事时瞻前顾后，充分考虑主要领导的意图，以领导的意见为意见，不愿提出异议，不愿有所创新，怕损害或影响大家庭的氛围。

那么，怎样克服领导者的家长情结呢？

1. 树立“铁打的营盘流水的兵”的观念

家长情结与现代组织中的民主、法治、平等的观念是矛盾的。所以，在我国的各类组织中，存在传统的治家文化与现代组织文化的冲突，这种冲突使得领导者的家长情结屡屡受挫，领导者家长式的好心，反而得不到属下的认同。这就要求领导者树立现代组织理念，树立“铁打的营盘流水的兵”的观念。现代组织中的要素是流动的，并不像家庭要素那么稳定。任何一个组织都像军队的“营盘”建制，较为稳定，其指挥官和士兵则像流水那样变动，所以，组织的变化之快远胜过家庭，责任、权力和利益总是处在动态中，领导者和组织员工的更替或“跳槽”是一种常态，领导者的家长情结还未得到属下的认同，组织的状况就可能已经发生了变化，所以家长情结与现代组织是互不包容的，家长情结会阻碍组织的可持续发展。

2. 坚持领导用权的规范性

具有家长情结的领导者，往往会以家长式的领导方式来代替领导工作的规范。所以，坚持领导工作中的规范，是防止家长情结干扰的重要一环。领导工作的规范性主要表现为工作程序和职位职权方面。组织中的各个成员在领导活动中，必须按各自角色开展工作，按职位约束自己，按程序防止越位，慎用家长式的非权力影响力。作为主要领导者，在行使指挥权时，既要借用权力的强制性，以保证实现领导、又要慎用个人影响力。在行使决策权时，既要充分注意到自己的主导地位，又要发挥集体领导和群众智慧的巨大作用。在行使人事权时，既要看主导意见，又要按组织原则选拔。在营造用权氛围时，要在承认差异的前提下，谋求异中之同，求本质之大同，存非本质性的小异；营造既有统一原则统一行动，又有个性自由、认识自由的生动活泼的组织氛围。

3. 加强单位的治理结构建设

家长情结之所以能在一个单位里得到青睐，领导者能够以自己的意志来代替组织的意志，是因为这个单位里的治理结构存在着缺损，使得领导者能够以人治方式去推动工作。所以，必须加强单位的治理结构建设。一是完善体制，把领导工作纳入体制框架中去运行，减少体制外的决策；二是完善制度，使领导工作在既定的制度安排中展开；三是完善领导工作程序，分层次按程序开展领导活动；四是完善机制，增强单位的自组织功能，减少领导工作的弹性；五是界定例外原则，明确在什么情况下，领导者具有一定的自由裁量权。

在目前的政治条件下，防止家长情结并不缺少外部条件，主要在于领导者的主观认知。如果领导者认识不到位，防止家长情结就是一句空话；有些领导者即使有了认识，但存私的话，也不可能自觉地去克服家长情结。总之，一句话，解铃还须系铃人，家长情结还要“家长”自己去解开，领导者要从“管理”转向“治理”。

“远程领导”的方法与艺术

【深一度】在领导活动中，根据指挥链的层级，可以区分出“近距离领导”和“远程领导”。如果一个组织只有“两层”指挥链，即领导者指挥中层干部、中层干部指挥办事人员，我们认为这个组织实行的是“近距离领导”；如果一个组织的指挥链超过“两层”，我们就把这个组织定义为大组织。大组织不仅要实行“近距离领导”，还要实行“远程领导”。

我们的组织原则要求下级服从上级、个人服从组织。这个问题在小单位中容易解决，因为单位小，领导与群众经常处于“面对面”的状态，怎么去服从组织原则就变得很具体；而领导者也可以“手把手”地进行操作。然而，在大组织中，存在着多层级的组织“藩篱”，一个基层人员怎样在“背靠背”的情况下，去服从高层领导，去处理“高管”与“现管”的关系，显然是一个值得考虑的问题；同样地，一个高层领导与基层人员由于缺乏直接交流的条件，又如何远距离地去领导每一个员工，去贯彻自己的意图，也是一个值得考虑的问题。这就是我们需要研究的“远程领导”问题。

一、“远程领导”适用于大组织

我们发现，在大组织中，高层领导到基层的距离比较远，高层领导的意图不能“原汁原味”地传到基层和每一个工作人员那里，员工往往会因此而产生执行上的偏差。所以，仅仅靠一级抓一级、层层抓落实的“近距离领导”，是不能解决这个问题的。在这种情况下，“远程领导”就显得必要了。换言之，大组织由于指挥链过长，使高层领导的意图不能直接到达基层，需要辅之以“远程领导”。所以“远程领导”适用于大组织。这是由大组织的特点所决定的。

在前面，我们把指挥链超过“两层”的组织称为大组织。可见，大组织并不是以人数多少为标准的，而是以层次多少为标准的。大组织由于指挥链过长，带来的主要问题是指令失真。据研究，信息的“保真”与它的传递层次成反比，指挥链越长，信息就要层层失真。一般地，每一个层次的信息“保真率”大约为**90%**。如果一个大组织由四级构成，它的指挥链就是三个层次，那么，高层领导的意图传到基层，本意就剩下了**90%×90%×90%**，大约为**73%**。其中的**27%**就丢失了。不仅如此，这丢失的部分又被各个层次的领导意图所填充。这种情况在“近距离领导”的条件下是不存在的，而在大组织中，不得不引起高层领导的担忧。“远程领导”就是要解决高层领导意图的“中梗阻”问题，就是要弥补高层领导意图在大组织中被“层层异化”问题，使高层领导的意图在大组织中取得方方面面的一致性，并变为群众的自觉行动。

可见，在大组织中，并存着两条领导路线，就是“一级管一级”的组织路线和“超级领导”的远程路线。远程路线的作用，在于辅助高层领导把自己的意图变为群众的自觉行动，减少组织路线在运作过程中对高层意图的损耗。

“远程领导”有“理念”和“影响”两个要素。如上所述，“远程领导”是一种非具体的领导，一种抽象领导，所以，“远程领导”的作用力不是来自大组织的治理结构或组织机构，而是来自高层领导的威信；威信又来自高层领导的“抽象”能力，也就是能够在形形色色的信息中提取科学发展的“理念”，这种“理念”通过高层领导的影响力贯彻下去，来实现远程领导。可见，“理念”是远程领导不可缺少的要素；而“影响”是实现远程领导的首选手段，没有这种手段，就不能够把抽象的理念转化为全员的行动，也就不能实现远程领导。

显然，在远程领导活动中，高层领导的领导力主要是他的影响力。既然远程领导是自上而下的，那么领导活动就是由高层向基层推进的，由高层领导提出组织发展的战略，引导群众自愿去完成组织的任务，而不是像基层领导那样，利用组织和权力去驱动员工。“影响”是一种重要的领导方法与艺术，它并不是否定领导权的作用，而是在权力与影响力的选择上，认为“影响”是一种远程领导力，高层领导应该首选影响力，把功夫放在影响员工上。

员工对影响的反应可以分为三个等级。依从是对影响力反应的最低等级；认同是对影响力反应的中间等级；内化是对影响力反应的最高等级。内化就是基层及其员工将高层领导的某种准则和信念纳入自己的准则体系中。内化的动机是每一个员工力图与高层意图保持一致而不犯错误。一个人使自己正确、不犯错误的动机，可以说是一种强大的自我支持力。“远程领导”必须在大组织中培育员工这种自觉的支持力。培育的方法和艺术就是通过“炒作理念”和“炒作员工”，在大组织中“制造影响”。

二、远程领导的方法是推行理念

远程领导要“制造影响”，在领导方法上就显得有些抽象，这种领导方法并不是具体的操作层面上的东西，而更像是一种思维方式，这就是“推行理念”的方法，让高层领导的理念产生影响力，产生“精神变物质”的效果。

高层领导与基层领导不同，前者着眼于战略、宏观和上下联动，更加需要用理念来统一行动。所以，“远程领导”就要推行理念，把高层领导的意图变成一种精神。当前，中央领导提倡的“科学发展观”就是一系列的理念推广。

我国的改革开放发展到今天，取得了巨大的成就，同时也出现了一系列的新问题和新矛盾，这些问题和矛盾不仅数量多，而且较难解决。不发展，最大的问题是贫穷；发展起来以后，问题多，而且这些发展过程的问题与矛盾关联度大，还不能就事论事地去解决。面对这些全国性、大面积的问题和矛盾，党中央从两方面来解决：一方面是采取“近距离领导”解决具体问题；另一方面是用理念实施精神领导，这就是学习实践科学发展观，开发和利用传统文化中的“和”理念，转变领导干部的思维方式。

1. 开发和利用传统文化中的“和”理念，为构建和谐社会服务

中国哲学三大支柱儒、道、释，都不约而同地表达了对“和”的祈求与向往。儒家的出发点是个群关系、人我关系，追求的是人与人之间的和谐。孔子强调的是现世的和谐、社会的和谐，他提出：“礼之用，和为贵，先王之道斯为美。”（《论语·学而》）并将“和而不同”作为理想人格的标准。道家的出发点是主客关系、物我关系，追求的是人与自然的和谐。道家的创始人老子提出了“万物负阴而抱阳，冲气以为和”（《道德经·四十二章》）的著名命题，强调顺应自然，遵循自然规律，与自然和谐相处，以达到

“天地与我并生,而万物与我为一”(《庄子·齐物论》)的境界。禅宗的出发点是理欲关系、身心关系,追求的是人自身内部的和谐。禅家融本体论与心性论于一体,重“治心”“安心”,倡导内外无著、任运自在、反观心源、自性解脱,从而突出了人性、人格、人的价值、人的自我觉悟,突出了人的内在世界的和谐与平衡。近几年来,这种“和”理念通过各种媒体和讲学,已经深入人心,提升了民众的理念,实现了自上而下的精神领导。

2. 内化科学发展观,从“理念至上”的高度去转变领导干部的思维方式

最近十几年是我国社会经济发展最快的时期,也是人民群众得实惠最多的时期,但我们的主要精力集中在经济建设上,民生问题与社会问题的解决没有同步跟进,有的领导不讲科学发展,只讲效率而忽视了公平,导致民生问题与社会问题有增无减,甚至以牺牲一个群体的利益去满足另一个群体的利益,形成了诸多社会不稳定因素,使社会运行不顺畅。解决这些问题要用理念,把科学发展观内化为领导干部的意识形态。虽然我们面对的问题是实践,但必须用意识形态的办法去解决具体问题,根据具体问题确立发展理念,转变领导干部的思维方式,正确处理发展起来以后的社会问题,以人为本,全面、协调、可持续发展,让改革和发展的成果惠及全体人民。

三、远程领导的艺术是“炒作员工”

高层领导不可能对每一个员工用上具体的领导艺术,只有用远程的方法来鼓舞员工,这就是“炒作员工”的领导艺术。这种领导艺术的载体非常丰富。比如,在大组织中开展各种大讨论,形成高层与基层的一致性;又比如,在大组织中开展主题学习活动,形成主流价值观;还有,在大组织中开展“争先创优”活动,推动组织的大发展。

1. 炒作员工的“超我”动力,让大组织获得永续发展的动力

一个大组织的活力,来自于每一个成员。当一个人归属于组织之后,他就产生了两个“我”,一个是“自我”,另一个是“组织之我”,也就是“超我”。“自我”要从组织里获得尽可能多的个人利益,而“超我”则是成员为组织利益奉献自我,只有组织获利了,其成员才能共享。作为高层领导,要使每一个成员确立超我意识,发挥出超我动力。这里面要处理好这两个“我”的关系,基层领导一般会以经济杠杆来调动员工的积极性,那么就会强化员工的个人利益观念,“自我”得到扩张,“超我”受到排挤,这时,员工面对建立在“超我”基础上的组织利益漠不关心,组织就会失去凝聚力和人力资源。因为总存在着一些高薪的单位,用扩张“自我”的办法,用利益来猎取各种人才。所以,高层领导要用组织的价值观去整合员工的“自我”和“超我”,使“自我”与“超我”产生合力,让员工在实现“自我”的同时,做出“超我”的贡献。“自我”与“超我”的矛盾,表现为成员与组织的矛盾。炒作员工的“超我”动力,就是要使员工通过达成组织目标才能满足个人需要。例如,员工希望成才,组织需要人才,高层领导就应该让员工从成为组织需要的有用之才中得到满足。

2. 炒作员工的高级需要,建立荣誉型组织

如果一个组织以福利为主来激励所属成员,我们就把它称为“保健型”组织;如果一个组织以精神激励为主,我们就称它为“荣誉型”组织。前者着眼于员工的基本需要来调动员工的积极性,基本需要一旦满足,工作热情就再难高涨;后者着眼于员工的“高级需要”,让员工在组织中能实现其能力、实现其理想,让员工总能看到更高的杠杆,获取更大的荣誉。荣誉型组织使每个员工认识到努力工作“只有起点,没有终点”。建立荣誉型组织,要求高层领导在全员中培育“高级需要”,包括个人成长的需要、尊重的需要和荣誉的需要等方面。这是因为,一方面,成员如果没有一定类型的需要就不会有以此类需要为内容的工作动机;另一方面,成员

的需要系统的发展水平越高，与其相联系的目标和行为方式就越可能与组织的目标和工作相一致，成员就越可能主动为组织工作，组织为激励其工作动机所花费的财力、物力就越少。例如，一个人只有物质欲望的需要，要激励他多干活，就必须给他高工资、高奖金、高福利待遇等，因为只有这些才能满足他的物欲。为此，组织必须支出大量财力，而财力支出越多，越可能影响组织的运作和发展。如果一个人以尊重荣誉为优势需要，要激励他的工作动机，就应给他应有的尊重、地位、表扬、赞誉、称号等，以满足其精神方面的需求。为此，组织只需支出少量的财力。同时，组织如果能够在社会上争得尊重和荣誉，也可以满足这一类成员的优势需要，因为人有一种“自我扩大”的心理现象，会将所在集体的荣誉视为自己的。在这种需要的作用下，成员会主动为组织的荣誉而努力工作。如果一个人以成就事业为优势需要，组织激励他的工作动机就是给他适当的工作条件。他为成就而努力工作，等同于为组织努力工作。在这种个人目标与组织目标相一致的情况下，组织只需较少的支出，就能激励起较强而持久的工作动机。

谋取“多赢”的领导方法与艺术

【深一度】发展的观念已经深入人心，特别是经济领域的竞争型单纯发展方式已经积淀为一种行为方式，渗透到政治和文化等领域，社会上出现了一种泛竞争的态势，由此带来的负面作用已经被越来越多的人意识到。鉴于此，许多主体都把自身行为置于“多赢”发展的约束之下，从特立独行求发展走向了兼顾与合作，多赢的观念也就应运而生了，这种观念强调的是全面、协调、可持续发展。而单纯意义上的发展则较少考虑兼顾，比较注重形成某种“发展极”或发展的势，而排斥其他主体齐头并进。这种排斥最终会阻碍个体的发展，进而妨碍全面发展。由此，讲究统筹兼顾，奉行多赢发展的人也越来越多。多赢，作为一种领导艺术，受到越来越多的领导者重视。

一、多赢问题的立场与观点

在事物的发生、发展和转化的过程中，每一个人、每一个方面、每一个分子、每一个要素都存在着一个摆正位置即“定位”的问题。或定位于极端，以独占全部的“好处”；或定位于多赢，以分享合理的“好处”。由于事物都是互相联系、互相制约的，独占“好处”必定会抹杀利益的共享性，而招致多方的对抗，所以，极端取向往往会导致矛盾各方群起而攻之，这种定位往往以失败而告终，继而会出现“协同”或“分享”的局面。可见，走极端的事物是短命的，多赢的事物才有生命力，才有存在的价值。大量的事物都应该定位于“多赢”。所谓多赢的立场，是指两个及以上相互联系的组织，在其变化过程中，其利害关系也随之调整，但是其中存在着一个或几个对于各方面都较为有利的“多赢点”，各个方面都有可能在它附近达成共识，从而使问题得到较为完美的解决。

我们必须对上述界定的多赢立场做点说明。其一，这个多赢立场不是着眼于双方或多方的，而是着眼于总体的。如果仅仅为了追求“你好我也好”，有可能会损害“总体”。比如，有些地方政府为了增加 GDP，而承接了发达国家排污严重的产业。在这个过程中，可以说政府和企业都得到了眼前的利益，但污染了环境，也就是损害了“总体”。又比如，制假和售假一旦结盟，就会损害消费者乃至整个经济秩序，也就是损害“总体”。其二，多赢是有条件的，不是任何事情都能实现多赢。我们知道，事物的统一性是矛盾统一体存在和发展的条件，因此，我们要依据统一性的条件来把握多赢。当矛盾多方处于相互依存的情况下,多赢活动能卓有成效,因为多方在争取自身利益时,会同时去维护统一体的存在和发展;当矛盾多方依据一定条件向对立面转化时,竞争将日趋剧烈,多赢就会变成独赢或多损,这时就不存在多赢的机会了。

多赢立场得到实践的有力支持和认同。人们在开展各种活动时,都想以较低的“付出”,获得较高的“收入”,比如人们在社会上会自动遵循“效益原则”,然而实际情况并不能如人所愿,当大家都同时履行这一原则时,就会发生冲突。少劳者想多得,多劳者不能多得,各方的利益之和都会受到削弱。所以,追求高效的行为,一旦变为全部个体(群众)的行为时,其结果不一定与付出成正比,情况也许会适得其反。面对那种“求高不能,就低不愿”的情况,个体为了确保自己在“分配”中不吃亏,会做出“多赢”取向。久而久之,这种想法被人们内化了,成为人们的一种立场。

站在多赢立场上看问题,必须坚持多赢的三个基本观点。

1. 总体观点

这是一种第三者观点,指站在问题之外来看问题的一种思维方式。总体观点认为,全局或局部、系统或要素、对立面之间,都是“总体”中的一个“部分”,必须统筹考虑与安排。可见,与要求局部或要素必须服从全面或系统的全局观点或系统观点相比,总体观点考虑问题的容量要大得多。因此,切不可将其混淆,以全局或系统来代替总体,而忽视“部分”的作用,失去多赢的基础。

2. 动态观点

动态观点就是用联系、发展的眼光去看问题,认为“运动”是多赢问题的根本属性。多赢问题的多边矛盾性,再加上背景的模糊性,孕育了问题发展的多种可能性。任何一个多赢问题都是包含着各种矛盾关系的综合统一体,它总是处在对立统一运动的状态之中。这种状态因诸事物的“势”的均衡而相对稳定,一旦其中的“对立”有所变化,就会产生新的“势”

而统一起来。因此,多赢问题的随机性是很大的。它的“势”的变化,是形成随机性的依据;而外部背景力量的消长,又使多赢问题的走向身不由己。这两方面决定了多赢问题是移动的,这就要求我们在处理问题时,必须确立动态观点,跟踪它的变化轨迹来实现多赢。

3. 权变观点

权变观点是指事物诸要素之间存在着非线性的相互作用,而且这种作用随时空条件的变化有所侧重。这种侧重或表现为非均匀性,或表现为非对称性。权变观点就是要根据这些特性来把握多赢。在这里,所谓非均匀性,是指多赢问题由于时间、地点和条件的不同会出现不同的结果、不同的效应,由此便会发生性质的变化。权变观点要求我们具体情况具体分析,把多赢问题置于一定的环境中去考察,因地因时因势地加以处理,而不能简单地用原则去套。所谓非对称性,是指参与多赢的各种因素所处的地位、所起的作用是不同的,在支配与从属、策动与响应等不对称关系中,其中某种因素会起到推动整个问题演化的作用,而另外一些因素则在这种相互制约、相互干扰中失去了自身运动的独立性,从而使多赢问题形成某种整体的效应。权变观点要求我们始终注意多赢中诸因素的地位和作用,预测其可能发生的某种整体效应,从中把握住多赢存在的必然性。

二、多赢问题的基本面

多赢问题涵盖方方面面,作为领导者要关注它的基本面。基本面主要有三方面。

1. 关系层面

就多赢问题的关系层面来看,领导者用以人为本,全面、协调、可持续的发展观去领导本地区、本部门的科学发展,就要坚持统筹兼顾的多赢立场和观点，在宏观上讲究“五个统筹”，即统筹城乡发展、统筹区域发展、统筹经济社会发展、统筹人与自然和谐发展、统筹国内发展和对外开放；在微观上讲究内部的结构与要素的和谐。其多赢的基本面是把处理各种关系放在首位，作为各级领导，要经常思考和处理三个关系。

第一，处理好重点与非重点的关系。解决重点问题要有利于非重点问题的解决。就是说，解决主要矛盾、重点问题时，要考虑到对次要矛盾、非重点问题有什么影响，会产生什么后果。因为主要矛盾、重点问题的解决同次要矛盾、非重点问题的解决并不完全一致。一般地说，主要矛盾、重点问题的解决，为次要矛盾、非重点问题的解决创造有利的前提和条件。但有时候，也可能产生不良影响，引起相反的效果，使应该随着主要矛盾、重点问题的解决而解决的问题，进一步激化了，甚至上升为主要矛盾。解决重点问题，必须注意是否有利于非重点问题的解决，否则，重点问题的解决，会给解决非重点问题造成不良影响，招致不必要的麻烦。

第二，处理好经济增长与全面发展的关系。发展是第一要务。但是，发展不仅仅是经济的增长，不能简单地把经济增长与发展画等号。我们所要的发展，是全面、协调、可持续的发展，而不是顾此失彼、不讲投入产出、竭泽而渔的发展。因此，必须尽量避免无效的增长，更不能急功近利。比如，在产业的选择上，旅游业是一个低消耗、低污染、多关联、可持续的朝阳产业，有条件的地方就应该倾斜政策，重点扶持、大力发展；而对那些高能耗、高污染、负面效应大的产业，则不妨提高门槛，而不能为了完成一时的招商引资任务，“捡到篮里都是菜”。要“走生产发展、生态平衡、生活富裕的文明发展道路”，全面推进经济建设和社会发展。

第三，处理好效率与公平的关系。我们必须抓住机遇、加快发展。但是，发展是有成本的。大刀阔斧的改革，解决历史遗留问题、加快城乡一体化发展、让一部分地区一部分人先富起来等，都需要付出一定的代价。因此，在怎样发展的问题上，要特别注意学会算投入产出账，善于经营，既追求高效率的发展，又保证社会公平，争取多赢，尽量少付“学费”，减少负面效应。比如，加快城镇化和工业化，需要大量征用建设用地；保证城市饮用水质，需要加强源头库区的生态保护；等等，这些都难免会直接影响到农民的利益。在这种情况下，就必须兼顾两头，重视不同利益主体之间的利益调整。

2. 思维层面

就多赢问题的思维层面来看，正确的领导工作思路必须体现统筹兼顾、相互协调的思想。各级领导要按照科学发展观的要求，确定改革的目标和主要任务，使所有工作项目都处于多赢状态。我国经济社会发展在改革开放的有力推动下取得了巨大成就，但是也存在经济发展与社会发展、城市发展与农村发展、地区之间发展、人与自然等方面不协调的突出矛盾。经济体制改革只有从全面、协调、可持续发展的高度来确定目标和任务，才能使深化改革成为发展的动力，为实现全面建设小康社会目标服务。应坚持一切从实际出发，因地制宜，统筹推进各项改革，努力实现宏观经济改革和微观经济改革相协调、经济领域改革和社会领域改革相协调、城市改革和农村改革相协调、经济体制改革和政治体制改革相协调、部门的微观工作与宏观大局相协调。

3. 操作层面

就多赢问题的操作层面来看，阻力最小的领导工作思路必须以人为本。以人为本，具体地说，就是我们各项工作都要把努力满足人的需要和促进人的全面发展作为根本出发点和归宿。以人为本同发展是第一要务，是完全一致的。这是因为，就全社会范围来说，要比较充分地实现以人为本，满足人的需要和促进人的全面发展，必须具备相应的物质基础。而如果没有社会生产力的发展和社会财富的积累，要较好地做到这一点是不可能的。事情很明白：我们党领导人民，以经济建设为中心，锐意改革而又统筹兼顾，目的就是要努力满足人民群众日益增长的物质文化需要。绝不能把以人为本当作抽象的、空洞的和遥不可及的口号，而必须从眼前做起，从具体事情做起，时时刻刻注意把这个原则体现到我们的各项工作当中，体现到我们的执政理念、思想作风和工作作风当中，体现到经济发展和各项社会事业当中，并且十分注意妥善处理人民群众根本利益和具体利益、长远利益和眼前利益的关系，从而使广大工人、农民、知识分子和其他群众能够越来越充分地共享经济和社会发展的成果。

三、多赢领导艺术

多赢领导艺术是非常丰富的，我们无法就具体的方法与技巧进行描述，但是有些共性是明显的。

在多赢事件中，“度”是事情良性运行和协调发展的最低条件，也就是“多赢区间”或“多赢点”，颇具“盈亏点”含义。

首先，多赢发展要注意适度。所谓适度，是指事物发展过程中，最有利于保持事物的稳定性，且与“质”相统一的一定量的界限。这是哲学意义上的度，是“小度”。而多赢原理要着眼于“大度”，要对若干“小度”进行综合调度。换言之，要注意适度，不仅仅要把握事物发展过程一般的度，而且要从一般的度中的相互作用中选取和把握最为适当的度。各种事物都具有特殊性，它们的最佳适度点是各不相同的，即使是同一事物，在不同的时期不同的发展阶段，最佳适度点也是不一样的，这些适度点通过整合才构成一个矛盾群的度，统筹发展就是要依据这个度，找出有利于各方面的决策，然后量力而行，尽力而为。既不要把余地留得太多，也不要过度。其次，多赢发展要善于让度。领导工作千头万绪，不可能做到齐头并进，这个时候要善于让度，进退有度，放弃一些，并在放弃中注意兼顾。我们总希望在领导工作中多做出政绩，尽早达到目标，但是，在大多数情况下，工作总是需要错位发展的，或者是穿插发展的。因此，在统筹发展中必须处理好先发展与后发展的关系，也就是“进”与“退”的关系。退不是不发展，退是后发展。统筹发展需要让度，已被改革开放的实践所证明。当初我们选择了“联产承包”的生产方式，是一种大的让度。正是这个让度，为以后的一系列改革创造了条件和积累了经验。

多赢要运用好竞合的机制。合作与竞争，是多边关系中不可分割的两个方面，合作中包含着竞争，竞争中包含着合作；合作推动竞争，竞争又有助于更好地合作。因此，多边关系中，一味讲合作而不讲竞争，最终将减弱自己的竞争能力，这种合作不可能持续下去。但这里讲的是竞合形式，不是突出“争”，“争”是手段，“合”与“和”才是目的。“争”仅仅着眼于已有资源、利益和市场的割分，结果只能是此消彼长；而“竞合”则立足于资源共享、利益倍增和市场培育，期望共同把“蛋糕”做大，即通过合作形成的合力，达到放大或倍增。

竞合机制是前述所讲的“总体观点”的有效载体，它是运用宏观思维来处理多边关系。比如，关于得与失的问题。有时候，多方有“得”；也有时候，一方有“得”，另一方有“失”。倘若站在微观立场上，一味算“小账”，就很容易让局部的表面现象蒙住自己的眼睛，使自己为了追求本部门或交往多方有所“得”，而贻误了全局工作。只有站在宏观立场上，运用宏观思维来权衡利弊，计算“得失”，才能看清。有些事尽管本部门吃点亏，甚至交往多方都吃点亏，但全局却很“划得来”；而另一些事情，尽管本部门或交往多方都有所“得”，但对全局，却会造成严重的“失”。对于这些问题，要用更高层次的思维去处理。

多赢要把稳定放在首位。总体观点要求多赢活动在“总体”的层面上得到维护，以“稳定”约束各方。这是多赢活动中多方都能积极响应的必经阶段。它有以下一些标志：一是多方沟通的频率高，交往的信息量、能量大而稳定；二是多方各自对对方的吸引和需要程度高而稳定，对多赢结果的满意程度也高，如成功的“招商引资”活动，因此，各方肯于牺牲某些利益，去维护多赢；三是多方都能在多赢活动中获得自身利益的增殖，“所得”高而“付出”低。稳定的多赢活动，事情发展的阻力比较小，因而能比较平直地达标。例如，关于香港回归的决策，邓小平同志分析道，只能有两种方式，一种是和平方式，一种是非和平方式。这里的和平方式，也就是取多赢的稳定形式，是中国、英国和香港三个方面都能接受的“一国两制”。类似的决策在领导活动中屡见不鲜。可见在领导决策中，可行性是一个出发点，追求可行而放弃最佳，是多赢领导艺术见之于决策的一个典型。温家宝在**2009**年博鳌亚洲论坛上，就两岸关系强调“建立互信、搁置争议、求同存异、共创双赢”，按照先经济后政治、先易后难，稳定推进两岸协商进程，也是一种稳定放在首位的多赢。

多赢离不开可持续的理念。动态观点支持多赢事件的可持续发展，以“动”来实现平衡。上面讲的维稳会使多方都能在多赢活动的展开中“增殖”，而多赢的可持续则是多方的一种互相依存，即通过对物质、能量、精神的交换而使各自的需要得到满足。可持续的多赢，需要多方主动去维护，各方要注意自己的期待与奉献基本持平。比如，在社会生活中，人们愿意奉行互助互酬的社会公德，其深层依据也就在这里。单从一个方面看，社会公德似乎要求公民助人、利他，行为人似乎没有赢得什么。但是从相互作用的两个方面来看，奉行社会公德的总体效应是多赢的，即互助、互利、互酬的。因为一个方面的利他，是以另一个方面的相应、响应的行为为条件的。如果一些人积善行德的做法所换来的总是遭损受害，那么，他们就会终止自己的善行；同理，如果一些人总是损害他人，那么，他们的恶行就会遭到受害者的反对与报复，等于是“搬起石头砸自己的脚”。所以，大多数人愿意奉行互助、互利、互酬的公德，结果是于人于己都获得了一个多赢回报。

多赢的领导活动，与其说是一种领导艺术，还不如说是一种领导理念和方法论，可以作为我们做工作的一个指导思想。我们想问题、定计划、办事情，都不能超越现有客观条件所许可的限度，而只能在这个限度内寻找多赢策略，注意量力而行，留有余地。同时，还要根据变化了的客观情况及时调整多赢区间，并制订与之相适应的工作方针、计划和措施，与时俱进。此外，多赢领导艺术不能作为处理自然和社会问题的最一般方法，它主要适用于有人系统。即使在有人系统中，也并不是所有的事物或方面都会多赢。所以，在贯彻多赢领导艺术时，还要考虑事情的同一性，较多的同一性可能实现共赢，较少的同一性可能达成多赢；如果事情的斗争性是矛盾运动的主要特点，就要等待它们生出同一性因素，让时间去过滤一些对抗因素，以便在相对稳定的状态下去寻找多赢或共赢的解决方案。

“反向激励”的领导方法与艺术

【深一度】在领导实践中，我们发现有些领导者对下属的批评好像是一种表扬，而且激励的效果比直接批评更好。这种做法打破了习以为常的“该表扬就表扬，该批评就批评”的激励理念，向我们提出了新的问题：该批评的是否可用表扬的方法去做“反向激励”。在领导科学中，虽然激励理论已臻成熟，但是激励方法的创新永远在途中，这种创新倒逼着激励理论不断完善，“反向激励”的理论与方法也就应运而生。

一、问题的提出:激励是不是可以改变“指向”

激励是指领导者用各种有效的方法去调动下属的积极性,目的是使下属的行为符合组织的要求。习惯上,激励方法与艺术的“指向”是顺向的,即表扬好人好事,批评不良行为。问题在于,激励是不是可以改变“指向”,是不是可以进行“反向”激励,即对表现不好的下属不批评,反而适度肯定。再进一步,领导者对犯错误的下属进行表扬,是不是能够激发起改正错误、改进工作的正能量?这种表扬是针对人还是针对事,抑或是既对人又对事?怎么对人?怎么对事?怎么既对人又对事?这些问题归结到一点,就是激励能不能“反向”进行,下属的“负面”能不能用“正面”的方法去实现激励,这就是“反向激励”。

我们来分析一下“激励”的几种情况。在领导活动中,“一对一”的激励比较典型,就是一个领导者对一个人或者一群人进行激励。如果把下属的表现与领导的激励行为对照起来看,就会产生四种情况。

第一,下属的表现良好,领导者想发扬这种行为。这种激励是指领导者面对下属的正向行为,用正向的激励方法表扬下属,旨在让下属把工作做得更好。

第二,下属的表现不好,领导者想扭转这种行为。这种激励是指领导者面对下属的负向行为,用负向的激励方法批评下属,旨在让下属停止不良行为,使负向行为转化为正向行为,从而把工作做好。

第三,下属的表现良好,领导者不想发扬这种行为,但是愿意“保持”

这种行为。比如，由于先前的激励措施，下属的某种工作热情特别高，加班加点，可能会影响其他工作的进展，或干扰组织的整体工作部署。这时候，领导者可能采取“零激励”的办法，对下属的行为既不表扬，也不否定，让下属的积极性处于自然维持状态。

第四，下属的表现不好，领导者想扭转这种行为，但是不批评，不否定，却动之以情，晓之以理，采用正向的激励方法，旨在让下属停止不良行为，使负向行为转化为正向行为，从而把工作做好。

上述四种情况中的前两种情况，属于“顺向”激励，包括正激励与负激励。所谓正激励就是当一个人的行为符合组织的需要时，通过奖赏的方式来鼓励这种行为，以达到持续和发扬这种行为的目的。所谓负激励就是当一个人的行为不符合组织的需要时，通过制裁的方式来抑制这种行为，以达到减少或消除这种行为的目的。第三种情况的激励，介于两者之间，叫作“零指向”。就是对下属的某种行为，既不鼓励发扬光大，也不打击既有的积极性。

事实上，“顺向”激励，是一般激励理论的研究对象。比如，第一种情况和第二种情况是需要层次理论、强化理论的研究对象，第三种“零指向”的情况是保健激励理论要研究的。林林总总的激励理论很丰富，它们的研究对象几乎都聚焦于上面的前三种情况。

至于上面的第四种情况，既不属于“顺向”激励的范围，也不是“零指向”。它的激励“指向”刚刚相反，我们称之为“反向激励”。在上面，我们其实已经给出了“反向激励”的要点，但是，一般的领导者不愿意使用上面所述的方法，也拿不出比较好的操作方法，而现成的激励理论也没有破解这个问题。

在这里，我们试图从理论和实践上去探索“反向激励”的情况，解决下属的负向行为能否用正向的方法去激励，这是对以往的激励理论的“反向”。所谓“反向”，就是打破常规，对表现不好的下属反而适度肯定。这种做法超越了以往的“顺向”激励的指向，企图用“反向激励”的方法与艺术，去收获激励效果。

二、“反向激励”的理论探索

根据前面的论述，“反向激励”指向表现不好的下属，对他们不批评，反而适度肯定。在领导活动中，这种激励情况确实是存在的，不过需要领导者有高超的领导艺术，鲜有领导者喜欢这样做。原因在于这种领导方法与艺术缺少理论支持，在领导实践中往往导致成败参半的激励后果。所以，我们首先要解决“反向激励”的理论基础。这个理论我们称之为“反向激励”的常数原理，这个原理对应上述第四种情况。

领导者对表现不好的下属不批评，反而适度肯定其某些“亮点”。这种“反向激励”的理论依据是“一分为二”，即一个人的长处和短处是并存的，优点和缺点是并存的，正确与错误是并存的，但是在一定的时间节点上，这些“一分为二”的东西在量上反映为一个常数，即长处加上短处等于某个常数，优点加上缺点等于某个常数，正确加上错误等于某个常数。在这种情况下用人，让其充分发挥长处，就能减弱或抑制住他的短处，负能量难以发挥。用人理论中所强调的“取长原则”，就是强化长处，短处自然弱化，只有通过“扬长”，而不是去制“短”，才能够实现“避短”的目的。“扬长避短”的基本依据也就在这里。在领导激励中，肯定下属的某些“亮点”，其实就是否定他的缺点和错误。用此消彼长的方法，突出它的正面作用，抑制或弱化它的负面作用。这就是“反向激励”的常数原理。它告诉我们，不批评下属的错误，反而激励下属的“亮点”，就是增强优点，借此削弱或阻止下属的负面行为。

常数原理的使用是有条件的。第一，被激励的对象是可以“一分为二”的。这个“二”是指具有相互排斥的对立面，比如优点与缺点，一方的发展就会在本能上压制另一方的发展,即此长彼消;一方与另一方还可以相互转化,比如,“愤青”可能转化为“敢闯敢冒”。第二,上述的矛盾运动只有存在比较稳定的常数才能顺利实现。如果一个下属的表现可以“一分为二”,但是这个下属的常数不稳定,正确与错误之间的此长彼消的作用就难以发生,反而把领导的宽容与鼓励,当作领导对他的“纵容”与无奈。在这种情况下,即使领导者不去批评他的错误,即使肯定他的优点,也不会有预想的激励效果,反而“养虎为患”。可见,“反向激励”需要高超的领导艺术。如果没有把握,激励的风险太大,我们宁可不用这种领导艺术。因为领导激励的影响,不仅仅局限于激励对象,还有激励的受众,领导者“弄巧成拙”的后果也是很严重的。

根据上述的两个条件,我们可以对激励对象推导出三个理论假设。

第一,下属具有恻隐之心。“恻隐”,即对别人的痛苦和不幸表示同情、怜悯和关怀。“恻隐”作为一种内心感受,是指看到别人比自己不幸时,担心有一天自己也会如此,而产生的一种改变这种状态的心理。如果一个人缺乏恻隐之心,就不会换位思考,反而会对领导的关心无动于衷,认为是理所当然。

第二,下属具有虚荣之心。虚荣心是指以虚假的方式来保护自己的自尊的心理状态。有虚荣心的人会过分看重别人的评价,有比一般人强的自尊心,但是自信心不够,企望领导者帮助其实现虚荣心。这既是优点又是缺点。领导者可以利用下属的自我表现欲,进行“反向激励”。如果一个人缺乏虚荣之心,就不会追求进步,反而对领导的关心熟视无睹。

第三,下属具有归属之心。归属之心也叫归属感,指下属感觉被别人或被团体认可与接纳时的一种感受。心理学研究表明,每个人都害怕孤独和寂寞,希望自己归属于某一个或多个群体,如有家庭,有工作单位,希望加入某个协会、某个团体,这样可以从中得到温暖,获得帮助和爱,从而消除或减少孤独和寂寞感,获得安全感。如果一个人缺归属之心,就不会顾及集体,游离于组织之外,反而以为领导的关心是干扰他的工作和生活。

上述“三心”并非必要条件。一般地,如果一个下属缺乏以上“三心”,领导者的“反向激励”必定收效甚微。如果尚存在“一心”,领导者都有可能找到相应的激励方法与艺术。

三、“反向激励”的领导艺术

我们研究“反向激励”的领导艺术,必须紧紧扣住“反向”这个关键词。换言之,这种领导艺术应该包含着既对立又统一的两个反义词,比如德与怨、褒与贬等,还要在阐述中处理好既对人又对事的有机联系,使之相得益彰。

1.“以德报怨”的激励艺术

“以德报怨”是指下属犯了错误,领导者不能以怨报怨,不能“以直报怨”,而是用道德和教养感悟他。这是东西方领导文化的差异。如何报怨?东西方的答案截然相反。西方讲以直报怨,东方讲以德报怨。圣经里就提出“以眼还眼,以牙还牙”的观点;而在东方,则讲究以柔克刚,有教无类。在中国传统的道德观念中,以德报怨是一条主线,儒释道都强调这一点。领导文化是需要传承的,传承的文化更能让人接受。子曰“德不孤,必有邻”(《论语·里仁》),是说有道德的人不会孤立,必定有人接近他,或和他在一起,从而影响他人的行为。领导者是有德之人,所以一定能够影响下属。就像孔子,名扬各国,而且是道德的力行者与宣扬者,得到了广泛的呼应。孔子是“以德报怨”的楷模。也有领导者质疑“德不孤,必有邻”,认为这并非普遍真理,担心德孤无邻,下属不会接受领导者的影响。这个问题该怎么看?当然,“以德报怨”是有条件的。孟子说:“恻隐之心,人皆有之;羞恶之心,人皆有之;恭敬之心,人皆有之;是非之心,人皆有之。”(《孟子·告子章句上》)如果一个下属缺乏恻隐之心,就应该慎用“以德报怨”的激励艺术。同时,领导者用“以德报怨”去激励下属,不能急于求成,不能轻言放弃,要有耐心,一次无效,就来第二次。“德不孤,必有邻”,贵在坚持,下属的人性之善总会在领导者的坚持之中显露光芒;领导者的胸怀终究会让下属肃然起敬。

2. “以褒代贬”的激励艺术

人有虚荣之心,喜欢“褒”,不喜欢“贬”。在各种各样的批评中,约有四成的批评会导致下属不服和争辩乃至吵架等副作用。所以,领导激励应该以褒代贬,用表扬的形式来实现批评的目的。一是可以用表扬“正方”的方法代替对“反方”的批评。有些人犯了某种错误,而另一些人却没有犯这种错误。按常规,作为领导者,应该批评前者,而无必要表扬后者。不过,根据相对原理,如果表扬了后者,也就等于批评了前者。这就是取得了用表扬“正方”的方法来代替批评“反方”的效果,从而顾全了下属的虚荣心。二是通过比较,把批评变成相对表扬,激发下属自己发生改正错误的动机。一个人在今天犯了错误,但是他的昨天和前天还是有闪光点的。肯定他的昨天和前天,也就是否定他的今天。所以,批评今天的错误,可以用表扬昨天和前天的方法来取代。就是把下属的现行与其过去进行纵向比较,通过表扬历史上的成就,来达到批评今天错误的目的。三是以表扬带批评。这是一种三明治策略,即把批评的事情夹在表扬当中。欲批评人,先肯定其动机,表扬其成就,然后提出适当的批评,批评后继续予以表扬和激励。这里的批评是表扬中的批评,只占极小的比例。这种做法会使下属在感受到自己价值的同时,也感受到批评是善意的,领导者对问题的分析也是中肯的,容易口服心服。

3. “以情恕过”的激励艺术

人有归属之心。任何下属都不希望被排斥在领导的视线之外,更不希望自己成为“记过”的典型。如果下属得到了来自领导的感情关怀,便会产生知遇之恩,因而“知恩图报”,再也不做“对不起”领导的事情了。这就是“以情恕过”的激励艺术。在我国的传统文化中,传承了“士为知己者死”的理念,但是,“知己”的形成是需要付出一定代价的,其中最重要的就是领导者的感情投资。没有感情投资,根本就谈不上“以情恕过”。“以情恕过”的方法很多,一是用排解移情法实现“以情恕过”。这是一种通过排除对方的心理障碍,同时将另一种感情注入对方心灵,使其感情发生变化的方法。例如,领导者对于隐瞒过错的下属,在表示宽容之前,就告诉下属,领导者已经掌握了情况,使下属的隐瞒的心理防线崩溃。这样,阻挡该下属承认错误的心理障碍也就排除了。这时,下级需要的是领导者的宽容和理解,领导者若及时将这种宽容之情移入下级心灵,就会使下级得到安慰。如果没有事先了解到下属的隐瞒心理,领导者的宽容也是于事无补的。二是用分担承受法实现“以情恕过”。下属对自己所犯错误存在着心理负担,领导者如果与其分担,下属就会减去一半的痛苦。当下属犯了错误之时,往往想找个知心的朋友倾吐一番,领导者在这时候就要做下属的知心朋友,减轻下属的愧疚感。三是用推己及人法实现“以情恕过”。推己及人就是以自己的亲身经验去说服或影响他人,使下属感受到同样的体会。这种方法最关键的一点就是“言传身教”,领导者用来作为推己的体会,确实是自己的亲身经历和感受,这样才能使下属相信,才能打动别人的心。领导者的言语究竟有多大说服力,不仅要看这些话语中包含了多少真理,而且要把他的行为也一起加进去计算。言行一致,则一言千钧,具有强大的说服力。反之,如果言行相悖,说得再动听,也不能引起下属感情的共鸣。

上面我们探讨了“反向激励”的理论与方法,特别是在提炼激励艺术的时候,深感“反向激励”不仅讲究“实操”,而且还是一种高超的领导艺术,内涵丰富,形式灵活,而且难以概括,任何的研究之于领导实践都显得苍白。领导者当“存乎一心”,百花齐放,不断开发“反向激励”的做法,以“究”促“研”,以“研”追“究”,丰富和深化“反向激励”的理论与方法。

“惠及全体”的领导方法与艺术

【深一度】怎样让改革的成果和改革的红利惠及全体人民？有制度的方法，有政策的方法，还有规划的方法，等等，但是无论用什么方法让人民得利，得什么利，“惠及全体”必须是一个前置条件。我们必须统筹兼顾，不能疏漏某些阶层和群体的利益。这就向领导者提出了两个问题：如果改革的红利有限，怎样公平公正地让每一个群体与每一个人都得一点利？如果改革的成果丰硕，怎样让人民科学合理地分享或共享改革的红利？这就需要用“最大公约数”与“最小公倍数”的理念去实现惠及全体人民的目标。

一、最大公约数和最小公倍数是“惠及全体”的题中之意

解决“惠及全体”,有一个思维方式的问题。否则,就会陷入“多数与少数”的怪圈:多数是**90**%还是**80**%?少数又是多少?这些都不是“惠及全体”。用“最大公约数”与“最小公倍数”的思维,解决改革成果的分享与共享,是目前比较成熟与流行的一种领导方法与艺术。这不仅仅是领导工作理念的创新,也是领导方法与艺术的创新;不仅仅对“大多数”这个概念做了“横向到边”的周延,也对“惠及全体”做了“分享与共享”的解读。这样一来,我们就在指导思想上使“惠及全体”成为可能。

2014 年 **5** 月,习近平同志在河南考察工作时说,“要坚持稳中求进工作总基调,继续处理好稳增长、促改革、调结构、惠民生、防风险的关系”,“宏观政策要稳住,微观政策要放活,社会政策要托底”,“使发展成果更多更公平惠及全体人民,在经济社会不断发展的基础上,朝着共同富裕方向稳步前进”。这里面,就改革成果“惠及全体”提出了两个问题:一是惠待改革发展中因利益调整而暂时受影响的群体,怎样使他们利益受损最小,最基本的权益得到保障,让社会政策为他们托底;二是怎样使改革成果更多更好地惠及全体人民,就是实惠最大化的问题。

其实,任何一个领导干部,在处理各种各样与利益相关的决策时,都要考虑这两个问题,在思维方式上要确立改革绩效的最大化思维与改革风险的托底思维。这两种思维,不但高层领导要具备,基层领导也要具备。

怎样“惠及全体”，时下有两个词值得关注。这两个词经常出现在领导干部的各种讲话当中，按出现的时间来排，一个是“最大公约数”，另一个是“最小公倍数”，使用的频率非常高。“最大公约数”通常是指改革要以促进社会公平正义、增进人民福祉为出发点和落脚点，努力做到学有所教、劳有所得、病有所医、老有所养、住有所居，从而使改革得到更广泛的群众支持和社会基础。“最小公倍数”是指改革要增强发展的包容性和改革的普惠性，让发展和改革的成果更多更公平地惠及全体人民。

民生连着民心，民心关乎发展。改革发展，一切都是为了人民的幸福，这是我们党矢志不渝的信念和追求。我们的人民期盼有更好的教育、更稳定的工作、更满意的收入、更可靠的社会保障、更高水平的医疗卫生服务、更舒适的居住条件、更优美的环境，期盼孩子们能成长得更好、工作得更好、生活得更好。积极回应这种“更好”与“托底”的强烈呼声和殷切期待，要求我们在改革中必须坚持“最大公约数”和“最小公倍数”。

换言之，把民生的“蛋糕”做得越大，从人民群众反映最强烈的问题入手、从经济社会发展最突出的矛盾入手，寻求“最大公约数”，才能不断为深化改革、推进发展夯实群众基础。而更科学地分好“蛋糕”，用改革的办法完善基本公共服务体系，从制度上为所有人创造公平发展的机会，直接关系到改革发展成果由人民共享这一目标的实现，也关系到社会的公平正义，这是寻求“最小公倍数”的目的所在。

二、科学理解“最大公约数”与“最小公倍数”

“最大公约数”与“最小公倍数”是一组数学的概念，它们通常是联系在一起的。要了解它们在领导科学中的含义，应该从数学入手。如果数

a 能被数 b 整除，a 就叫作 b 的倍数，b 就叫作 a 的约数。约数和倍数都表示一个整数与另一个整数的关系，不能单独存在。如只能说 **16** 是某数的倍数，**2** 是某数的约数，而不能孤立地说 **16** 是倍数，**2** 是约数。我们可以把“最大公约数”这种数学关系理解为两种事物存在着最基本的共同因素；可以把“最小公倍数”这种数学关系理解为存在着某种条件，能够满足两种事物最基本的要求。下面我们做进一步的阐述。

最大公约数就是几个数公有的因数中最大的一个。例如，**12** 与 **18** 这两个数，**12** 的因数有 **1,12,2,6,3,4**；**18** 的因数有 **1,18,2,9,3,6**。其中公有的因数有 **1,2,3,6**。其中 **6** 是最大的，所以 **6** 就是 **12** 与 **18** 的最大公约数。如果加以抽象，一个群体中存在着 a,b,c,d 四种不同的需求，另一个群体中存在着 a,b,e,f 三种需求，那么 a 或 b 就是公约数；当 a 代表的需求大于 b 的时候，a 就是最大公约数，a 反映着两个群体的共同的“最低需求”，b 反映两个群体的共同的第二层次需求。可见，a 是两个群体的首位需求，这也可以理解为最低层次的“惠及全体”。

最小公倍数就是几个数公有的倍数中最小的一个。例如 **4** 和 **6** 这两个数，**4** 的倍数有 **4,8,12,16,20,24**，等；**6** 的倍数有 **6,12,18,24** 等。**4** 和 **6** 的公倍数有 **12,18** 等。其中最小的是 **12**，所以 **4** 和 **6** 的最小公倍数是 **12** 。最小公倍数反映了两个群体的所有诉求，当然，反映的是最全最低的诉求而不是最高的诉求，这也是“惠及全体”的意思。如果把最大公约数理解为“首位度”需求，那么，最小公倍数就是惠及每一个人的“末位度”需求。

“最大公约数”的道理告诉我们，当一项决策涉及很多主体时，他们的核心利益必须予以保证。以社会保障为例，不能仅仅保障党政机关和企事业单位等比较强势的单位。社会保障作为社会公平的底线和保证国家长治久安的根本性制度，要在惠及全体人民当中有所体现，即在养老、医疗、失业、工伤和生育保险等基本社会保险方面要体现。最低生活保障制度实现了动态管理下应保尽保，做到救助标准适时调整、救助对象有进有出、救助水平不断提高。这就是上面的**6**，是**12**与**18**的最大公约数。有的人可以享受**12**的待遇，有的人可以享受**18**的待遇，但是必须保障每一个人享受**6**的待遇。这个**6**，涉及群众切身利益：一是“三有”底线，保证每个居民有饭吃、有衣穿、有房住；二是帮助解决“两难”，逐步解决贫困家庭看病难、子女入学难问题；三是实现“两个确保”，确保每个困难家庭的子女都有学上，确保每个能考上大学的学生不因贫失学。否则，把有些人置于体制以外，不予分享改革的成果，社会就会失去公平的底线，就违背了改革的包容性和改革的普惠性，“社会政策要托底”就是一句空话。

“最小公倍数”的道理告诉我们，当一项决策涉及方方面面时，要尽量地合理地放大他们的利益诉求。所谓“尽量”是指调动积极性要有足够的放量，“投入”与“所得”应该适当，不可把改革主体的“所得”平调；所谓“合理”是指参与改革的方方面面的诉求都要兼顾，不能完全按照“多劳多得”来处理相互关系，既要考虑到历史的因素，又要考虑体制与资源配置的因素；既要考虑客观的因素，又要考虑主观的因素。总之，“合理”是需要领导者去统筹的。以改革红利的释放为例，释放改革红利，主要的是收入分配开始，收入分配改革就是分蛋糕，如何分得公平公正，让每一个人的收入能够真实体现其价值，殊非易事。可分配的蛋糕有多大？蛋糕就是“最小公倍数”，分配的放量必须限制在这个范围。超出这个范围，意味着分配占用了太多的改革红利，用于发展的红利就会不足。上面的**4**和**6**，最小公倍数是**12**，而不是**120**。我们要把这个**12**按某种规则配置好，不能让既得利益群体强大的博弈能力左右公共政策。释放改革红利，就是要让每一个人在“最小公倍数”的数量上都能分享到改革发展的成果，从而调动方方面面的改革动力。

三、“惠及全体”的领导方法与艺术

“惠及全体”的领导方法与艺术就两个:一是关于公约数的,二是关于公倍数的。第一种,基本的领导方法是确定最大公约数,增大首位度;领导的艺术在于考虑更多的其他因素。第二种,基本的领导方法是确定最小公倍数,保证末位度;领导的艺术在于能不能对最小公倍数进行科学的放量,让人们得到更多的实惠。

1.“惠及全体”的公约数领导方法与艺术

如前所述,**12** 与 **18** 这两个数的公有因数有 **1**,**2**,**3**,**6**。可见 **6** 就是 **12** 与 **18** 的最大公约数。在领导工作中,**12** 与 **18** 可以理解为两个群体的需求,也可以理解为两个人的需求,还可以理解为若干个单元的需求。比如一个单位要开展文体活动,每一个人都有不同的需求。如果分为两大类,有的人喜欢唱歌,有的人喜欢打球;有的人喜欢高雅,有的人喜欢大众化;等等。在这里。两大类就相当于 **12** 或 **18**,每一个人喜欢什么项目,就是因数 **1**,**12**,**2**,**6**,**3**,**4** 或因数 **1**,**18**,**2**,**9**,**3**,**6**。这里,这么多个因数代表着画画、羽毛球、跳舞、快步走、太极拳等。但是“快步走”大家都喜欢,所以这个 **6** 即“快步走”,就是最大公约数。这是个底线,必须予以优先保证。然后是 **2** 与 **3**,它们也是公约数,比如对应着羽毛球、太极拳这两个项目,在条件许可的情况下,也应该考虑进去。在领导科学中,最大公约数是指事物的共同因子,是最低的一种“共性”要求。再比如一个单位要分房子,通常的办法是按积分高低来。把哪些因素纳入积分,应该按公约数的大小来取舍。一般是工龄、职务、职称是比较大的公约数,应该优先考虑;而不能把个别人获大奖等因素放进去,像获大奖这类因素是属于比较小的公约数。

2.“惠及全体”的公倍数领导方法与艺术

如前所述,**4** 和 **6** 的公倍数有 **12**,**24** 等等,其中最小的是 **12**。这个

12 是什么意思呢？它不像“最大公约数”，表示的不是“底线”，而是“惠及全体”的基本满足度，人人都可以分享“应然”的成果。**4** 和 **6** 去分享 **12**，大家各得其所。当然，如果成果非常丰富，我们可以用 **24** 让 **4** 和 **6** 去分享，就是皆大欢喜了。比如我们搞文化建设，中华民族价值观念的基因或最小的共性，就是社会主义核心价值观，这是“惠及全体”的最大公约数；而各民族文化的“和而不同”就是“最小公倍数”。进一步，各民族文化的共同繁荣和发展，文化消费充分满足了各族人民的需求，就是扩大了“公倍数”。不仅惠及了全体，而且在数量和质量上都得到了提升。

我们用一个具体的例子来加深上述两种领导方法与艺术的理解。一个旅游团想参观十大景区，由于时间和经费的限制，不能够全部都去，怎样惠及全体？导游让每一个团员提出最想去的三个景区，结果是十大景区中的 **1**，**2** 两个景区大家都想去，这就是用“最大公约数”惠及全体，首位度最高。还有，**3** 号景区大部分团员想去，这就是“次大公约数”，也可以考虑。除此之外，有些团员还希望去 **4**，**5**，**6** 三个景区，这就是用“最小公约数”惠及全体。如果条件许可，十大景区让团员任意选，任意去，这就是“最大公倍数”了，也就是最大地惠及全体了。

我们对上述这两种领导方法与艺术做一下总结。如果一个决策需要满足许许多多的个性，而这些个性中又存在着至少一个共同点，那么这个共同点就是“最大公约数”，领导决策必须围绕“这一点”展开，逐步增大首位度。如果一个决策有条件满足较多的个性，而且每一种个性都能够在某一点上相对满足，那么，这个决策就是符合“最小公倍数”的决策。以上两种决策，分别解决了在公共资源相对不足与相对冗余的情形下，如何“惠及全体”的问题。前者叫作“惠及全体”的公约数领导方法与艺术，后者叫作“惠及全体”的公倍数领导方法与艺术。

领导立威用威的方法与艺术

【深一度】立威用威过程是指领导者凝聚群众、建立威信的诸环节之和。立威用威过程中存在着一个有效性的问题。成功的领导者往往得益于对该过程的有效的把握。任何一个领导者，都处于立威过程的循环作用之下。这一性质不仅告诉我们研究立威用威问题很重要，而且还告诉我们立威用威问题是一个多参数交互作用的动态过程。为了减少研究该问题时的不确定性，这里把立威用威背景局限在一个单位的新任领导者身上。

领导的立威用威过程虽然因人而异，参与作用的因素比较多，情况比较复杂，但是这一过程存在着统计规律，其诸环节的发展遵循着基本的逻辑程序。由于立威用威是一种多方互动、相互交流的行为，所以，立威用威过程的每一个发展环节都存在着一个通性，即任何环节都是领导和群众行为的合成。因此，我们研究这一过程时，不能仅仅把注意力集中于领导者，而舍去群众的作用。立威用威过程是周期性质的，在这里，我们只就该过程第一个周期的主要环节加以探讨，尔后的循环演进过程可以类推。

一、摸底

这是立威用威过程的起点。在这一环节中，领导者由于刚进入一个全新的工作环境，为了有效地开展领导活动，需要从单位内部发现自己可依靠的力量，寻找合作骨干，由此产生了摸底行为，即了解单位内部各种正式关系的特点，探索单位内外各种非正式关系的奥秘，发现一种能够迅速开局的途径和方法。另外，作为被领导者，对于新来的领导者也要进行摸底，收集其经历、能力、成就、社会评价、人际关系、调任原因等方面的信息，在这些资料基础上，对新任领导者也做出某种判断。若认为他可能当好领导，就会对他产生可信的感觉，即使互相没有见过面，可信感也会建立；反之，就会产生一种不信任感和不合作情绪。

根据这种情况，在摸底这一环节中，领导者要有意识地自我表露，把自己的某些情况传达给被领导者。特别是有些情况，被领导者很难从其他途径获得。这时，领导者的自我表露就非常重要。自我表露包括语言和行为两个方面，其目的是使被领导者对领导者有一个正确的理解，以便缩短领导和群众之间的距离，迅速建立起良好的干群关系，树立起应有的威信。因此，领导者的自我表露必须真实、积极、适量。否则，不恰当的表露容易诱发负面作用。领导者的自我表露的主要内容有：经历，即挫折、光荣和成功的经历，往往能在群众心目中产生一种神秘的崇拜感；业务能力，即富有能力的自我表露，会增加群众对领导的信赖感；创造性，如果领导者能把群众意识到的但却未能表达出来的意向纳入决策之中，就会对群众产生一种牵引力和向心力；知识面，如果领导者多才多艺，见识不凡，就能赢得下级的敬佩感；社会关系，如果领导者在表露中显示了广泛的社会交往和业务支持关系，就会在群众中获得一种权威感。

二、掂量

如果被领导者认为领导者有一个好的立威用威基础，便容易形成一种相互熟悉、相互交流的过程。在这一过程中，双方都相互掂量，在相互掂量的过程中，双方更加全面地了解和适应对方的企望和需要，逐步调整并确立相互关系中的“度”。在这种情况下，领导者和被领导者掌握的都是对方的第一手材料，而不是摸底所得到的间接信息。因此，在这种接触中，双方如果互不满意，领导者立威用威行为的影响便会受到限制。

掂量环节是摸底行为的进一步发展。摸底只能算是表面的考察，这种考察勾画出了领导者在群众中的轮廓，但不足以使群众确认。所谓确认，并不是指那种信息上的间接的了解，而是指通过掂量后，群众对领导者在本质上的把握。没有确认就没有权威。当然，确认领导者，不是说群众完全同意领导者的见解或态度，而是说领导者的见解或态度，已在掂量中被群众所把握。所以，在这个环节中，领导者要以显示内涵为主，不要轻易表态，不要乱烧“三把火”，而要慎重出战，务必求胜，以增加自己在被“掂量”时的“分量”。一般地，领导者如果成功地处理了两到三件重要事情，就会有了“分量”。这种“分量”就会产生一种威信。

三、接纳

如果在掂量的过程中，领导者获得了群众的信任，被认为是有“分量”的，双方就都会投入一定的时间和精力，用以发展相互关系，这有助于进一步增加领导者威信。一般地，在掂量过程以后，双方都会放松戒心，以初步形成的信任关系来维系双方。群众对领导者的行为表示放心，相信他能够搞好领导工作，相信他不会毫无道理地损害自己或别人的利益。这种初步信任一旦建立，领导和群众之间就有了一种相互联系的纽带，领导者的威信就有了进一步发展的希望。这就是群众对领导的接纳。如果领导者不注意立威作用的这一起点，并继续有意地发展它，已立之威就会夭折，原先对领导者寄予希望的被领导者亦会感到遗憾和失望。

在接纳阶段有两种情况需要注意：当领导者被一部分群众所接纳时，或许会引起另一部分群众的反感。这里，如何关照到各方面，消除无谓的反感，是一件很重要的事；另一种情况是，当领导者被一部分群众接纳时，有可能脱离其他群众，而陷入“奉承—醉酒”效应之中，即领导会被少数人围住“奉承”，忘乎所以，类似醉酒，结果是越醉越会喝，越醉越敢喝，越醉越以为自己清醒，事实上却被少数人所左右。换言之，在接纳这一环节中，领导者威信尚处在表层，容易误入假立威的误区。因此，在这一环节中，领导者必须跳出这些陷阱，利用被接纳的有利条件，致力于解决实际问题，在解决问题中立威，在立威中形成进一步办实事的优势，再接再厉，使群众的接纳逐步内在化。否则，威信会在不断运用中被消耗，未曾巩固的威信便会迅速消失。

四、凝聚

领导者一旦被群众接纳，便会逐渐形成归属关系。这时，在领导和群众之间，已经有许多共同观点，形成了一种整体感乃至连体感。领导者和群众已经一体化，各自都承担着相应的义务，单位中的每个人都会比较自觉地根据组织的需要、他人的希望，来发挥自己的作用。群众对领导者的行为，似在群众意料中，不会令群众感到惊讶。在这个环节中，领导者的威信首次形成规模，以规模形态凝聚着，而不是以离散形态存在着。

凝聚阶段既然是立威过程中形成规模的环节，那么，在这个环节中，强调统一就非常重要。领导者要善于在处理具体问题中把大家的思想和行为导向统一。在处理问题前，要重视认真统一思想，这是形成规模威信的首要一环。如果思想不统一，领导者的威信就不会凝聚起来，而是以游离方式存在着，久而久之，就会由于经常性的认识不一致而使人们的行为不协调，领导者的号令也就缺乏权威性。在处理问题后，领导者要及时引导群众“回头看”，用实践来检验原来的思想认识问题，这种在事后求得一致性的做法并非不必要，而是不断调节领导与群众认识差异的必要一环，通过这种环节的不断积累，使规模威信得以存续。

五、波折

当威信的规模形态产生之后，领导者会由此而获得一种满足，再也不会像以前那样去刻意追求了，减弱了对威信的需要；与此同时，单位内部也开始分化出了一些不同的利益群体，群众之间的不一致性也明显暴露出来了。因此，在接下去的一段时间内，领导者会做出一些不尽如人意的行为，一些事件会干扰领导和群众之间关系的正常发展。领导者的威信将会受到损害。为什么呢？因为当领导者的行为倾向出现变化时，必然产生连锁反应，会引起相关人员一系列的行为变化。人际关系重新集结，干群关系动摇，威信的基础不再是原来意义上的结构，其深层组合发生了变化，由此，导致了表面上的无序。这一环节也许要经历一段较长的时间，难免出现一波三折，领导者的凝聚点也在这种波浪式的过程中不断地转移和变化，各种力量都在寻找各自合理的立足点。

在该阶段，立威过程受到内耗的威胁，而内耗成因于各种冲突。在这里，解决冲突、消除内耗便是立威过程得以顺利发展的关键。但是，从何入手却是一个见仁见智的问题。现在似乎有两种方法较为通用。一是直接着手消除冲突；二是用做好工作来转移冲突。两种方法都有成功和失败的范例。我们认为，前者是就事论事地解决问题，企图摆平各种关系，有可能导致此起彼伏的局面，内耗难以控制住；而后者致力于干好工作，以工作为龙头，把大家凝聚起来，使大家在协作中互相提供便利，取得成绩，增加透明度，消除隔阂。在这里，如果领导者自身作为冲突的一方时，尤须谨慎，要尽量把冲突控制在萌芽状态。许多事实证明，不起眼的小事，正是由于领导者的轻率而复杂化，成为更大内耗的导火线。

六、定势

这是立威用威过程中的一个周期的终点。它是上述环节发展的必然结果，并以两种态势存在着：成功的过程使领导者的威信得以收敛；不成功的过程则使凝聚功能变得疲软，领导者在威信被获得的同时又被发散掉。一般地，当领导者经历波折阶段之后，便要采取一些对策，来维护和增加自己的威信。不幸的是，有些领导者不善于引导和处理这些波折，而只是追求表面的团结与合作，把要解决的问题扔在一边，或掩盖矛盾，或草草地加以处理，这种做法实际上是种下了祸根。这是非常危险的。一方面使矛盾日积月累，导致积重难返；另一方面，这些矛盾种子极有可能发展成为一种危机，或者会成为以后某个更大矛盾受激化的导火线。而在这些矛盾被掩盖时，或未激化时，很多群众会感觉到自己处在一种现象的矛盾中，乃至不可名状，因而群众在波折阶段产生的愤怨、猜疑和情感隔阂等症状会加重，原先存在的为共同目标而努力的义务感亦已丧失，各种冲突越来越多，矛盾的不断升级成为必然，最后导致敌意，导致领导者威信的彻底崩溃。而成功的领导者，会同步地调节自己的行为，合情合理地消除工作中的差异和分歧，及时理顺各种关系，以适应单位内部各种情况,高压政策只能使若干群众抱成一团来对付领导者,只能产生内耗,而不利于凝聚力的收敛。

以上六个环节连接成为立威用威过程的一个周期,这是一种经验模型,它可以帮助领导者理解立威用威机制,给领导者调节自己的行为提供一种参考,也有助于领导者把立威过程还原到具体的行为中去。当然,并不是任何立威用威过程都会服从上述的周期和周期的逻辑过程,因为它只是对现象的一种抽象。对于具体的某一个领导者来说,这一过程必然更加丰富,更有特色。诚然,素质是威信的内核,立威及其效果如何,跟领导者个体素质密切相关。对于同样素质或同一个领导者,懂不懂立威用威过程中的一些规律性的东西,其立威效果是大不一样的。如果了解立威用威过程的内在要求,就会用科学的方法和艺术把静态的素质转化为现实的威信,就能在短时间内有威信地开展领导活动。

正副职求团结的领导方法与艺术

【深一度】求团结是正副职领导共有的自觉愿望，但事实却不尽如人意。这主要是因为各领导成员缺乏求团结的艺术，致使某些求团结的行为不得要领，反而招致相反的结果。本文为化解这一种事与愿违的现象，提出了五种正副职求团结的领导方法，分别为：求大同坚持原则，存小异互谅互让，对歪风决不迁就；求团结不能过度，在更多的时候是要注意“和平共处”；把握领导班子内部变化规律，度过相互关系的危险期；提倡适度的竞争这一求团结的必要条件；运用相容艺术，致力于维护正常的团结氛围。

求团结是每一个正副职领导的自觉愿望，然而，这种自觉的愿望在一个班子中集合起来，却未必是一种凝聚力，许多领导者抱怨别的成员的言行损害了团结。有趣的是，其他领导成员也同时在抱怨别人。为什么大家的良好愿望会换来互相抱怨的结果呢？为什么个体团结的动机会导致事与愿违的结果呢？笔者认为，正副职欠团结的因素比较多，但在求团结的愿望下之所以会出现不尽如人意的结果，主要在于各领导成员缺乏求团结的艺术，致使有些求团结的行为不得要领，反而招致相反的结果。那么，怎样去求团结呢？

一、求大同坚持原则，存小异互谅互让，对歪风决不迁就

求大同的原则性与存小异的包容性，是领导班子成员首先要把握的艺术。显然，为了做好领导工作，班子必须团结，每个成员都应该去追求这种团结。但是这种团结并不是无原则的一团和气，领导者不能用牺牲原则、迁就错误，去维护一团和气的“团结”。没有原则的团结，不是真正的团结，而是妨碍团结的种子，会在领导成员之间埋下矛盾的祸根，成为各种不正常关系的温床，最终导致的不仅不是“一团和气”，而是“多团关系”。如果一个班子中没有团结的准则，势必出现这种情况。这是因为领导成员之间的相互关系失去了正确的导向，没有共同的基础，互相之间也就不能在共同的基础上统一起来，即使能求得一时的团结，这种局面也是暂时的，一旦成员之间出现了利益和权力再分配时，就会出现利益分歧，在一团和气局面下达成的利益表达就会打破，其中的一些不正当东西还

会成为互相攻击的“武器”，分裂也就难免了。因此，只有在坚持以党和人民的事业为重，党和人民的利益高于一切的基础上的团结，才是坚持原则的团结。当然，在共同原则上，还会出现一些差异，比如认识上的某些分歧，工作上的某些不同看法，性格上的某些反差，个人利益上的某些追求，等等。

如何正确对待这些差异，是领导成员之间求得团结的重要艺术。有两种不同性质的差异值得注意。一种是个性差异。对待这种差异，领导成员之间要互谅互让，不能把自己的个性和爱好强加于人，不能简单地否定别人的个性及见解。另一种是品质差异，如过分地追逐私利，损害别人的权益，以权谋私、搞关系网，或唯我独尊、排斥他人，或争权争名争位，或扯皮、推诿、拆台，等等。对这种差异，决不能以人情代替原则，而要以简单对复杂。尽管相互关系很复杂，弄得不好会伤感情，但是，面对这些事情，遇到难处时善于用“简单”方式对付，即按照原则办事，这样做，复杂的问题可以变得简单，既制止了对方不正当的言行，又使问题得到正确处理。如果为求一团和气而迁就无原则的事，不仅简单的问题会变得复杂，而且自己也越陷越深，今日之差，必为他日之患。

二、求团结不能过度，在更多的时候是要注意“和平共处”

对于领导班子来说，团结就是平衡，平衡就是相对稳定。事实表明，领导班子成员之间关系相对稳定的程度与团结的程度存在着某种联系，有这样两种情况：一种是团结的程度过高，这反而会使班子增加出现裂缝的机会，使得领导成员常常被动地忙于弥合这种裂缝。团结是相对的，这种高程度的团结就更具有相对性，因而这种团结常常走向反面。因为在高团结的班子中，成员之间的相互关系已经相当密切，这对于搞好领导工作是十分有利的。但是，高团结必然带来高情感，即领导成员之间的私人感情也因此而激增,这就有可能在工作中夹带上个人的感情色彩,而对其他成员却熟视无睹,此其一。其二,高情感并不是永恒的,一旦成员之间的感情相碰撞,高情感带来的往往是高对立,由此产生的不团结的裂缝就较难弥合,遇到这样的班子,只有建立新的平衡来取代之。通常的做法就是调整班子,这不是班子及领导成员自身能为之事。

还有一种情况比较理想,即所谓“和平共处”程度上的团结,这种团结适合于领导工作的正常展开。为什么这样说呢?因为和平共处的团结是一种以工作为中心的团结,个人关系只是工作关系的一种延伸,而且这种个人之间的关系通常呈不即不离状态,成员之间的团结是建立在共同的目标上的,由此产生的个人感情属于理解与共鸣、尊重与友爱、支持与帮助的性质,并非那种反常的特殊的人际关系。这种团结不至于中断,不至于对立,不至于破裂,有较好的稳定性。那么,怎样才能做到和平共处呢?除了要处理好工作上的分工与合作关系之外,还要经常注意交流意见。这里的关键在于沟通,缺乏足够信息量的沟通,就会引起相互之间的矛盾与冲突,不正确的沟通也会引起相互之间的矛盾与冲突。因此,必须开辟多种的沟通渠道,增加交流。一要进行职务交流,使自己的职务成为加强成员之间联系的桥梁,各种职务的设置本身就是一种配套,缺少哪个职务也不行,这就迫使成员之间必须开展职务协调;二要进行责任沟通,责任的确定是互为前提的,甲必须对乙负责,乙必须对丙负责,丙必须对甲或乙乃至两者负责,反之亦然,大家必须共同负责,不然的话,你动我静,你紧我松,就会引起纠纷,破坏团结的局面;三是要进行感情交流,用心发现心,诚挚忠实,使人信得过,肯于同你合作共事。当然,强调通过交流来保持和平共处的团结是有限度的,并不是提倡领导成员之间做空泛的交流,空泛的交流即“无事”的沟通,无事必然生非。

三、把握领导班子内部变化规律，度过相互关系的危险期

根据组织理论，领导班子的团结状况可能要经过这样五个阶段。第一阶段是形成阶段，即领导成员为了共同的目标结成一个领导集体，互相开始熟悉、了解彼此特点，并去适应其他成员的风格，同时改造自己的一些可能不被接受的行为。第二阶段是风暴阶段，即我们所讲的影响团结的危险期，主要是由于职责、权力、地位和认识分歧而产生的矛盾与冲突。第三阶段是和平共处阶段，这是度过了危险期后的一个阶段，这时班子成员相互认同，并发展了凝聚力，各项工作能顺利开展。第四阶段是高团结阶段，班子成员彼此互相依赖，这是班子最有战斗的时期。第五阶段是第二危险期，因为在高团结之后，往往出现风暴，因为在高团结以后要进入超团结层次是很难的。因此，在第五阶段，高团结的状况通常要出现几次滑坡，乃至形成风暴。并不是所有的班子都要经历这五个发展阶段，有时由于上级权力与地位规定得很明确，可能没有风暴阶段；有时或许存在较长的第三阶段；等等。在这里，每一个成员要在两个危险期中格外谨慎，否则，容易在这两个时期中失足。在危险期中，领导成员要注意调整自己的角色行为，把更多的精力放到维护班子的团结上来；要做一个鼓励者，热心赞赏其他成员对班子的贡献；要做一个协调者，参与解决内部的矛盾与冲突；要做一个折中者，协调不同意见，提出其他成员都愿意接受的想法与建议；等等。如果一个班子在危险期中徘徊，团结就会被瓦解，团结状况就会不断地在第一阶段与第二阶段的反复中恶化，直至班子瘫痪殆尽。

四、适度的竞争是求团结的必要条件

在同一个领导班子中，领导成员的地位基本上是平等的，可谓“同

级”。同级之间往往同时存在着合作团结与相互竞争的微妙关系。事实上，领导班子中的各成员，从走上领导岗位的那一天起，就同时展开了团结与竞争两个方面的关系，在竞争中求团结，求团结时不忘竞争。在这里，团结是第一位的，竞争必须服从团结。但是，一味讲团结而不讲竞争，最终将减弱自己的团结能力，原来团结在你周围的人会逐渐离去。因此，在团结中要树立竞争意识，既要热情团结同志，又要敢闯敢干。当其他成员在工作中遇到困难时，要无保留地帮助他们。竞争上赛出了大小，但却增进了团结，培养了友谊。使用以竞争求团结的艺术需要注意这样两点：一是要看一看，当自己的长处得到发挥时，是否妨碍了别人的能力正常发挥，如果对别人的能力发挥有消极影响，应当注意调节自己的行为的力度，否则会引起嫉妒而损害团结；二是在帮助落后的同志时要注意方式方法，切忌在会议上或者在群众面前提出助人的愿望，这样会使人感到你在显示自己而让人难堪，反感情绪油然而生；帮了同志后切忌挂在嘴上，这样会令人讨厌而不领情。

五、运用相容艺术，致力于维护正常的团结氛围

团结即和谐，和谐即相容，要搞好团结，除了改变自己的心理容量外，还需要一些相容艺术，这里略举一二。第一，处事时要尽量排除自己的主观性，但应该允许其他同志的观点带有感情色彩。无论一个人认识问题多么客观，都会在或多或少的感情因素作用下而偏离客观标准，因此，对待别人，不能绝对地要求对方脱离感情色彩；对待自己，应该尽量把感情因素降到最低限度。第二，扩大心理容量，兼容多种个性。要允许其他同志有个性，要理解他们的个性，要尊重他们的个性，允许和尊重他们以自己的方式方法处理问题。第三，允许其他成员为了维护个人的自尊，对自己的不合理或亏理的言行予以“合理”性的解释，应该理解与尊重他所采

取的文饰态度，给他一个台阶下。第四，当自己的意见或主张受到其他成员的否定时，要主动地部分收回或修正原来的意见或主张，使问题及时地在“中和”的条件下得以解决。那种“一条道跑到黑”的做法，于团结无补，而且无济于事。

在一个领导班子中，不仅在工作上存在着求团结的问题，日常交往中也需要注意求团结。每一个领导者都应该掌握求团结的艺术，这种艺术是无止境的。每一个领导者都必须用心去发现与提炼，来丰富自己求团结的艺术。这里还必须指出，每一个领导者都要树立时时处处求团结的意识，缺乏这种意识是用不出、用不好这种领导艺术的。

合作博弈的领导方法与艺术

【深一度】在多个相关单位参与的领导活动中，每个单位都会根据其他单位的“可能行为”选择应对策略，各个单位始终处在不断地“出招”“接招”和“拆招”之中，这就是博弈。如果各个单位能达成某种有约束力的契约或默契，在合作的前提下开展博弈，谋取多赢，就是合作博弈。合作博弈的领导艺术，就是把博弈论中关于合作的观点引到领导活动之中，告诉领导者在合作中应采取的立场、观点、策略和技巧。这种领导艺术适用于处理兄弟单位或相关主体之间的关系，不宜在一个单位内部提倡这种博弈。

一、合作博弈的立场

在事物的发生、发展和转化的过程中，其中的每一个组织、每一个方面、每一个要素都存在着一个摆正位置即“立场”问题。或定位于极端，以独占全部的“好处”；或定位于多赢，以分享合理的“好处”。由于事物都是互相联系、互相制约的，独占“好处”的立场必定会抹杀利益的共享性，而招致多方的对抗，所以，极端立场往往会导致矛盾各方群起而攻之，此乃非合作博弈。一般来说，在非合作博弈之后都会出现合作博弈来修复多边关系，整合各方利益。与其这样，不如在一开始就采取合作博弈的立场。所谓合作博弈的立场，是指相互联系的有关单位，在其合作过程中，其利害关系也随之调整，但是其中存在着一个或几个对于各方面都较为有利的“合作区间”或“博弈点”，各个方面都有可能在它附近达成共识，从而使问题得到较为完美的解决。这个立场告诉我们，在相互联系的事物中，各个方面都不宜过分扩张自己，而应该兼顾其他，共存共荣。

我们必须对上述界定的合作博弈立场做点说明。其一，这个立场不是着眼于某一方的，而是着眼于总体的。如果仅仅为了追求“你好我也好”，有可能会损害“总体”。比如，有些地方政府为了增加 GDP，而承接了发达国家排污严重的企业。在这个过程中，可以说政府和企业都得到了眼前的利益，但污染了环境，也就是损害了“总体”。又比如，制假和售假一旦结盟，就会损害消费者乃至整个经济秩序，也就是损害“总体”。其二,合作博弈是有条件的,不是任何事情都能实现多赢。我们知道,事物的统一性是矛盾统一体存在和发展的条件,因此,我们要依据统一性的条件来谋划合作博弈。当矛盾诸方处于相互依存的情况下,博弈活动能卓有成效,因为各方在争取自身利益时,会同时去维护统一体的存在和发展;当矛盾诸方依据一定条件向对立面转化时,竞争将日趋剧烈,博弈就会变成非合作的,这时就不存在合作博弈的机会了。

二、合作博弈的观点

合作博弈必须坚持三个观点。

总体观点是一种第三者观点,指站在问题之外来看问题的一种思维方式。这就决定了总体观点比全局观点或系统观点有更广阔的视角和更全面的考虑。全局观点或系统观点,都是以全局或系统作为解决问题的终极标准的,局部或要素必须服从全局或系统。而总体观点包含的意思是,无论全局或局部、系统或要素、对立面之间,都是“总体”中的一个“部分”,必须统筹考虑。因此不能将全局观点或系统观点错当总体观点,这样考虑问题就比较容易狭隘,以全局或系统来代替总体,而忽视“部分”的作用,就失去了博弈的基础。

动态观点就是用联系、发展的眼光去看问题,认为“运动”是博弈问题的根本属性。合作博弈的多边矛盾性,再加上背景的模糊性,就孕育了问题发展的多种可能性。任何一个博弈问题都是包含着各种矛盾关系的综合统一体,它总是处在对立统一运动的状态之中。这种状态因诸事物的“势”的均衡而相对稳定,一旦其中的“对立”有所变化,就会产生新的“势”而统一起来。因此,合作博弈的随机性是很大的。它的“势”的变化,是形成随机性的依据;而外部背景力量的消长,又使合作的走向身不由己。这两方面构成了合作博弈的区间变化和博弈点的移动:或在特定的条件下徘徊,或有所进化扩大,或有所缩小。这就要求我们在处理问题时,必须确立动态观点,跟踪它的变化轨迹,使合作区间明晰化,便于实现合作。

权变观点是指事物诸要素之间存在着非线性的相互作用,而且这种作用随时空条件的变化有所侧重。这种侧重或表现为非均匀性,或表现为非对称性。权变观点就是要根据这些特性来进行博弈。在这里,所谓非均匀性,是指博弈由于时间、地点和条件的不同会出现不同的结果、不同的效应,舍此便会发生性质的变化。权变观点要求我们具体情况具体分析,把博弈置于一定的环境中去考察,因地因时因势地加以处理,而不能简单地用原则去套。所谓非对称性,是指参与博弈的各种因素所处的地位、所起的作用是不同的,在支配与从属、策动与响应等不对称关系中,其中某种因素会起到推动整个问题演化的作用,而另外一些因素则在这种相互制约、相互干扰中失去了自身运动的独立性,从而使合作博弈形成某种整体的效应。权变观点要求我们始终注意博弈中诸因素的地位和作用,预测其可能发生的某种整体效应,从中把握住合作博弈的主动权。

三、合作博弈的策略

在合作博弈中,常见的有结盟策略和竞合策略。

结盟策略认为,如果每一方都强求个人的最大所得,这种对策称为不结盟对策,合作博弈很难形成。如果每一方都指望问题得到解决,追求全局的利益,这种对策称为结盟对策。结盟对策中存在着明显的合作区间,这对于全局都有好处。在某个局势中,某个主体的行动可能只对其自身有利,也有可能对其他个体有利,从而对另一些主体是不利的,在这种情况下,个体的利益有时会不同,但是总是有相同的,这就不可避免地会出现结盟的情况。合作博弈提倡结盟。结盟可以形成每个主体都可接受的局势，这个局势叫平衡局势，也就是结盟情况下的合作博弈的结果。如果这个结果是最佳的，那么任何一个主体，若改变行为后，得到新局势，会使大家的可接受性降低，因此没有一个人愿意离开他已经选定的合作博弈。

竞合策略认为，合作博弈中不仅仅是讲合作，合作中包含着竞争，竞争中包含着合作；合作推动竞争，竞争又有助于更好地合作。因此，在多边关系中，一味讲合作而不讲竞争，最终将减弱自己的竞争能力，这种合作博弈不可能持续下去。但这里讲竞合策略，不是突出“争”，“争”是手段，“合”与“和”才是目的。“争”仅仅着眼于已有资源、利益和市场的分割，结果只能是此消彼长，甚至徒增内耗，而“竞合”则立足于资源共享、利益倍增和市场培育，通过合力，向外扩张，共同把“蛋糕”做大。长江三角洲经济互动关系，就是典型的竞合策略。十六大期间，江泽民同志参加上海代表团讨论时明确要求，“要积极探索同长江三角洲地区联动发展的新路子……为全国经济发展和民族团结做出新贡献”。以上海为龙头的江浙沪三地联动发展，思想已经统一，行动已经开始，规划和措施正在制定和落实之中。这种竞合策略，迅速推进了长三角地区一体化，弥补了单纯竞争的许多缺陷，两省一市实现了优势互补，消除了市场壁垒，为要素的自由流动和各类经济主体的合作与竞争，提供了良好政策环境和发展条件。

结盟策略和竞合策略是前述所讲的“总体观点”的有效载体，它是运用宏观思维来处理多边关系。比如，关于得与失的问题。有时候，双方有“得”；也有时候，一方有“得”，另一方有“失”。倘若站在微观立场上，一味算“小账”，就很容易让局部的表面现象蒙住自己的眼睛，使自己为了追求本部门或交往双方有所“得”，而贻误了全局工作。只有站在宏观立场上，运用宏观思维来权衡利弊，计算“得失”，才能看清。有些事尽管本部门吃点亏，甚至交往双方都吃点亏，但从总体来说却很“划得来”；而另一些事情，尽管本部门或交往双方都有所“得”，但对总体造成严重的“失”。对于这些问题，要用更高层次的思维去处理，有的可以用“三个有利于”标准去衡量，有的可以用“三个代表”重要思想去衡量。

四、合作博弈的领导艺术

合作博弈的领导艺术是非常丰富的，其核心理念是“在共赢中占有更多份额”。这里提出几条，与大家探讨。

1. 维合艺术

在合作博弈中，双方既要合作，又要竞争，但必须维护合作，这就是“维合”。换言之，就是在竞争中去把握“维合”。在这里，要从竞争的内容上去维合。竞争是关系双方具有互相排斥的活动，竞争是绝对的。但是，具体的竞争，其内容是不一样的，它所依赖的载体也是不一样的。维合就是要维护对立面的统一体。如果破坏了统一体，其内容无以可载。因此，在博弈活动中，要注意及时调整博弈活动的内容，变换博弈活动的内容。事实上，合作博弈的内容之于双方主体，可以是不同的。比如，你赢得了时间，我可能赢得了空间；你赢得了财富，我可能赢得了精神。在处理国际关系时，联合国就提出了“以土地换和平”的博弈思维。

2. 先动艺术

在合作博弈中，有时双方同时行动，也有不同时行动的。先动艺术指的是率先一步进入博弈活动的一方，具有先动优势。先动不是“盲动”，要随机应变，也就是要注意“权变”。我们看一个“性别战”的例子。这个例子讲的是一对正在恋爱的男女安排业余活动，他们有两种选择，或去看足球比赛，或去看芭蕾舞演出。男方偏好足球，女方偏好芭蕾，但他们宁愿在一起，不愿分开。在这里，“在一起”是双方共同的愿望，也就是合作博弈的基础。但谁先做出抉择,另一方也就只能跟着。换言之,谁先行动造成既成事实,谁就具有明显的优势,在博弈中占了先机,就会有较多收益。

3. 扬弃艺术

在合作博弈中,双方都要本着“扬弃”的观点去否定对方的利益,而不能简单地否定。也就是用辩证的否定观去看待对方的利益和要求,肯定合理的,否定不合理的;肯定双方都能接受的,保留双方有分歧的。否定和肯定是博弈中的两个方面。对对方利益的否定过程,就是对自己利益的肯定过程。如果把对方的合理要求也否定了,合作博弈就很难维持下去,而且会导致关系双方失衡;如果把己方的不合理要求当作正当利益肯定下来,不仅不能使对方服气,还会破坏合作博弈赖以存在的载体。所以,扬弃要注意“度”,过度就会使合作博弈变为非合作博弈。

4. 反省艺术

在合作博弈中,各方都会较多地考虑自己的“所得”,扩张自己。反省艺术告诉我们,如果参与合作博弈只有双方主体,却可视为六方在场:有一个客观存在的甲方,有一个甲方自我意识中的甲方,还有一个乙方评估的甲方;同样,也有类似的三个乙方。这六方的立场和观点都有可能不吻合,并且总是相互影响、相互作用,结果使合作博弈更加具有客观性,更加理性。反省艺术要求我们在合作博弈中遵循“三个尊重”的态度,即尊重事实、尊重对方、尊重自己,互相协作,互补互惠,充分实现各自的职能和需要。如果不是这样去看问题,某一方面倾自己全部能力一味给别人提供帮助,而使自身的工作得不到协作,那么协作也就会走向反面,异化为拆台;某一方面由于过于热心的协作行为,而削弱了别人的职能,也会招致别人的反协作心理和行为。只有适度,才能博弈成功。

合作博弈的领导艺术与我们通常讲的应变艺术与权变艺术是不同的,虽然它们都围绕着一个“变”字,但应变之“变”是响应外界情况之

“变”,是被动的变,变得慢;权变之“变”是权衡与应变的权宜,仍属被动之变,但具有动态性;合作博弈谋求多边合作,不仅要以变应变,还要出变招,让别人去应变、去权变,所以“变”的频率很高,“变”的内容也很丰富,其思路、方法与技巧远比应变艺术、权变艺术来得复杂和周密,是一种值得领导者去探索和体认的高难度的领导艺术。一个领导者如果善于合作博弈,那么在领导艺术方面肯定是一个有修为的人,通常会是一个成功的领导者。

贯通"最后一公里"的领导方法与艺术

【深一度】"行百里者半九十。"党中央的重大决策能否落地生根，取决于为民服务中的"最后一公里"能否贯通。所谓"最后一公里"，原指完成长途跋涉的最后一段里程，被引申为完成一件事情最后的而且是最关键的步骤。"最后一公里"之于群众，讲的是距离，表现的是隔阂，暴露的是冷漠。习近平同志在兰考调研时指出，为民服务，落实决策，重在解决"最后一公里"的问题。实践表明，越到"最后一公里"，为民服务越有可能出现"敷衍了事"的情况，落实决策越有可能出现"跑冒滴漏"的情况，最终败坏了党和政府的形象。贯通"最后一公里"，就领导方法与艺术而言，包括打通、直通、变通、接通、畅通和联通。只有贯通了这"最后一公里"，才能够实现为民服务"零距离"，中央决策不落空。

一、打通“最后一公里”的领导方法与艺术

“最后一公里”集中了大量的基层干部，打通，不是自然而然的“通”，而是要让他们在“灵魂深处闹革命”，从思想和作风上“通”，实现勤政为民“零距离”。

首先，领导干部要打通思想上的“最后一公里”。思想是行动的先导，行动上要“打通一米”，思想上就要“领先一里”。解决“最后一公里”，根本要从“心”出发，牢固树立为人民服务的思想。坚持做到心中有群众观点、脚下有群众路线、手里有群众工作、脑中有群众利益，从感情深处把人民当主人、把自己当公仆，摆正位置，把全心全意为人民服务根本宗旨体现在我们的实际工作之中。摆正工作态度，群众能不能讲真话，关键要看领导干部愿不愿意听真话，领导干部要俯下身子，踏进百姓门，走进群众心，听到真声音，办好群众难办的事，让群众堵心的“忧”得到排解，增收致富的“结”得到破解，日常生活的“难”得到化解。

其次，领导干部要打通作风上的“最后一公里”。“四风”问题积习甚深，可谓“冰冻三尺非一日之寒”。要破冰，必须以最“认真”的态度，做到三个转变，即由“坐办公室指挥”向“深入群众”转变，由“办事拖拉”向“优质高效”转变，由“文山会海”向“办实事”转变，绝不允许让“烂尾”出现在“最后一公里”，绝不能让“四风”问题反弹回潮。对文山会海、迎来送往、吃吃喝喝等老生常谈的问题，敢于破陋习；对门难进、脸难看、事难办等衙门习气，群众不满意绝不罢休；对深层次、老大难问题，整合资源、综合施

策,做到问题不解决绝不放手。真正把困难问题解决在基层,把矛盾阻力化解在基层。

二、直通“最后一公里”的领导方法与艺术

有些中央的政策是需要原封不动去执行的,有些是需要结合当地情况去执行的。“直通”指的是前者,让政令直通到“最后一公里”,直接惠及群众。

首先,确保政令通达,直通一个声音。中央的很多决策经过地方的层层“折射”后,出现人为的误读现象。虽是各地有自身特殊情况,但是不能违背中央的大政方针,打自己的“小算盘”。因此,对于中央的各项政令,首要的就是直来直往地传递到地方百姓的耳中。领导干部不是政策的制定者,而是解读者,要做好中央的传声筒;此外领导干部还要深入浅出地阐明中央政令的内容,用群众喜闻乐见的形式解释中央政令,确保一词一句百姓都能够听得到,听得懂,听得进,这是政令传达过程中需要打通的“最后一公里”。政令到了地方,不能仅仅停留在纸上,而要在第一时间部署开来,全面贯彻中央政令的各项要求。

其次,确保上行下效,直通一种理念。这种理念就是原原本本地贯彻中央的决策。对于中央决策,领导干部要起到“桥梁与纽带”作用,一头是中央,一头是百姓。领导干部在执行过程中不能自我解读,这不仅削弱中央权威,更损害百姓权益。直通“最后一公里”,就是要以最大的程度减少中央的声音在传递的过程中的折损,保全政令的完整性和权威性,打消群众心中的疑虑,让群众直接得到实惠。另外,在政令推行过程中对遇到的问题要一一梳理,领导干部要亲自走进基层,住进农家,与群众共同商讨前因后果,拿出解决意见,确保政令的畅通。只有上下保持同一种声调,才能构成主旋律,政令才能直通“最后一公里”,好政策才不会一到地方就变指导性意见而加以随意发挥。

三、变通“最后一公里”的领导方法与艺术

中央的有些政策是需要结合当地情况执行的。不“变”就会不通。我们知道,党的路线、方针和政策是具有理论形态的东西。它源于全国各地区、各部门、各单位的具体实际,但又高于这些具体实际。它是舍去了全国各地区、各部门、各单位实际中许多具体枝节,抽取其共性的结果,是面向全国的共性抽象,需要通过“变通”才能够惠及群众。由于有许多同志不会“变通”,知其然却不知其所以然,在实际运用中往往是“变”而不通,使党的路线、方针和政策在“最后一公里”变了样。

首先,吃透中央政策的精神实质,这是变通的首要前提。正确的“变通”,应该是在坚持党的路线、方针和政策的精神实质的前提下的灵活运用,绝不是主观随意性。因此,要变通,领导干部必须认真学习党的路线、方针和政策,深刻领会,吃透其精神实质,明确其基本要求,区分出哪些是本质的东西,必须坚持不能变通的;哪些是适合本地区、本部门、本单位实际情况,不需变通的;哪些是不适合本地区、本部门、本单位实际情况的,需要从实际出发,根据党中央总政策的精神实质进行适当变通的。这样的变通,才不会偏离方向,才能到达“最后一公里”。

其次,吃透当地实际情况,这是变通的实践基础。因为“变通”是“上面”精神同“下面”实际的结合,所以,在变通过程中,仅仅吃透“上面”精神还是不够的,还不能进行变通。正确的变通,除了吃透“上面”的精神外,还必须深入实际,调查研究,摸清情况,吃透下情。只有吃透本地区、本部门、本单位的实际,才能对具体情况做出具体分析,才能结合实际,灵活“变通”,从而达到正确贯彻执行之目的。如果我们对“下情”了解得越充分,我们的变通就越主动,成功的可能性也越大。否则,便会变而不通或成功率很小,即党的路线、方针和政策得不到很好贯彻执行,党的政策不

能用好用活用足，甚至会好心人办坏事，造成党的政策不能到达“最后一公里”。

四、接通“最后一公里”的领导方法与艺术

接通，就是“接地气”。有些领导干部放不下架子，身在基层却不接地气，满足于看材料听汇报，上网不上门、通话不见面；缺乏与群众打交道的能力和办法，与新社会群体说不上话，与困难群众讲不上话，与年轻人群对不上话；面对着服务群众的“最后一公里”，无法“接通”，直接影响群众的满意度。要接通这“最后一公里”，必须做到“心通”与“情通”。

首先，从感情上接通，“心通”方能“接通”。心相通，一通百通，心不通，无动于衷。“最后一公里”，其实就是从领导干部“此岸”到人民群众“彼岸”的心路历程。打通“最后一公里”，根本是要从心出发，牢固树立宗旨意识和群众观点，筑牢思想根基，带着对人民群众的深厚感情，深入到群众中去，把党和政府的关怀温暖送到群众心坎里。领导干部要减“官气”、降“傲气”、除“霸气”，破除官僚主义的“心障”，打开为民服务的“心窗”，解开群众怨怒的“心结”，自觉把党性修养提一提，把群众观点正一正。做到思想上尊重群众，感情上贴近群众，行动上关爱群众，真正和群众心连心，手拉手，同甘苦，共患难，让“最后一公里”变成“零距离”。

其次，从行动上接通，“情通”方能“接通”。在实际工作当中，一些基层干部虽然进了村入了户，但只是做做样子，仍未能接通这“最后一公里”。对基层缺乏了解，对群众缺乏感情，是症结所在。所以，领导干部必须带着感情和责任“沉下去”，带着呼声与问题“浮上来”。坚持“沉下去”，用“一线工作法”引导干部眼睛向下看，走到基层群众、服务对象中去，走到矛盾多、意见大的地方去，把基层摸透，把问题找准，让长久积存的真问题无处遁形；坚持“浮上来”，带着群众呼声诉求上来，带着基层社情民意

上来，带着发展障碍困难上来，“顺藤摸瓜”“解剖麻雀”，逐级分析问题症结所在，从群众最不满意的地方改起，从群众最需要的地方做起。在解决问题上，既要敢于走“最先一公里”，在突破上先行一步；也要“以情动人”，认真接通“最后一公里”。

五、畅通“最后一公里”的领导方法与艺术

畅通，针对的是“长线”工作，而不是“短平快”的工作，是对已发生之“长线”领导工作的回顾与反思，确保过去的工作能到位，后续的工作更有效。使“长线”的领导活动不因“肠梗阻”而造成摩擦和内耗，顺利地递延下去，确保该领导活动能卓有成效地到达“最后一公里”的终端。

首先，“畅通”要从新的实际出发。“畅通”是立足“现在时”，对已经发生的领导活动进行回顾、反思与补救，其依据不是“过去时”的实际，而是“现在时”的实际。因此，“畅通”要从变化了的实际出发。要注意三种变化：一是制订计划的指导思想有没有变化，有哪些需要修正；二是方针政策和上级意图有没有变化，有哪些行动方式和配置手段需要改变；三是实际情况有多少变化，有哪些新的难点需要突破。总之，在新的实际面前，把“不通”做成“畅通”，让“长线”工作胜利进入“最后一公里”。

其次，“畅通”要注意“回头看”。“长线”工作需要“回头看”，通过“回头看”，解决“最后一公里”的问题。“回头看”一要看问题，亦即领导活动计划状况和实际状况的矛盾所在；二要确定把这些问题解决到何种程度，包括时间、责任、制约、绩效等因素都要再落实；三要确定解决问题的方法与途径，确保“回头看”的内容能到位；四要检查落实情况，如果与前述要求不符，要及时纠偏；如果出入较大，就应该进行第二次“回头看”，亦即“再回头”。这是第五步。“再回头”的任务是根据主客观条件的变化及时进行调整、修正与补充。第五步具有相对性，它是上一次“回头看”的末

端，又是“再回头”的起始点。每一次“回头看”都会形成一个螺旋式推进的“环”，随着领导活动的延伸，这些“环”就变成了领导活动的一连串环节。如果这些环节都能够通畅，就可以让“最后一公里”畅通无阻。

六、联通“最后一公里”的领导方法与艺术

在改革开放之初，我们急于摆脱贫困求发展，当时一种非常有效的领导艺术就是“单打一”，包括“敢闯敢冒”、“各显神通”、超常规、跨越式等。随着经济与社会的快速发展，各方面的差距已经拉大到阈限，不和谐已经成为可持续发展的阻力，“单打一”已经打不通“最后一公里”了。只有联通联动，才能行之有效。

首先，“联通”要把握好时空关系。“最后一公里”往往因为部门之间的扯皮而行不通，这种时候，就需要把方方面面“联通”起来考虑问题。从一般的意义上讲，“联通”在理论上可以区分为两种情况，当然，在实践中是交错在一起的。一种情况是指事物空间关系上的联通，其中每个事物都和它四面八方的事物联系着；它既是联通的中心，又是联通的中介，另外的事物，通过它和其他事物取得间接的联通。另外一种情况，是指事物时间关系上的联通。任何事物，都有它的过去、现在和将来；都有新与旧、从简单到复杂、从低级到高级这样一个历史过程或历史联系。整个世界就是交织成一个复杂的联系之网，成为一个有机的整体。“联通”就是要从事物的两种联系上去研究它，采取各种措施和方法，使各个单位之间、群众之间、上下级之间协调起来。那种见矛盾就抓，头痛医头，脚痛医脚，是“联通”的大忌，是不会到达“最后一公里”的。

其次，“联通”是有前置条件的。并不是所有问题都能够用“联通”去解决，它只适合于相互联系复杂的问题，南山敲石北山响，一招难见成效，联通才能行之有效。一是联通必须顺应社会的大趋势。随着社会的进

步，领导者面临的问题越来越多，越来越复杂。要把这些问题放到社会大趋势中去考察、去解决。使具体单位、具体工作上的联通不违背社会发展的大趋势，以达到优化处理问题的目的。二是联通必须贴近群众的心理状态。人们的心理，是人们行为的重要前提条件。人们的心理既有一定的适应性，又有它承受负荷的有限性。它的适应性，使人能够适应复杂的环境变化，但人的承受能力超过了一定限度又可能会出现精神崩溃。所以，联通要贴近群众的心理状态。如果领导者急躁，简单粗暴，不顾群众心理状态或超出群众的心理承受能力去联通，其结果必定止于“最后一公里”。

贯通“最后一公里”固然重要，但是“行百里者半九十”。要彻底解决好“最后一公里”的问题，首先要解决好“最后十公里”的“中梗阻”。目前，有些地方和部门不愿改变既得利益的格局，有的地方和部门表面上把某些权力交出来了，却偷偷地将那些有油水的权力转移到了中介机构，使中央的决策中途“搁浅”，使改革的红利被中途截流，到不了“最后一公里”。如果说中央的决策是顶层设计，是文章的上篇，那么，“最后十公里”就是文章的中篇，“最后一公里”则是文章的下篇。只有整体构思、通盘考虑、上下贯通，才能把整篇文章做好。所以，要贯通“最后一公里”，前提是要消除“中梗阻”。好政策能否真正落到实处，不能只看到“最后一公里”存在着什么问题，还要看到“最后十公里”的地方怎么样了。

“钉钉子”的领导方法与艺术

【深一度】“发扬钉钉子的精神”，是习近平同志在十二届全国人大会议期间提出来的。他在参加上海代表团审议时强调，把群众工作做实、做深、做细，要“发扬钉钉子的精神”。如果把这个命题理解为一种领导艺术，就是指领导者在做群众工作的时候，要用“钉钉子”的“精神”与“方法”去抓落实。离开“精神”讲钉钉子，是形而上学的；离开“方法”讲“钉钉子”，那是蛮干。

一、“钉钉子”领导艺术的基本遵循

钉钉子，看似一件很简单的事情，其中却蕴含着深刻的道理，包含着一些基本遵循。钉钉子的依据是“关键少数”理论。正如我们挂一幅画，钉在墙上那枚钉子就是“关键少数”，其他用来固定的钉子就是辅助的。钉钉子不大会密密麻麻地钉，被钉的地方总是比较重要之所。“关键少数”是指领导工作中的关键的要素，而不是所有的“元素”，这种要素在领导活动中作用很大但数量不多。这个理论是习近平同志提出来的，他在**2015**年**2**月省部级主要领导干部专题研讨班上，强调全面推进依法治国必须抓住领导干部这个“关键少数”，各级领导干部要在关键位置上发挥关键作用，做有担当的“关键少数”。这个道理引申到“钉钉子”的领导艺术当中，就是指“钉钉子”要抓关键的少数。怎么抓？“钉钉子”既要讲执着的精神，还要讲科学的方法和艺术。换言之，“钉钉子”领导艺术的基本遵循，可以表达为“钉钉子精神”和“钉钉子方法”的统一。

“钉钉子”精神，是指领导者抓工作的一种态度。有些同志简单地把它理解为**20**世纪**80**年代流行的“钉子精神”，这是不妥的。**20**世纪**80**年代的“钉子精神”，主要是指人们在学习中要有钻研的精神。经典的例子是雷锋的“钉子精神”。他在日记中写下了这样一段话：“有些人说工作忙，没有时间学习。我认为问题不在于工作忙，而在于你愿不愿意学习，会不会挤时间。要学习的时间是有的，问题是我们善不善于挤，愿不愿意钻。一块好好的木板，上面一个眼也没有，但钉子为什么能钉进去呢？这就是靠压力硬挤进去的，硬钻进去的。由此看来，钉子有两个好处：一个是挤劲，一个是钻劲。我们在学习上，也要提倡这种‘钉子’精神，善于挤和善于钻。”我们现在所说的“钉钉子精神”内涵更加丰富，领导者面对的不是“学习”，而是问题。面对问题，不仅要有勇气去“钻研”，找到解决问题的症结所在，让钉子有地方钉，还要探索怎样打击榔头，用多大的力度才能适当，用怎样的节奏才能更加有效。所以，“钉子精神”是一种具有“钉子”物理性质的精神；“钉钉子精神”则是一种主观能动性，领导者既要勇于去“钉”，又要科学地“钉”。两种精神，虽然只有一字之差，其内涵还是存在着差别的。

钉钉子，是一种问题导向的领导方法与艺术，要在有问题的地方钉钉子，要把钉子钉到点子上，要在适当的时候钉下去，而不是随意下钉子，一锤下去就了事。因此，钉钉子要考虑三个“定”：一是钉哪里，二是何时钉，三是怎么钉。

1. 钉哪里，这是一个定“位”的问题

“钉钉子”，钉在大处，还是钉在小处？我们认为钉子应该钉在小处。“钉钉子”就是要关注“钱袋子”“菜篮子”等热点焦点问题，问题虽小，但关乎民生，正是值得“钉钉子”的地方，这是以小见大。而钉在大处，则是把“钉钉子”作为战略布局的方法在使用，有点不匹配。我们认为，“钉钉子”是针对具体问题的，是一种策略，应该具体情况具体分析，该钉哪里就钉哪里。

领导干部要学会“钉钉子”，首先就要选择一个需要解决的具体问题，而且一枚钉子是不够的。从数学上看，需要三枚钉子才能够确定一个“平面”。钉之前，需绳墨衡量，钉错了地方，不仅白费功夫、影响全局，恐怕还得返工。钉钉子是门技术活，得先对准位置，再落锤。一锤子钉不好，还得一锤一锤地敲，才能把钉子钉牢；钉完一颗还不够，还得一颗一颗往下钉，才能定位成功。要做到这些，领导者必须发扬“钉钉子精神”，挤出时间、抽出精力，沉下去，找出问题，解决问题，服务群众。那种见矛盾就抓，头痛医头，脚痛医脚，乱“钉钉子”，是“钉钉子”领导艺术的大忌。

2. 什么时候钉，这是一个定“时”的问题

领导干部“钉钉子”要看准时机。时机没有成熟，过早地把钉子钉上了，事情就没有余地了；如果钉子钉得太晚，就是错失时机。时机有两个特征。一是它的客观性。时机作为事物发展到一定阶段的状况和情势，是建立在客观条件基础上的。如果不具备客观条件，任何高明的领导者也不能创造出时机，更谈不上怎样去把握它，也没有办法把钉子钉上去。二是它的可变性。随着时间的推移，各种时机会不断变化或消逝。所谓变化，是指一种时机会变成另一种时机；所谓消逝，是指有些时机稍纵即逝。领导者钉钉子要及时，既不要坐失良机，也不要盲目行动。实践也告诉我们，每一件事情的解决往往都有它的最佳时机。时机把握好，该下钉子的时候及时下钉子，事半功倍；时机把握不好，该下钉子的时候犹豫不决，事倍功半。尤其对于那些难啃的“硬骨头”，更是要看准时机，敲下重锤，砸出突破口。

3. 怎么钉，这是一个定“力”的问题

钉钉子，有一个力度的问题。有的事情下手要轻，有的事情下手要重；有的事情先轻后重，有的事情先重后轻。有些钉子，看似好钉，但若要一下又一下地钉下去、一个钉子又一个钉子地钉下去，却需要极大的毅力与担当，需要有“踏石留印，抓铁留痕”的劲头和“咬定青山不放松”的韧劲。所以，钉钉子，不是抡起锤子使劲敲就行，用力不均匀，不仅会钉歪，还可能砸伤自己的手。有的干部出发点是对的，但工作方法不当，结果费了大气力却没有为群众解决实际问题，最后当然也得不到群众的认同。用“钉钉子”的办法去做群众工作，不仅要有决心，还得有毅力，稳扎稳打；为民解难，要有热情，更要有智慧，须讲究方式方法。“钉钉子”，要久久为功，不能东一榔头西一棒子。另外一种情况是，“钉钉子”不要追求一锤就

搞定。如果钉子钉错了,钉得太牢固反而不容易改进工作。钉了一颗以后,要考虑子接着的第二颗、第三颗怎么钉。

二、“钉钉子”是“以小见大”的领导艺术

钉子一般只能钉在某些地方,虽然不起眼,但是往往能够影响到大局,所以“钉钉子”是一种“以小见大”的领导艺术。

1. 钉子虽小,有时候能够决定大局

钉子一般是钉在比较小的地方,大的地方就不能靠钉子了,要靠柱子和钢筋。但是,钉子不牢,就有可能毁坏柱子等大的东西,所以,钉钉子是以小见大的领导艺术。钉子没有钉好,可以演变为大问题——这个论断常常见诸报端,并被称为某某理论。其中有一个理论叫破窗理论,说的是一个建筑物的窗户玻璃被打坏了,如果得不到及时维修,其他人就可能受到某些暗示性的纵容而去打烂更多的窗户玻璃,结果是一片狼藉。这个理论告诉我们,出了问题,要及时钉上钉子,打上补丁,及时修好。还有一个故事,说两军交火,情况危险,派快马告急,但由于马蹄钉丢了一颗,导致马失前蹄,情报迟到,结果是贻误战机,全军覆没。以上观点,说明钉子如果不及时钉,就会演变成为大问题。我们想为群众干点事,但如果工作不扎实,就会好事办不好,实事办不实,既劳民伤财,又没有给群众实惠,从而使好事演变成坏事。

2. “钉钉子”是一个系统工程,不能孤立地钉

“钉钉子”要着眼于系统,着手于紧迫。着眼于系统,是指领导者在“钉钉子”的时候,要站得高些,看得远些,善于在总体上把握事物的轻重缓急。怎样着眼于系统呢?就是要善于从大看小,把握准“钉钉子”的定位。领导者要把自己置身于更大的范围去看问题,站在圈外看问题,站在第三者、第四者的立场来看问题,用总体的观点来审视圈内的事情。因为

领导是分层次的，不同层次的领导者有不同的环境、不同的局限性、不同的本位，往往容易陷入“只见树木，不见森林”的误区，看不出、分不清应该在哪里“钉钉子”。站在圈外看问题，就能将事情的全貌和矛盾的方方面面看得比较清楚，事实上也就是提高了“钉钉子”的层次。那么，又怎样着手于“钉钉子”的紧迫性呢？那就是要善于抓好各种关键的少数，掌握“钉钉子”的部位。我们知道，事物的系统性是通过许多重要部分、重要因素、关键环节体现出来的，是这些“小处”有机结合而成的。因而“小处”往往是“钉钉子”的部位，所以“钉钉子”要善于从小处着手。有些事情看起来是小事，但不加上“钉子”，不予以固定，就会酿成大祸，从而损害事物的系统性。

3. “钉钉子”的领导艺术适合于群众工作

群众工作是领导工作的重要内容，是顺民意、谋民利、得民心的事情，但具体包括哪些却很难说清楚，不过，群众工作显著的特点就是事无巨细。

领导者与群众所处地位不同，需要对上负责，所以，领导者很注重上级的评价，容易忽视基层群众的反映。总想尽快出点成绩，喜欢把“钉子”变成“盆景”和“亮点”，事关群众切身利益的工作反而做得不扎实。

领导者如果群众观念淡薄，就无法好好“钉钉子”。领导者在群众面前，往往自觉或不自觉地把自己当成了“官”，放不下身段，做决策、干事情时到群众中找出路找办法的少，下基层变成了去当“先生”，听听汇报、找找问题、做做指示。这必然造成“定位”偏差，钉子的“点位”也就找不准了。领导者“钉钉子”，要换位思考。做决策、部署工作都要始终把群众呼声作为第一信号，把群众需要作为第一选择，把群众满意作为第一标准，把群众利益作为第一原则。领导者要把自己同群众放在一个等高线上，做到朋友式交往、平等式交流、协商式尊重、亲人式关爱。“钉钉子”时千万不能高高在上，这样容易钉错地方。其实，随着信息化的发展，领导者已不可能独占政策和知识资源，事实上，群众掌握知识和政策的能力毫不逊色于我们的一些领导者，我们切不可用“为民做主”的姿态去“钉钉子”。

三、“钉钉子”领导艺术与传统领导艺术的区别

“钉钉子”是一种应运而生的领导艺术，是适应当前矛盾多发期的一种方法，许多发展中的问题需要用“钉钉子”的办法来解决。有些领导者对传统的领导方法与艺术比较熟悉，喜欢用传统的领导艺术去替代“钉钉子”的领导艺术。我们之所以要强调“区别”这个话题，就是要预防有些领导者不在意两者的区别，把传统的领导艺术与“钉钉子”的领导艺术混为一谈。

1.“钉钉子”领导艺术不同于“弹钢琴”领导艺术

轻重缓急通盘考虑，是“弹钢琴”领导艺术的一般要求。“弹钢琴”领导艺术还有一个讲究是领导工作要讲“节奏”。“弹钢琴”时十个指头如何动作，是一个艺术性很强的问题。如果十个指头一齐按下去，那就不成调子了；它们在键盘上跳动必须有先有后，有重有轻，有急有缓，要互相配合，才能产生美妙动听的乐曲。这种“弹钢琴”艺术之于领导，有两层意思：一是中心工作和其他工作要协调；二是领导活动中的各种因素要和谐。而“钉子”的性质不同于“琴键”，钉子如果落实以后，不会像琴键那样，能够反弹。可见，“钉钉子”需要硬功夫，解决的是某一个或几个具体的问题，而“弹钢琴”解决的是各种各样领导工作之间的“协同”问题。如果说这两种领导艺术有相通之处，“钉钉子”就是重音键，就是休止符。

2.“钉钉子”领导艺术不同于“抓两头带中间”领导艺术

领导工作的工作发展是不平衡的，有先进的、后进的，也有处于中间状态的。抓“两头”找准了开展领导活动的两个“点位”，“两头”抓好了，对中间部分能起到激励作用。但是不能把这种领导艺术理解为“用钉子钉

牢两头”，也就是说，不能理解为盯牢先进典型从而对中间层起“推”的作用，盯牢后进从而对中间层起“拉”的作用。“钉钉子”把立足点放在“后进”是对的，但是一般不会去关注“先进”。“钉钉子”的领导艺术，还会“抓中间带两头”，把“钉子”钉在中间。“两头”的典型毕竟是少数，中间层通常占多数，是领导活动的“重头戏”。“中间层”的工作能否上得去，直接关系到整体工作能否上得去。因此，把“钉子”钉在“中间层”，非常有利于稳定整体效能。

3. “钉钉子”领导艺术不同于“蹲点”领导艺术

蹲点是一般与个别相结合的领导艺术，通过蹲点，以点带面。“蹲点”工作做得扎实，不仅能更多地了解基层情况，也能最大可能地帮助基层解决问题。“蹲点”是通过解剖一只“麻雀”而知晓其他“麻雀”的情况，但并不一定直接把存在的问题解决掉。这与“钉钉子”必须解决问题这一点是大不一样的。“蹲点”的选择性比较大。下属每一个单位都可以成为领导者选点的对象，工作抓得好的单位可以总结成功的经验，工作一般的单位可以帮助查找问题。然而，“钉钉子”的选点是不一样的。“钉钉子”必须选择问题相对较多、条件比较艰苦、工作处在后进位置上且具有代表性的地方。“蹲点”既要考虑有利于个别问题的解决，还要考虑对全局工作的推动作用。“钉钉子”则是攻坚克难，解决“老大难”问题。

总之，“钉钉子”的领导艺术是经济与社会发展的产物。今后，类似的新的领导方法会不断产生，同时旧的领导方法会不断被扬弃。但是，任何新的领导方法与艺术都不是突然产生的，它有一个生成的过程，而且常常带有某些旧方法的痕迹，它们之间既有联系又有区别，我们应该注意到这一点。“钉钉子”作为一种独立的领导方法与艺术还需要不断完善，虽然我们对它的基本遵循和适用范围做了一些规定，但是每一次“钉钉子”都有个性化的要求，它的“成熟”永远在途中。